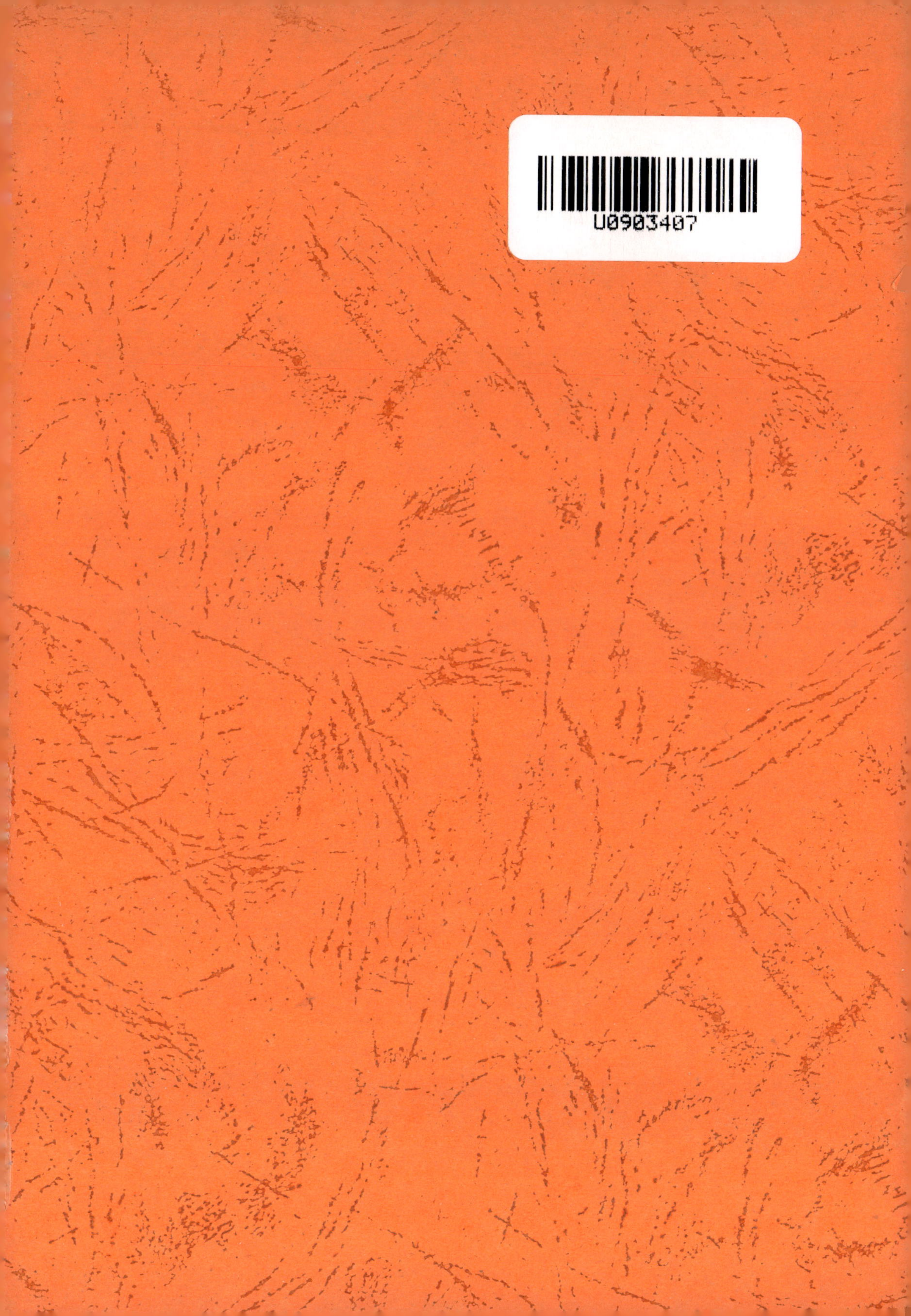
U0903407

薛涌 著

天才是训练出来的

凤凰出版传媒集团
江苏文艺出版社
JIANGSU LITERATURE AND ART PUBLISHING HOUSE

图书在版编目（CIP）数据

天才是训练出来的 / 薛涌著. —南京：江苏文艺出版社，2010.9
ISBN 978-7-5399-4014-4

Ⅰ.天… Ⅱ.薛… Ⅲ.①人才—培养—研究 Ⅳ.①C961

中国版本图书馆CIP数据核字（2010）第180320号

天才是训练出来的

作　　者：薛　涌
责任编辑：刘　霁
特约编辑：孙　勇
封面设计：木头羊工作室
插图作者：金　玥
出版发行：凤凰出版传媒集团
江苏文艺出版社　http://www.jswenyi.com
集团网址：凤凰出版传媒网　http://www.ppm.cn
印　　刷：北京嘉业印刷厂
经　　销：新华书店
开　　本：787×1092　1/16
字　　数：200千字
印　　张：15
版　　次：2010年11月第1版，2011年3月第3次印刷
书　　号：ISBN 978-7-5399-4014-4
定　　价：29.80元

目录

导论　我们可以成为天才吗

和我们应该成为的人相比，我们只是半醒着的。我们内心的火焰被泼上了一盆冷水，我们的努力被抑制。我们只利用了我们心智中很小的一部分潜力……只有非常优异的人才会把自己所拥有的资源利用到极限。

19 世纪美国著名的哲学家、心理学的先驱

威廉·詹姆士（Williams James）[1]

牛顿是天才。莫扎特、贝多芬是天才。莎士比亚、曹雪芹、托尔斯泰、马克·吐温是天才。爱因斯坦是天才。比尔·盖茨、巴菲特是天才。贝利、阿里、迈克尔·杰克逊、乔丹、科比·布莱恩也是天才。很少有人不羡慕他们的业绩，不想像他们一样在这个世界上有一番作为。于是我们每个人不禁要问自己："我是天才吗？"

我相信：大多数人都是相当理性、实际的，都不相信自己是天才。特别是年过二十几岁以后，当意识到在电视里大出风头的足球明星的年龄都小于自己时，大多数人对自己是否具有天才素质的问题已经断念。不过我也相信：大多数人在人生的某一时刻，特别是在野心勃勃的青春期，都在心底偷偷地问过自己这样的问题。毕竟，天才是一种令人企盼、渴望的素质。许多人为了得到它甚至可以不惜代价，希望上帝不留神把这个宝贝丢给了自己。只可惜大部分人最后都暗暗地失望：咳，我不是天才。

[1] 转引自 Duckworth, Peterson, Matthews, and Kelly, 1087.

[002] 天才是训练出来的

牛顿是天才。莫扎特、贝多芬是天才。莎士比亚、曹雪芹、托尔斯泰、马克.吐温是天才。爱因斯坦是天才。比尔 · 盖茨、巴菲特是天才。贝利、阿里、迈克尔 · 杰克逊、乔丹、科比 · 布莱恩也是天才。很少有人不羡慕他们的业绩、不想像他们一样在这个世界上有一番作为。于是我们每个人不禁要问自己："我是天才吗？"

为了更科学地界定我们所说的天才，我不妨给一个现代心理学的测试。下面是一系列数码。你不妨请一个人以一秒钟一个数字的速度向你读完一遍，然后等20秒钟后，看看自己能否记住：

8 3 7 2 6 8 9 2 7 8 6 2 7 9 2 5 0 8 9 8 3 6 8 4 0 8 0 4 2 6 2 8 9 1 9 9 9 6 3 9 2 7 7 8 2 1 3 4 3 1 7 1 8 9 6 5 1 8 2 4 6 5 7 5 2 9 1 4 4 5 2 6 4 3 7 8 5 3 5 0 8 7

我想，你不仅记不住这些，甚至无法想象一个人听了一遍这么长的数字后能准确无误地复述出来。如果有人能做到这一点，你一定觉得他是个天才。

我过去有位朋友，被保送到清华数学系读书。一次我把自行车借给他。等到他宿舍要回自己的车时，他就领我到楼下上百辆清一色的蓝色自行车中辨认。我还没有看到自己的车，他就先给我找到了。最令人惊奇的是，他不是靠记住车的形状，而是车牌的数码，而且在那么多车中，一下子就把这小小的数码捕捉到了，比我靠外形记忆的“形象思维”快得多。我当时感慨：“人家被保送到清华数学系不是没有道理呀！人家是数学天才！”

这样超凡的能力，当然是一个人成功的重要本钱。巴菲特经常在自己的脑子里进行复杂的数学运算，声称自己根本就没有计算器。Steve Ross 创建了 Warner Communication 这么一个商业传媒帝国，最后卖给了时代公司。他干脆说：“我最恨计算器。它把人的能力给拉平了。”理由是，他一向可以不用计算器处理各种数据。计算器的发明则给没有这种能力的对手提供了便利的武器、削弱了他的竞争优势。通用电气的前总裁、被誉为20世纪的“世纪总裁”的韦尔奇，能一下子从24行充满数字的财政报告中挑出问题。他管理着世界最大、最复杂的公司之一，留下了能够记住每个细节的传奇。[1] 比尔·盖茨在哈佛的数学教授 Harry Lewis 在他那本《没有灵魂的优异》(Excellence without a Soul)开篇就写道：他一眼就能看出比尔·盖茨聪明绝顶。他在讲授应用数学时，第一堂课给学生们留了一道看似很简单的数学题。对这个问题，他不仅自己无法解答，也不知道其他什么人能够解答。他只不过想用此向学生们说明：有些看似简单的问题并不那么简单。但是，

[1] Colvin, 38~39.

盖茨几天后就到他办公室来，给出了自己的解答，后来经过深化，他和教这门课的另一位教授联名把成果发表在一个数学杂志上。[1]

俗话说，“没有那个金刚钻儿，就别揽瓷器活儿。”你如果没有上述这些人传奇般的天份，最好不要幻想着能够成就他们的业绩。天才之所以叫“天才”，就是因为那“才”是“天”给的。这是个有或没有的问题。你得不到就是得不到。

老友郑也夫在美国的侄儿申请大学时几乎被所有名校录取，最后上了哈佛，而且读书从来不费力。我特别问他和那孩子的母亲（也夫的妹妹）：“这是怎么培养的？我可是希望复制这种教育呀。”也夫还是那样快人快语：“这孩子还用培养吗？你打牌摸着好牌了。你用不着是高手也能赢。这孩子暑假来北京，我教他下五子棋。但走的时候，我就下不过他了。”看来，我等凡夫俗子，最好早早断了天才的成功梦。

但是，事情远非如此简单。

对开篇的那组长数字的不可思议的记忆能力，常人经过大约250小时的训练就能够掌握。这是心理学的一个著名案例。过去人们一直认为，人对数字的记忆能力是有局限的。超过七位数字，就很难被记住。全世界大多数本地的电话号码（不加区号）之所以是七位数，就是根据这样的假设。[2] 但是，1978年7月11日在卡内基梅隆大学（Carnegie Mellon University）的心理学实验室，一位寻常的本科生经过训练竟然创造了记住22个毫无规则的数字的纪录。最后，经过了250小时的训练，他竟能够这样记住82个数字！这位在心理学文献中以SF闻名的受试者，并不是个天才。他的一位朋友最后把这个纪录提高到了102位数，也不是天才。他们的业绩证明了一个简单的事实：普通人经过训练，会发展出连自己也难以想象的“超常”能力。[3]

这一心理学实验的结果对我们理解天才有着重大的影响。天才是先天的，还是培养的？这个问题在西方一直争论不休，但目前心理学的主流更倾向于培养的

[1] Lewis, 21.
[2] 至今发展心理学的教科书仍然在讲：5岁的孩子可以记住四五个数字，9岁的孩子可以记住6个，成人能够记住平均7到8个数字。Shaffer, 335.
[3] Colvin, 36~38.

分析。那么，即使天才确实是培养出来的，应该怎么培养？是否有什么门径？换句话说，怎样才能成为天才？这已经不仅仅是市场上无所不在的励志图书炒作的话题，更是心理学家和教育学家研究的核心。近年来，剑桥大学出版社出版了由这方面的领军人物编著的系列工具书，如 Robert J. Sternberg 主编的《创造力手册》（*Handbook of Creativity*）、《智慧手册》（*A Handbook of Wisdom*）、《智力手册》（*Handbook of Intelligence*），以及 K. Anders Ericsson、Neil Charness、Paul J. Feltovich、Robert R. Hoffman 联合编辑、长达 900 页的《剑桥专业与专家表现手册》（*The Cambridge Handbook of Expertise and Expert Performance*），综合了这一领域的研究成果。无怪乎 Anders Ericsson 宣称：剑桥决定出版某一领域的第一本工具书，无疑标志着这一领域的科学研究的一个里程碑。[1] 与此同时，一些记者、作家根据这些研究成果展开了细致的调查，采访了从企业总裁、科学家、艺术家、运动员等各个领域的“天才”，为我们理解这个问题提供了丰富的现实材料。[2]

这些人的研究和调查采访所得出的一个共同结论是：天才不是天生的，而是后天培养的。关键在于怎么培养。现代心理学、教育学，乃至神经学、生物学的一系列研究，已经发现了培养天才的重要线索。如果因材施教、对症下药，一个平凡之辈也能成为天才。甚至有人换算出非常具体的造就天才的公式：一万小时的“深度训练”，即大约十年的专业训练，是你在任何一个领域达到“世界水平”的最低要求。更关键的地方在于，除了训练量以外，你要对这种“深度训练”的方法有正确的把握。[3]

对于这样的结论，我第一个反应就是不信。这岂不是说谁都可以成为莫扎特、爱因斯坦、比尔·盖茨了吗？天下哪里有这么便宜的事情！但是，他们的研究和调查，代表着西方众多科学家、教育学家、新闻记者半个多世纪的心血，绝对不能小看。我认真检视了他们的研究和证据，可以说相当令人信服。这是其一。其

[1] Ericsson, in Ericsson et. al. 3.

[2] 这方面比较突出、也不断被本书引用的是 Coyle 和 Colvin 的著作。前者是写七届环法自行车赛冠军阿姆斯特朗的传记出身的记者，后者则是《财富》杂志的资深编辑。两人都有接触一流人才的丰富经验，但也都突破了各自的领域，在体育、企业界之外调查了大量天才成长的经验。

[3] Coyle, 53.

二，我虽然仍然不相信谁都可以成为莫扎特、爱因斯坦，或比尔·盖茨，但是，他们的研究足以证明，经过严格、正确的训练，你至少有希望成为成为半个莫扎特、爱因斯坦，或比尔·盖茨。这正是中国传统诗学中所谓的“取乎其上，得乎其中”。这对我们大多数人来说，都是不得了的成就。事实上，人们最常犯的错误，是低估自己的潜力。其实有时经过几个月的努力，你就能开发出连自己都无法相信的能力或“天赋”！对此，我有个人的经验，也愿意和大家分享。其三，在未来全球化的竞争中，才能或者天赋是我们制胜的本钱。如今大量的中国大学生找不到工作，沦为“蚁族”。这当然有种种客观的原因。但是，这些大学生缺乏必要的才能则是一个核心的原因。几年前，著名国际咨询公司麦肯锡（McKinsey）发表报告，称中国的大学毕业生虽然一年在 300 万以上，但是能够胜任外企工作的只有 1/10，而印度 1/4 的大学毕业生可以胜任。著名的《经济学人》杂志也两次发表文章报道中国的“白领危机”：一些跨国公司在中国立足，需要大量中高层白领，而且开出几十万甚至上百万的年薪。可惜在中国就是找不到那么多足以胜任的人来，乃至影响到这些企业在中国的扩张。你可以说你没有比尔·盖茨的天才，但是，如果你是个受过高等教育的大学生，把自己训练成能够在这种跨国公司里胜任中高层职位的白领，则完全在你的能力之内。

也正是出于上述三个原因，我在本书中尽可能综合美国近半个世纪来的研究成果，为读者把自己训练成“半个天才”、“半个盖茨”提供若干参照。我希望，那些急于求职的大学生，那些野心勃勃的白领，那些在学术界、媒体、艺术界等诸多领域奋斗的人，能够面对这些科学研究和调查的事实，更有效地设计自己的人生战略。记住，这不是如今无所不在的励志，而是“引经据典”的讨论。虽然我希望这本书读起来如同小说一样顺畅，但我从不想减弱其学术色彩。这也是本书充满了注释的原因。我无非是想证明，关于天才培养这种题目，一直是人类历史上的谜团，完全超出了个人经验所能解释的范畴。我尽可能总结半个多世纪的科学研究成果，能够找到一二线索，已经很满意了。我在本书中的所言，并非自己拍拍脑袋想出来的，而是有着相当的研究、采访，乃至心理学实验、医学技术（解剖、X光片、脑电图等）所揭示的事实作为基础。

开宗明义后，我不妨再就上面所提到的三点展开论述。

在西方的传统中，对天才的信仰根深蒂固。比如在基督教的传统中，一直有所谓“上帝赋予的才能”之说。甚至有“当上帝给了你禀赋后，你想拒绝也不可能”的说法。这大致也解释了为什么一个毫无背景的人突然成为先知、圣徒的原因。中国文化中也不乏类似的信念。一个放牛娃可以毫不费力地成为状元，一个不成器的富家子弟则不管请了多少家教、上了多少班，就是连个秀才也考不取。近代科学崛起后，天才成了严肃的科学研究的题目。这方面开创性的著作，大概要数达尔文的表弟高尔顿（Francis Galton）在进化论的启发下于 1869 年完成的名著《遗传的天才》（*Hereditary Genius*）。他通过对《泰晤士报》上的成功人士讣告的量化分析，发现英国的几个大家族为社会贡献的人才不成比例地多，由此提出了天才遗传说。虽然学界对他的成果颇有怀疑，但是达尔文对他的研究大加激奖，并在自己的名著《人类的由来》一书中加以引用。高尔顿则再接再厉，在此基础上创立了“优生学”，希望通过正确的联姻来改良人种。[1] 后来“优生学”因为被纳粹所利用而声名狼藉，不过，对先天智商的信仰并没有消失。当今在欧美相当流行的各种测验，包括“美国的高考”SAT，研究生考试 GRE，都是建立在智商学说基础上的测试。1994 年，哈佛大学著名心理学家 Richard J. Herrnstein 和美国企业协会的社会学家 Charles Murray 共同出版的爆炸性的名著《钟曲线：美国生活中的智力与阶级构造》（*The Bell Curve: Intelligence and Class Structure in American Life*）也坚称：智商是先天的，在人口中有固定的分布规律，还没有证据证明能够通过人工干预来改变。当然，这本书一下子就成为左翼知识分子口诛笔伐的目标。我们不妨把这派的学说视为“天才论”。

与这种“天才论”的传统相对立，“培养论”，即认为才能是后天训练出来的一派，在战后渐渐崛起，如今即使不是学术界的主流，至少也和“天才论”分庭抗礼并略占优势。这里一个比较有代表性的人物，是对美国教育界（特别是中小学教育）有巨大影响的教育心理学家本杰明 · 布鲁姆（Benjamin Bloom）。他总

[1] Galton, 1869.

结了三种理论。第一种是传统理论，把人分为学得好的和学得坏的，即我们所谓的聪明学生和笨学生。学生之间这种能力的高低，通过简单的测试就能衡量出来，因此必须因材施教。世界大部分地区的教育系统就是以此为基础构筑的，比如考试、升学等。前述《钟曲线》的作者就坚信,智商达不到一定程度就不应该上大学。用我们中国人的话说，你要不要上大学，先要看你是不是读书的料。第二种理论，则是在 20 世纪 60 年代早期崛起，把学生分为学得快的和学得慢的。那些学得慢的人,或者我们所谓的脑子慢的人,掌握同样的知识需要更多的时间、更多的帮助。但是，只要他们有了这些额外的时间，获得了这些特别的帮助，他们就能和那些脑子快的人一样掌握和运用同样复杂的知识。布鲁姆自己发展出来的是第三种理论。他承认学生的表现有非常大的不同。但这主要是因为每个学生的心理和知识背景不同，而学校总是几十人一个班进行统一教育。那些心理和知识背景正好适合这种统一教学的学生进步快，不适合的则进步慢。如果每个人都获得了适合自己的心理和知识背景的教育，则学生们的表现几乎没有什么区别。一句话，学生表现的差异主要是教学问题，不是学生本身的问题。[1]

最近 20 年,有一种在“天才论”和“培养论”之间发展折中共识的趋势。比如，大多数心理学家们同意，智商大致有一半是遗传的。另一半则是后天环境因素影响所致。同时，一个人生活中成败的许多变数是受智商的影响，但大部分变数则在智商的影响之外。极端的智商决定论和智商无用论都被一系列研究所否定。[2]由此我们通过一个简单的计算就可能看清：人生中的大部分变量都是在智商之外，而智商中又有一半是后天环境决定的。那种天生的、不可改变的智商基因对我们生活的影响，最多也不会超过四分之一的比重。况且，这四分之一的智商基因究竟是什么，我们也并不清楚。你也许觉得你的智商基因很差，实际上却可能是非常优秀，是被后天环境和自己性格中的其他因素埋没了。

正是出于这样的计算，本书力争绕开决定我们人生的不到四分之一的、同时几乎也是不可知的因素，而集中于四分之三以上的我们可以改变的因素。其重点

[1] Bloom, ix-x.

[2] Stanovich, 20~21.

讨论的研究成果，实际上是把布鲁姆的理论延伸到了天才训练上来。其核心观点是：天才之所以是天才，就是因为他们用特殊的方式把自己训练成了与众不同的人。你要是掌握了那种训练方法，并用来训练自己，你就可以成为天才。我想，中国的读者大部分恐怕无法接受布鲁姆的理论，也不相信什么人都可以被训练成天才。我这里只想提醒读者，布鲁姆的理论不是他一个人的假设，而是建立在大量学者实证性的心理计量、测试，以及对美国教育系统细致的个案分析的基础上的。这一点,你随便找他一本著作看看其中的引证就知道。我们即使不同意其结论，但也无法否认其丰富的实证材料，以及这些材料对改进我们的教育、设计自己的人生目标、进行自我培养的重要意义。

我本人其实并不是一个天才训练的信徒。道理很简单，许多人都像莫扎特或者科比·布莱恩一样训练，但我们只有一个莫扎特，一个科比，大量的人远到不了他们的地位。那四分之一不到的基因因素，到了顶尖的竞争领域就是举足轻重的决定性因素。对此，我在后面还会继续论述。但是，即使是我这么一个持反对意见者，细读完这些研究后也对其意义深信不疑。如上所说，你即使受了比尔·盖茨那样的训练，也未必能成比尔·盖茨。毕竟人家是天才，你不是。但是，你真若像他那样训练自己，大概还是能够成为顶尖的计算专家，或者硅谷一个中型企业的总裁。我并不想说服大家都把自己当天才。但是,你至少要把自己当半个天才。我们中间的大多数人，恐怕都是在对自己的低估中活了一辈子，白白浪费了这唯一的一次生命。

为此，我不妨讲一个个人的故事。我从小体弱多病。到上大学前，我从来没有见过一个比我更瘦弱的同龄男孩，属于一阵风能刮倒的那种类型。高考时体检，医生查不出我有什么病，但直言不讳地对我这个身体能否把大学读下来表示怀疑。据母亲说，我 1961 年出生正好赶上三年困难的饥荒，后来父母下干校，把我们兄弟留在城里交给一个不识字的农村保姆照顾,吃得很差。这样先天不足、后天失调，使我的身体格外孱弱。对母亲的解释，我从一开始就不信。事情明摆着：中小学上体育课，无论干什么，我在男生中总是最后一名不说，即使和女生比，也在中下的水平。这些同学中，绝大多数家庭条件比我还差。人家怎么那么壮呢？显然大家先天就是不一样。

不用说，以我这样的身体和运动能力，自然不时引起同学们的耻笑。我也早已认命，觉得自己生就了这把骨头，在体育的任何项目上都不可能有指望。但是，认命的我有一次也终于到了忍无可忍的地步。那大概是高一的时候。一天老师宣布不久要测 1500 米长跑，并警告大家："大部分同学没有进行过这种耐力训练，通过很难，要提前准备。"我一下子慌了神，马上问一个粗壮的男生："要跑多长时间才合格呢？"他则立即大笑，当着全班男男女女的面高声对我说："你要想办法跑得时间短，怎么还想着跑得时间长？瞧你这把骨头，还是跟着女生测吧！"我气得满脸通红，但一声也不敢吭。

这样的奇耻大辱，使我再也不准备这么生活下去了。我哥哥大我五岁，上学时一直是学校足球队和田径队的队员，跑 1500 米还是他的专项。我于是问他应该怎么训练。他告诉我最好的办法是变速跑：100 米快，100 米慢。我第二天一早就去试，跑完累得几乎要吐。不过，还是坚持了一个月。到体育课测验那天，我居然跑了全班第四。跑完后我累得不扶着墙几乎站不住，但听到全班上上下下在那里窃窃私语："薛涌今天真是神了！"那位大声笑话我的男生，竟被我甩下二百米左右。由此，长跑成了我的特长。记得刚上大学时开系运动会，我在北大中文系拿了 3000 米第二名（11’01’’），第一名是校田径队的长跑队员。

如今我已经快 50 岁了，但是，3000 米的成绩和大学时不相上下。我仍然可以用过去北京人骑自行车的速度比较轻松地跑 20 公里。这是个什么体能呢？不妨举个例子。中国足球十几年前闹着"冲出亚洲,走向世界",要强化体能。足协下令：甲级队运动员 3000 米跑不能在十二分钟内完成，就不能上场比赛。结果，一些著名运动员，特别是三十上下的"老"运动员，因为达不到标准而发生了危机。我们就假设他们 3000 米能用 12 分钟跑完吧。那么他们在这个水平上也会被我这个快 50 岁的人甩下 200 米左右。那就是 400 米跑道的半圈。输成这样非常难看，而这些竟是在一个最要求体力的球类项目中的职业运动员！

我是不是有超人的体能、高水平的训练呢？也不是。我这么多年运动确实基本没有断过。不过，跑步总是跑跑停停。前几年一直没有跑。现在也是一周跑那

在许多人看来，以我身体的底子，以五十上下的年纪，轻松地跟着一位骑车人围绕着北京二环路跑一圈似乎是很难令人想象的，甚至简直就是发疯。其实，这对一个一般体格的人应该是很容易做到的事情。可惜很少有人意识到自己具有这样的潜力。

么两三次而已。如果是比较正规的业余训练，成绩肯定要比现在高出一大截。可惜我没有这个精力和时间。我说这些要证明的东西很简单：在许多人看来，以我身体的底子，以五十上下的年纪，轻松地跟着一位骑车人围绕着北京二环路跑一圈似乎是很难令人想象的，甚至简直就是发疯。其实，这对一个一般体格的人应该是很容易做到的事情。可惜很少有人意识到自己具有这样的潜力。在长跑上，我从来不相信我是个天才。我现在连半个天才也算不上。十年前 38 岁时，在纽黑文一场三英里的公路赛上，我就在最后冲刺时被一位六十几岁的业余选手轻松超过。但是我也发现，高中时我在体育上给自己下的结论绝对错误。我瘦小的体形其实很适合长跑，在这个项目上和常人相比至少略有基因优势。如果我刻苦训练，并且训练得法的话，我能够成为“半个天才”，能够在我这个年龄组获得相当“拿得出手”的成绩。我是很偶然地发现了自己。大多数人，则如同练长跑前自认体育不行的我，一会儿觉得自己不是学数学的料，一会儿觉得自己不是学外语的料，一会儿又觉得自己写不了文章…… 这样糊里糊涂地不知道埋没了多少自己的才能。

我也正是抱着这样的精神从事这本书的写作。你如果在你所从事的领域，达到我在长跑上的水平，那么你就远不止是百里挑一的出众，你会具有非常强的竞争力。再说一遍，我这种水平，还是很不规范的训练的结果，还有许多潜力有待开发。如果你真以最高的职业准则要求自己、持之以恒地训练，你的水平就更高，就可能是千里挑一、万里挑一。你就绝不可能大学毕业时面对那么多高薪白领职位的空缺却连个工作也找不到。一句话，成为“半个天才”就能让你成功。

为什么这么说？在我们这个时代，具有高人一头的才能会给你带来过去所不可想象的奖赏。没有才能则会让你受到比过去更严酷的惩罚。在前一段华尔街金融风暴的高管丑闻中，我看到一则非常有意思的消息：美国银行收购了几乎破产的美林。美林在2007~2008年间的亏损将近200亿美元。美国银行的收购，也是以联邦政府的大规模财政资助为条件。但是美林竟在这个节骨眼上给高管们发放了高达36亿美元的奖金。这种大慷纳税人之慨的行为，引起举国震怒。不过，后来看媒体的相关报道，我发现有一个部门的高管，这些年拿的奖金上亿。一看名字就知道这是个中国人。此公领导的部门，几乎是美林中唯一一个持续赢利的部门，所赚的钱比他拿的奖金多多了。在这么一个华尔街全面坍塌的时代，这样的表现当然惊人了。也就是说，他的所得不仅合法，而且合理。其实，这几年的《华尔街日报》，不时报道在世界顶尖的银行成功的中国人。这些人如果在几十年前，守着这样的才能也不过是泡杯茶在机关里坐办公室，一个月拿五十六块钱的干部工资。当今这个时代，你如果有此才能则很难有人能挡住你的成功。你可以全球流动。日后的华尔街会有越来越多来自中国的高管、总裁；诺奖得主中的中国人的面孔也会越来越多。现在的家长们，千万不要觉得你能够想象自己的孩子日后的前程！

Geoff Colvin因为是《财富》杂志的资深编辑，对企业界的这种人才竞争特别敏感。他在分析知识经济的效益时作了一个非常直观的对比。微软迄今为止拥有资本300亿美元，已经为其持股人创造了2200多亿美元的财富。另一个公司叫宝洁，是美国最著名、管理最优秀的大企业之一，迄今为止拥有830亿的资本，比微软多2.7倍多，但是给股民创造的财富只有1200多亿，几乎比微软少了一半。为什么？这不是说一个公司比另一个公司好，而是因为微软几乎是完全靠脑力经

微软迄今为止拥有资本 300 亿美元，已经为其持股人创造了 2200 多亿美元的财富。另一个公司叫宝洁，是美国最著名、管理最优秀的大企业之一，迄今为止拥有 830 亿的资本，比微软多 2.7 倍多，但是给股民创造的财富只有 1200 多亿，几乎比微软少了一半。为什么？

营的公司，宝洁则是生产洗衣粉等日用品的公司，是普通的制造业，对员工的智商和能力要求要低得多。谷歌的例子更惊人。迄今为止，谷歌以 50 亿美元的资本，创造了 1240 亿美元的股值。百事这个一流跨国公司，以 340 亿美元的资本，则仅创造了 730 亿的股值。难怪比尔 · 盖茨曾经说："你如果把 20 位最聪明的员工从微软挖走，微软就成了个无足轻重的公司。"一般人总觉得微软的核心是软件。错了。微软的核心在其人事部，在于它怎么雇人！世界石油巨头 Exxon Mobil 是另一例子。这一巨头近年来每年获得的投资为 200 亿美元上下，但 2006 年通过股票红利等形式把 330 亿美元送还投资者。既然那么赚钱，既然那么多人要投资，为什么不多吸收些资金，把饼做得更大？其总裁 Rex Tillerson 的回答一语中的："钱有的是，人才却没有。"你可以找来更多的投资，但是，你不可能走到大街上一招呼就雇一大把顶尖的地质学家、工程师。钱要是不花在这种一流的人才身上，那就不如不花。几乎世界所有顶尖的企业，人才都是第一要素。人才是最稀缺的经济资源。[1] 你如果在自己身上发展出这样的资源，自然可以走遍天下。

同样，如果你没有才能，受到的惩罚也是严酷的。半个世纪前，美国是世界工厂。美国的高中生一毕业，大多就在本城的工厂当工人，一辈子不用离开故乡，各种福利齐全，退休待遇优厚。当年有些大学教授的儿子也不愿意上大学。因为当工人比当教授日子好过多了。现在如何呢？企业外包，制造业消失，美国受打击最大的就是这些人。最近我搬家买了一堆包装纸箱，发现箱子后面写着一句话："骄傲地在美国制造！"可见如今在美国制造的东西是这么少，乃至偶尔有个"美国制造"也要特别"骄傲"一下。现在的"美国制造"跑到哪里去了？到了微软、谷歌。你能干那里的活儿，自然前程似锦。如果你仅仅能做纸箱子，也许今天还"骄傲"，明天就没有饭吃。因为纸箱子早晚要到中国来造。那么中国呢？中国靠吸收被美国淘汰的制造业而崛起。但是，中国马上也会进入一个中等发达的水平，并且随着人口的老化，年轻劳动力减少，劳动力价格会逐渐攀升。低劳动力成本的优势，中国是享受不了几年了。比中国穷的地方，如越南、印度等，会吸收不少中国的制造业。总之，干粗活在中国也不是长远之计。下一代中国人需要的是技术、才能，是高附加值的创造。

但是，当今中国的教育正处于破产的状态。你在一个连校长都抄袭的大学里能学到什么呢？难道我们这一代年轻人要等到中国的教育问题都解决了以后再开始培养自己、参与国际竞争吗？这样的日子是等不来的，也等不起。所以，我希望年青一代为了自己的前途行动起来，把自己当天才来训练。我的责任，是把国外最近几十年在这方面的研究用通俗易懂的方式加以总结，给大家提供一套有效的方法。还是那句话，我相信的不是培养天才，而是培养"半个天才"。你能够成为莫扎特、盖茨当然更好。即使成不了，落得个"取乎其上，得乎其中"，也犯不上呼天抢地、捶胸顿足。这个世界需要莫扎特和盖茨，但仅靠莫扎特和盖茨们也玩儿不转。现代社会是个高度有组织的机体，需要大量中高层人

---

[1] Colvin, 11~13.

士实现莫扎特和盖茨们的理念,管理他们的果实。在这样的世界中,我相信这"半个天才"能给人生带来极大的成功、极大的满足。我真切地督促年青一代从自己开始行动。

上　卷

天才论：智商

1760年，奥地利一位地位显赫的乐师利奥波德·莫扎特（Leopold Mozart）被他4岁儿子在古钢琴上创作的一首协奏曲所震惊：这首曲子不仅难度大，而且在音乐上完美无缺。而这样的事情已经不止发生了一次。这无疑是一个征兆：上帝把培养史无前例的音乐天才的责任寄托在自己身上。于是，他放弃了自己作为作曲家、演奏家和音乐教育家的职业生涯，全身心地投入对儿子的教育。他这位儿子，就是音乐史上大名鼎鼎的莫扎特。

一个多世纪以后，一位叫列奥·维纳的语言学家对儿子的学校教育感到不耐烦，于是决定自己来教。他这位儿子，3岁就开始读书，11岁上了塔夫脱大学，十四岁从哈佛大学毕业，一下子轰动了美国。这个儿子就是控制论的奠基人维纳（Norbert Wiener 1894—1964）。

这两个典型的例子，似乎都证明了天赋是多么可贵，天才被父母及时发现是多么重要。但是，两位发现天才的父亲，则对儿子的成功有完全不同的解说。莫扎特的父亲坚信：儿子的才能全是上帝给的，自己不过是奉天承命、为上帝看护这位绝世天才而已。这种信念，在后来形成了神话，在如《上帝的宠儿》等戏剧、电影中不断重复：莫扎特是上帝派到人间的音乐使者。你要想通过用功来成为莫扎特，那分明是挑战上帝的意志，非失败不可。最近学者们对这种“莫扎特神话”进行了本质性的解构：莫扎特早年的作品非常幼稚。他的成功不仅有赖于长时间的超人般的努力，而且还决定于他父亲这么一位当时最优秀的音乐家和音乐教育家自我牺牲式的栽培。拥有他这种后天条件并付出如此努力的，在音乐史上很难找到第二人。

维纳的父亲在被记者追问儿子的天赋时，则作出了相反的解说：“把他描绘成神童简直是胡说八道。他是普通的孩子。如果他比同龄孩子知道得多些，那是因为他接受了不同的教育。”不过，成功后的维纳自己出来挑战父亲的结论。他承认父亲的教育对他关键性的影响。但是，他同时感到自己确实有超常的能力。这种能力，使父亲悉心的教育在他身上有了显著的效果。他还特别指出：自己的弟弟接受了同样的教育，但是因为天份不同，这样的教育没有产生在他身上所产生的效果。[1]

对莫扎特和维纳的成功的两种不同解说，触及了在西方心理学、教育学、医学，乃至文化界和一般公众中旷日持久的辩论：天才究竟是天成还是养成（nature vs. nurture）？这场辩论已经持续了一百多年，再有一百多年也不可能结束。我们接下来要讨论的，也正是这一不可能有本质性结论的问题。那么，我们能从这种没有本质结论的讨论中得到什么收获呢？收获还是非常大的。因为我们关注的核心，不是个纯学术的问题，比如天赋和后天培养，在一个人的事业成功中各占多少比例，我们关注的是非常实际的问题：我们如何成功？如何培养自己的孩子成功？在西方这场“天成还是养成”（或“天才论”与“培养论”）的辩论中，双方都最大限度地调动了科学资源，为证明自己的观点进行了百余年不懈的研究。这些研究成果已经汉牛充栋，虽然还没有在“天才论”和“培养论”中分出胜败，但在能力发展的问题上，为我们提供了异常丰富的参考。

我们首先把讨论的重点放在智商上。这也是天成派和养成派辩论的焦点。众所周知，虽然健康、体能等对人的生活都很重要，但是对我们大多数人的事业而言，成败的一个重大决定因素，就是我们是否足够聪明。这也怪不得美国的民调显示，在被问及什么是最为渴望的个人素质时，美国人第一个选择是健康，第二个选择就是智商。[2]我们不仅关心自己是否聪明，而且更关心怎样使自己变得更聪明。这也是我们把智商当做本章主题的原因。

在一般人的印象中，智商和智力几乎是一回事，前者不过是后者的测试。除了体育等几个主要依靠体能的领域，智商的高低对一个人事业的成败的影响可以从下面几个例子中看出：牛顿的智商高达190，伽利略为185，开普勒175，达尔

[1] Fancher, 1~2.
[2] Gottfredson, 24

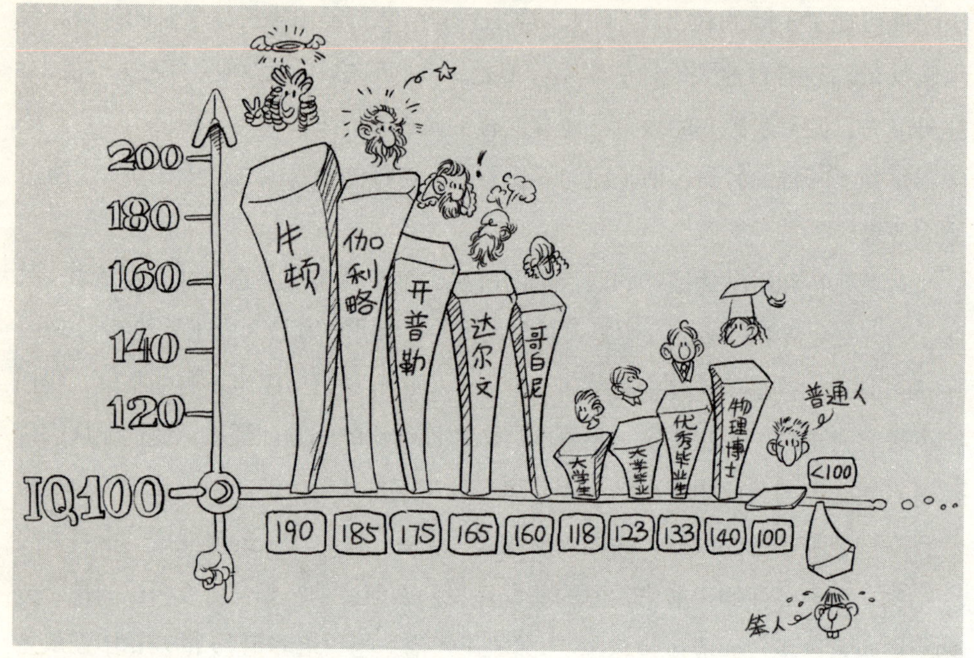

牛顿的智商高达 190，伽利略为 185，开普勒 175，达尔文 165，哥白尼 160，美国大学本科生的中等智商为 118，学士学位获得者的中等智商为 123，优秀毕业生的中等智商为 133，物理学博士的平均智商为 140。而在一般的人口中，中等智商为 100。也就是说，你的智商低于 100 分，你就属于偏笨的人，高于此线，就属于偏聪明的了。

文 165，哥白尼 160，美国大学本科生的中等智商为 118，学士学位获得者的中等智商为 123，优秀毕业生的中等智商为 133，物理学博士的平均智商为 140。[1] 而在一般的人口中，中等智商为 100。也就是说，你的智商低于 100 分，你就属于偏笨的人，高于此线，就属于偏聪明的了。

另外，一系列的经验研究也证明，智商对人的健康、寿命、教育程度、收入水平、事业成就等都有正面的联系。比如，对贫困的研究证明，在美国的白人中，生于占人口 5% 的最低层的穷孩子，日后生活在贫困线以下的可能比那些生于占人口 5% 的最富裕阶层的孩子要高 8 倍。但是，那些智商属于最低的 5% 的孩子，则比那些智商属于最高的 5% 的孩子日后生活于贫困线以下的可能性高 15 倍。也就是说，

[1] Simonton, 42.

你的脑子是否好使，比你的家庭是否富裕对你的未来重要得多。同样，美国智力顶尖的 25% 的白人孩子，不管家庭如何贫困，都几乎没有从高中辍学的。辍学率在智商超过人口中等水平的孩子中也非常低。中等智力的白人学生的辍学率仅为 6%。但是，笨学生和非常笨的学生的辍学率则分别高达 35% 和 55%。用我们中国人的话说，这些人根本不是读书的材料。智商最低的 5% 的白人妇女，婚外生子的比率比智商最高的 5% 要高出 6 倍。美国的罪犯的平均智商为 92，比人口的平均智商 100 低了 8 分，说明犯罪者大部分是低智商者。这方面的数据可以说是举不胜举。[1] 也怪不得，美国的大学、研究院录取学生，军队、企业招募人员，甚至橄榄球联盟海选职业选手，都要进行各种各样的智商测试。中国留学生们所熟悉的 SAT、GRE、GMAT 等留美的重要考试，都是在智商理论上发展起来的能力测试。

不过，智商的研究从一开始就突破了心理学领域而被政治化。用最简单的话来概述，强调个人的自由和责任的保守派，更倾向于智商决定论，更愿意承认天才对人类社会的关键性贡献，也不断大声疾呼培养特异人才之重要。[2] 自由派或左翼人士，则认为智商是一种后天的社会构造。也就是说，一个人的能力不足未必是智商的问题，而是社会（包括阶层、种族、教育、文化等）为他或她的发展设置了障碍，或者没有提供足够的机会。在他们看来，甚至智商测试本身也含有歧视弱势阶层的偏见。

在一百多年的辩论中，两派都爱走极端，乃至到了荒唐的地步。比如，天成派认为，智商对事业成败的影响最大，而智商主要是先天决定的，后天因素几乎不起作用：早教没有必要，孟母三迁是没事找事，甚至那些挖空心思让孩子上好学校、进常青藤的家长，也都是瞎操心。有人称，哈佛的学生之所以成功，不在于哈佛的教育，而在于哈佛选拔的学生智商本来就高。这些人读不读大学，日后都照样成功。由此演绎，政府出面为弱势阶层提供更多的教育机会不过是白白浪

[1] Herrnstein and Murray, 127~251.
[2] 参见 Murray, 107~168.

费纳税人的钱，上名校不过是追求虚荣和牌子，没有太多教育上的意义。与此相对，养成派则认为一切才能和成功都是后天培养的结果，天赋即使有，也无足轻重。人的天赋之不同，甚至是个不能讨论的政治禁忌，一提这事就等于歧视。按他们的理论，你从大街上随便找个人，对之进行世界一流的短跑训练，都能把他造就成博尔多。如前所述，近年来的研究对这两方面的极端观点都进行了否定：智商不是决定人生和事业成败的唯一因素，甚至可能不是最重要的因素。智商并非绝对先天，受后天因素的影响甚大。但是，人的自然能力确实有高低。在总人口中，智商的高低和事业成就之间有着不可否认的正向关系。

智商学说经过一个多世纪的发展仍然没有成为一个定型的理论。除了智商测试的准确性这种技术问题外，有两大理论问题仍然没有最终解决：第一，智商在多大程度上是先天的、在多大程度上可以通过后天的环境和努力来改善？第二，智商对人生和事业的决定性究竟有多大，比如，是百分之九十，还是百分之十？在本卷中，我将尽最大努力综合最近的研究对这两个问题提出初步的解答。

第一章　基因中的天赋：黑人运动员不可超越的优异

要理解这两个问题的复杂性，可以从常识开始。让我们回到导论中所提到的我个人的例子。

我自幼身体孱弱，身高只有 1.67 米，而且非常瘦小，北京话称之为“二等残废”，如今在中国求职，有可能被“身高歧视”而拒于门外。大学时同学开玩笑说：“薛涌的体重，戴着眼镜正好一百斤，摘了眼镜就不到了。”如果我和拳王阿里、泰森站在一起，有常识和理性的人都会说我们之间的体育天赋差得太远，我肯定不适合从事拳击运动。左派极端主义的逻辑则不这么认为。他们会头头是道地指出：“这一切都是后天造成的。两位拳王在美国长大，有一流的营养，长年进行着超一流的训练。你如果和他们一样有这些条件，你会达到大致相当的水平，能和他们在拳坛上决一雌雄。是社会没有给你机会，或者说你自己迷信天赋而没有进行最大的努力。”我想，如果我听信这样的话，那肯定是“找死”。假设我有他们的营养和训练，甚至付出比他们大得多的努力，身高也许会突破 1.7 米，体重也许会达到 160 斤，甚至在一般人中还显得挺强壮。但真要昏了头想和这二位拳王进行比赛，恐怕一分钟之内就死于非命。任何国际拳击组织也不会容许我和他们有比赛的机会。

我们之间的差异是什么决定的？是先天的基因，还是后天的努力？显而易见，先天的基因更重要一些。当然，这个对比太极端了。我们不妨把这种极端性削减一些，进行另外的假设：如果我们挑出最强壮的中国人和阿里、泰森进行拳击比赛，结果如何呢？首先，我们可以很有信心地回答：假设这个中国人有着一流的训练和营养条件，而且长年付出了超人的努力，而两位黑人拳王则并不认真训练，那么这位中国壮士几乎肯定是会取胜的。但是，假设大家都有同样的条件，都从事同样高水平的训练，谁将获胜呢？这是一个无法回答的假设。不过，凭常识，大多数中国人恐怕会看好阿里和泰森。

大多数人的这种看法，是荒唐的偏见还是理性的常识？请看看一个简单的数据：亚洲人占世界人口的 57%，但在世界最流行、最有观赏价值的体育（包括足球、篮球、跑步）中，基本上扮演着边缘的角色。而纯种黑人（撒哈拉南部的黑人及其散布到世界各地的子孙），仅占世界人口的 12%，却几乎统治了这些项目。[1] 不同种族之间是否存在着不同的运动天赋？以左派的"政治正确"的观点看是不存在的，甚至这个问题也是不应该被讨论的。但是，你看一看在历届奥运会百米决赛的起跑线上站着的选手，除了黑人外能有几个其他种族的人？一位美国的左派和我辩论说，那是因为黑人的社会经济文化条件使他们更多地投入体育训练。我则指出他忽视了基本的历史事实：白人从事同样强度的一流训练的人数肯定比黑人多得多。比如在 1936 年的柏林奥运会上，美国队的 8 位黑人选手主宰了田径场，赢得了男子 100 米、200 米、400 米、800 米、跳高、跳远的金牌。那时，黑人主要聚居的美国南部施行种族隔离，黑人学校设施缺乏，几乎只有移居到北方的黑人才有机会在中学从事田径训练。可以说，那时美国黑人从事田径训练的人数比起白人来在统计学上是微不足道的。但他们的成就却轻松地超过了美国的白人。甚至在冷战时代，苏联、东德由国家资助的奥运战略，在实验室里训练从小精心挑选的运动天才，使这两个国家的奥运金牌都超过了美国。但是，男子百米的决赛还是黑人的天下。黑人的优势是如此明显，美国的田径教练的一大问题就是如何帮助白人选手克服心里的种族劣等感。当白人站在起跑线上时，黑人选手甚至会嘲笑他："白孩子，你将有麻烦了。"在 1993 年的世界田径锦标赛上，一位英国的白人女选手出人意料地赢得了一项短跑冠军。几位黑人运动员对参赛的美国黑人选手说："你怎么竟输给了一个白人女孩儿？"[2] 可见这样的事情在田径场上是多么新鲜。

如果排除了先天的条件，这些现象则根本无法解释。不错，我承认中国人中也出来的几个姚明、刘翔，等等。但这种极端的个例无法掩盖种族在运动天赋上的整体差异。

体育是天成论（或我们所说的天才论）最有力、最直观的证据。先天素质的决定性，不仅体现在我和拳王们的个体之间，也存在于种族之间。个体之间的差

[1] Entine, 19.

[2] Hoberman, 4~6.

异凭经验和直觉就可以断定。你一看见姚明，哪怕你并不懂篮球，第一个反应恐怕也是让他去打篮球。种族之间运动才能上的差异，则是个更复杂的问题，需要大量系统的资料和数据，并且能够对这些资料和数据作出合理的解释。不过，对我们而言，对这个问题必须打破沙锅问到底。这并不是说我对天成论深信不疑，而是认为在天成论和养成论之间，我们必须把双方最精彩的洞见都充分领略，然后才能判断谁是谁非。黑人体育才能，是基因决定性地塑造了人的成就的最好证据。即使我们不同意天成论，也不应该对其最有力的论据熟视无睹。同时，体育所要求的才能非常单纯，主要就是针对某个项目的某种特别体能。所以，对体育上究竟是什么因素导致了成功，也比较好测量。比如短跑运动员的成功，主要就是由某种快肌的质量所决定。这一点现代医学已经可以测量。不像政治家的成功，因素复杂得让人无从下手，乃至你不知道他或她身上的哪种素质具有决定性。所以，讨论体育，比较能够进行条理清晰的论证，对因果关系也可以进行类似科学实验室那种“可控性的观察”。

我下面主要转述的，是 Jon Entine《禁忌：为什么黑人运动员主宰了体育，为什么我们害怕谈这个问题》一书中所概述的调查研究。[1] 写这本书，需要极大的勇气。黑人运动员的优异，早已有目共睹。但是，这是否因为他们的身体构造和基因不同？这一领域在西方一直成为禁忌。道理也很简单，一谈种族之间的基因不同，就很容易被扣上种族主义的帽子。体育本是白人用来证明自己的种族优越的例证。这在 1936 年为希特勒张目的柏林奥运会上达到了顶峰。不过，也正是在这前后，黑人运动员登上白人垄断的竞技场，并很快显示出自己的优越。于是，白人又将黑人的体育天赋归结于其动物性，将之作为“四肢发达、大脑简单”的证据。黑人超人的体能，曾被白人老板和军官当做让黑人忍受超长的工作时间、更艰苦的训练的理由。1994 年引起轰动的《钟曲线》，明确指出黑人智商比白人要低。但作者同时也提醒人们，黑人的体育天赋远超出其他种族。言下之意，人是不同的。黑人智商低，就像他们体能强一样自然。黑人应该从事体育，发挥自

[1] 以下叙述，除另加注明，全部根据 Entine, 2000。

己的才能优势，而不要在需要高智商的领域对自己抱太大希望。[1]

种族主义对黑人的伤害，以及由此而来的政治争议，使许多人不愿意触及这个问题。但是，黑人的体育成就太突出，也很难让人们对黑人的天赋熟视无睹。美国著名黑人短跑运动员、有当代欧文斯之称的卡尔·刘易斯就直言不讳地说："黑人的体格在许多方面造就得更优越。"根据他自己的估计，他每周才训练 8 小时，就这样在 1984 年奥运会上拿了 8 枚金牌。在 1954 年成为人类第一位在一英里跑中突破四分大关、后来成为神经学家、牛津大学的一位院长的 Sir Roger Bannister，因为说了一句"黑人选手的身体似乎有解剖学上的自然优势"，立即遭到口诛笔伐，以后再不就此问题做声。Jon Entine 和美国最著名的电视新闻主持人之一、NBC 的主播 Tom Brokaw 合作制作了一个电视节目《黑人运动员：事实与虚构》，结果一位美国著名的黑人默默中断了和 Tom Brokaw 的友谊。这些压力，让许多人缄默不言，但却促使 Jon Entine 进行更加系统的研究，让事实来说话。

事实是令人震惊的。在美国，黑人占总人口的 13%。在 20 世纪 60 年代中期，NBA 中 80% 还是白人，20% 为黑人。如今这个比例倒了个个儿。根据最新统计，黑人在N B A中占了 87%。在橄榄球联盟中，黑人比例为 65%（另有新统计为 75%）。在大学中，黑人占男篮运动员的 60%、橄榄球运动员的一半。黑人男孩成为 NBA 职业运动员的机会是四千分之一，白人则是九万分之一。更重要的是，在 20 世纪末期，没有一个白人运动员在 NBA 中成为得分最高或篮板球抢得最多的选手。身高仅 1.52 米的黑人选手居然也能扣篮，让替补席上的白人看傻了眼。在最近几十年的奥运会男子 100 米决赛中，基本见不到黑人以外的选手。唯一的例外，大概是 1980 年莫斯科奥运会。由于美国等依靠黑人选手的西方国家的抵制，四位白人进了男子 100 米决赛，并获得金牌和铜牌。但 1984 年奥运会以后，进 100 米决赛的都是一色的黑人。到 2000 年为止的 230 个最快的 100 米成绩全是黑人创造，白人从来破不了 10 秒。如今在男子跑步项目中，从 100 米到马拉松，已经是黑人的一统天下。从 1999 年塞巴斯第安·科保持了 18 年之久的 1000 米世

[1] Hoberman, 4~6. 这里必须指出，《钟曲线》是有缺陷但很扎实的学术著作，但被卷入了种族之争。这一点后文再叙。

界纪录被打破以后，从 100 米到马拉松（包括接力、跨栏、障碍赛），所有世界纪录全是黑人所保持（刘翔破 110 栏世界纪录几乎是绝无仅有的特例，但即使这个特例现在也成为了历史）。

比这样的事实更令人吃惊的是，我们甚至不能笼统地讲“黑人的统治”。祖先来自不同区域的黑人，不管散居到世界什么地方，都各有专长。短跑属于西非的领域，中长跑则是东北非的地盘。比如，自 1984 年以来，奥运会男子 100 米决赛不仅全是黑人，而且全是西非裔（美洲的黑人祖先大部分来自西非）。要知道，西非裔占世界人口的比例仅仅是 8%。只有屈指可数的几个非西非裔的选手在 200 米和 400 米跑中有所表现。比如，1979 年意大利选手门诺阿（Pietro Mennea）以 19.72 秒的成绩创造了 200 米的世界纪录。他这个成绩不仅是在高原创造，而且顺风的风速已经接近规则容许的极限（90%）。更重要的是，包括门诺阿在内的许多南欧白人短跑选手，都有黑人血统。短跑项目中的白人选手中，这些有黑人血统的人所占的比例高得离奇。

但是，除了极少的几个例外，西非裔很少介入中长距离的竞争。这里是东北非裔黑人的天下。其中最突出的就是肯尼亚选手。在 5000 和 10000 米的最好成绩中，他们垄断了一大半。在马拉松中，他们更是世界霸主。每年都有 50 位肯尼亚选手跑出 2 小时 13 分的成绩。突破这一大关的白人和亚裔选手，在历史上只是凤毛麟角。再细致地考查肯尼亚运动员，其一半的世界级选手，也就是获得各类国际长跑比赛冠军的五分之一的选手，都来自 Kalenjin 县的 Nandi 地区。其五十几万的人口仅占全国人口的 1.8%（Kalenjin 的人口则大约 300 万），在 67 亿的世界人口中还占不到万分之一。

不到万分之一的人口中培养了五分之一的世界冠军！怎么解释这样奇特的现象？文化、地理等因素全都说不通。比如，你可以说那里的人穷困落后、每天上学要跑几英里，再加上高原的环境，大家认准了靠长跑脱贫而拼命训练等，听起来头头是道。[1] 但以世界之大，具备这些因素的地区多得是。怎么别的地区无法

[1] 这方面的反论，见 Shenk，81~89. 可惜，他对黑人独特的运动天赋的否认非常单薄无力。

创造这样的奇迹？最有信服力的解释还是基因。一系列的考古和历史研究揭示出，这一地区的居民本是从尼罗河流域大致相当于今日苏丹南部的地区移居而来的游牧部落。在这个封闭的世界，他们的基因库基本上保持完整。这个部落的基因在长跑上有特别的优势是很明显的。

最近苏格兰的格拉斯哥大学和牙买加的西印度大学对牙买加短跑选手的研究揭示了类似的事实：牙买加运动员肌肉中能够导致肌肉快速收缩的肌纤蛋白（Actinen A）含量高达70%，而澳大利亚运动员肌肉中只有30%。回顾一下黑奴历史就知道，被贩运到美洲来的奴隶，基本都来自西非。[1]其中主要目的地是加勒比地区的甘蔗种植园。牙买加的黑人人口，高达90%以上，比美国任何地区都高。这也解释了为什么美洲的黑人中诞生了许多短跑明星，但长跑冠军则一定要到东北非去找。牙买加短跑击败美国，大概也在于那里人口的基因库比较纯正。美国黑人在白人主流社会中生活，基因不可能达到那样的纯度。过去美国对短跑的统治，恐怕还在于加勒比地区的国家太穷，没有训练设施。在这方面一旦追上，特别是有了更多的到美国训练的机会，美国就很难招架。这一点，美国的田径教练看得清清楚楚。他们经常感叹：在牙买加这么一个小地方的运动会上，看到的天才比全美的都多。

要知道，黑人社会，无论是作为一个国家，还是作为在美国这种发达国家中的种族群体，经济发展水平比白人社会低得多。这严重影响到了他们的营养和训练条件。但是，一旦他们有了基本的训练条件，他们和白人之间在运动上的竞争就算是结束了。我在写这段文字期间，忙里偷闲地看了一会儿正在德国进行的2009年世界田径锦标赛的几项女子比赛。黑人女子选手的优异，还不像黑人男选手那样极端。比如，5000米前几名虽然全是黑人，但素以耐力见长的中日选手，赢得了女子马拉松的冠亚军。不过，在短跑中黑人的统治几乎是绝对的。在4×100米接力中，在美国队缺席的情况下，牙买加和巴哈马两支一色黑的队伍分获

---

[1] 盖茨教授最近在《纽约时报》撰文总结说，被贩运到美洲的黑人，局限于50个左右的族团，其中被贩运到美国的黑人，有16%来自尼日利亚东部，24%来自刚果和安哥拉。DNA测验对此已经进行了印证。见Gates Jr., 2010。

牙买加运动员肌肉中能够导致肌肉快速收缩的肌纤蛋白（Actinen A）含量高达70%，而澳大利亚运动员肌肉中只有30%。回顾一下黑奴历史就知道，被贩运到美洲来的奴隶，基本都来自西非。其中主要目的地是加勒比地区的甘蔗种植园。牙买加的黑人人口，高达90%以上，比美国任何地区都高。这也解释了为什么美洲的黑人中诞生了许多短跑明星，但长跑冠军则一定要到东北非去找。

冠亚军。跑在第三的是全白的德国队。她们冲刺时落后太多，已经掉出镜头。但是，比赛结束后，全队躺在地上拥抱欢呼，竟比冠军还高兴。她们庆祝什么？难道是欢呼8000多万人口、酷爱运动的德意志被人口不足300万和35万的弹丸小国所击败？当然不是。她们庆祝的是自己战胜了俄罗斯——另一个全白的队。在运动界，许多白人运动员已经不把战胜顶尖的黑人作为自己的目标。在白人里拿第一就和冠军差不多。从这个角度也可以看出，刘翔能在21世纪成为110米栏的世界冠军并破世界纪录，是多么罕见的业绩。“政治正确”的美国媒体曾经嘲笑中国人觉得在100米等纯粹速度的项目上亚洲选手无法和黑人竞争，只有在跨栏这种技术性强的项目上才有可能有优势。其实他们忘了：美国自己的白人运动员，哪个敢在百米上和黑人叫板？

上面讨论的黑人的体育天才，对本章的核心论题智商有什么意义呢？意义在于，面对竞技场上差异如此悬殊的天赋，我们自然而然地会问：既然人在运动天赋上有很大不同，怎么可能在智力天赋上完全一样呢？也怪不得，研究黑人体育基因的Jon Entine接下来研究的是犹太人的智商基因。

难道随便一个人只要像牛顿那样努力就能成为牛顿吗？当然，智力上的天赋衡量起来比体育上的天赋要复杂得多。清华建筑史教授陈志华二十多年前曾和我讲过，他读大学时偶尔看到心理系在那里做智商测试，出于好奇就去测了一下。结果显示他的智商是“白痴水平”。而按照一般的智商理论，取得他这么大的成就，智商一般应该在 130 以上才对，也就是 2%~3% 的聪明人。这种错误，在体育测试中是很难发生的（当然也并非绝对没有，比如，许多天才运动员都曾被判决过“毫无前途”的“死刑”）。但是，智商在测试整体人口上还是有相当的准确性的。退一万步说，也许我们还没有找到测量个体之间天赋之不同的可靠手段。但是，这种不同本身的存在，在理论上则很难被否认。这也是我们讨论智商的一个出发点。

第二章 世界“最聪明”的种族

如上所述，智商高低不像运动能力那么显而易见。但是，群体智商的高低，则有明显的例证。为此，我再次触犯一个美国的政治禁忌，讨论一下种族的智商。其实，许多中国人都认为，犹太人是世界上最聪明的种族。那么，犹太人是否真那么聪明？有什么客观的衡量标准？如果犹太人真是最聪明的话，原因在哪里？这些问题，中国人一般很好奇，但很少深究，在美国则引起非常激烈的辩论。

我之所以要探讨这一问题，和我个人的文化处境有重要关系。我在美国生活、学习、工作已经 16 年。女儿是在美国土生土长的孩子，被称为“亚裔”。这些亚裔美国人，在教育上非常成功，乃至考大学必须比其他种族（包括白人）的分数高得多才能争取到同等的机会，否则美国的大学就被亚裔占领了。在惊叹亚裔的成就时，美国主流媒体经常把亚裔比作二战前的犹太人，甚至有人说亚裔的表现比当年的犹太人还出众。对此，我在介绍美国教育的近著《培养精英》中有专章讨论，可供有兴趣的读者参照。犹太人占美国人口的 3%（有说不到 2%），亚裔则占 4% 以上（因为亚裔成分混杂，比如中亚巴基斯坦等地移民也多归于亚裔，根据界定标准的不同可以得出亚裔占美国人口中的不同比例，其中有 2%~3% 之说）。但哈佛的学生中，犹太学生占了 25%，亚裔占 20%。这两个族群几乎占领了半个哈佛。犹太人显然更为强势一些。[1] 所以，思考自己亚裔子女在美国的地位问题，很难不想到犹太人。

最近在美国关于所谓“阿什肯纳吉犹太人智力”（Ashkenazi Intelligence）的理论悄然兴起，并引起了激烈辩论。这一理论虽然还很不成熟，但对我们理解群体智商有相当大的帮助，不妨在此杂糅各方观点加以概述。

所谓阿什肯纳吉犹太人，是犹太人中特殊的一个族裔，近现代期间多住在中

---

[1] 薛涌，2010，234~237。

所谓阿什肯纳吉犹太人，是犹太人中特殊的一个族裔，近现代期间多住在中欧、东欧，后向美国等地移民。有人笼统地把欧洲犹太人都叫做阿什肯纳吉犹太人。美国的犹太人，90% 都是这一种族的后裔。就像不同种族的黑人在体育上因不同项目而各有千秋一样，并非所有犹太人都聪明。所谓聪明的犹太人，主要来自这一特殊的种族。我们熟悉的著名犹太人，如马克思、弗洛伊德、爱因斯坦等，也都是来自这一种族。

欧、东欧，后向美国等地移民。有人笼统地把欧洲犹太人都叫做阿什肯纳吉犹太人。美国的犹太人，90% 都是这一种族的后裔。[1] 就像不同种族的黑人在体育上因不同项目而各有千秋一样，并非所有犹太人都聪明。所谓聪明的犹太人，主要来自这一特殊的族裔。我们熟悉的著名犹太人，如马克思、弗洛伊德、爱因斯坦等，也都是来自这一族裔。

一些研究显示，阿什肯纳吉犹太人的平均智商在 112~115 之间，明显高于一

[1] Ferguson.

般人口的平均水平（100）。他们的成就，也如同智商预测的那样超出所有种族群体。早在1900年，这些犹太人的孩子就获得了伦敦学校中大部分学术奖，尽管他们大多出身贫困。不管是在富裕的学校、普通学校，还是贫困学校，犹太子弟的孩子平均智商都比主流的白人学生高出一筹。平均智商上的优势还在其次，阿什肯纳吉犹太人更是盛产超常的天才。比如，在北欧人口中，智商超过140分的人有4‰，但在阿什肯纳吉犹太人中则为23‰，几乎高出6倍！在整个20世纪，犹太人占美国人口的3%，但占了美国诺贝尔科学奖得主的27%。如果把父母一方为犹太人的得主算入，这个比率则高达40%！在有“计算机界的诺奖”之誉的A. M. Turing奖得主中，犹太人占了25%，如果把父母一方为犹太人的得主算入，这个比例就上升到34%。另外，国际象棋世界冠军中，有一半是阿什肯纳吉犹太人。在美国的常青藤盟校中，犹太学生的比例是33%，在精英大学的教授中，犹太人大致占相同的比例。在1931年的波兰，犹太人占人口9.8%，但拥有了国家22.4%的财富。在第一次世界大战结束后的四年，70%的企业营业执照是发给犹太人的。到1929年，犹太人拥有了45%的大中型公司，到1938年这个比例达到55%。[1]而特别有意思的是，在非阿什肯纳吉的犹太人中，智商则和普通人口基本一致。[2]

对这一种族在智商上的优异，很少有人能够否认。更不用说这一族裔的基因中还载有某些特殊的病症。大家对于是什么成就了他们的高智商，则意见纷繁、莫衷一是。如果综合各家的看法，我们大致可以说，第一，这一种族在漫长的历史中，基本在族内通婚，基因库比较纯净。有人假设导致这些病症的基因也导致了高智商，但另有学者对之质疑。第二，他们素有“塔木德传统”（Talmudic Tradition）。所谓塔木德指的是《塔木德经》，为犹太教经典。在公元64年，犹太教领袖Yehoshua ben Gamla颁布敕令，要求所有犹太男性能够诵读《塔木德经》。他努力给5岁以上的男孩子办学。这大概是世界史上最早的义务教育传统了。100

---

[1] 参见Nisbett, 171~172.

[2] Cochran, et. al.

年后，所有犹太男性诵读《塔木德经》的目标基本达到。犹太人成为第一个识字率在男性中普及的民族。下一个民族达到同样的目标，还要等1700年以后！[1]来源于这一传统的阿什肯纳吉犹太人，对经典的研究尤为注重，研究和解释这种经典的“拉比”或“大师”的社会地位非常高，乃至大家对女儿的普遍期求就是“嫁给拉比”，对男孩的期求就是成为拉比或经典学者。这样，到了公元5世纪以后，这个小族群中学习成风，教育程度鹤立鸡群。第三，在中世纪的商业革命中，这一族群主宰了欧洲的金融业。当时的欧洲，基督教统治着人们的生活。教会严禁放贷生息，但犹太人因为不是基督徒，可以放贷。同时，当时最赚钱的贸易，属于欧洲到阿拉伯世界的长途贸易。由于基督教和穆斯林世界势不两立，这些长年在阿拉伯社会生活、又移居欧洲的阿什肯纳吉犹太人就充当了中间人。后来阿什肯纳吉犹太人屡遭迫害，向中欧、东欧移动。但不管到哪里，他们都保持着高度的种族文化认同，不与外人通婚，强调经典学术，并且都集中居住于城市，活跃于金融、贸易这几个狭窄的行业。

金融和长途贸易属于当时欧洲经济的神经系统，需要极高的智商，特别是识字和运算能力。要知道，中世纪的欧洲即使是统治阶级也很少识文断字，90%的人口是农民，处于“绝圣弃智”、靠天吃饭的休耕农业经济中。每天靠文字、运算、动脑子而在中心城市维生的阿什肯纳吉犹太人自然独树一帜。他们几乎没有当农民的，当手工匠的也很少。更重要的是，在这个以智能为业的族群内部，高智商的人往往事业成功，成为大商人和大银行家。他们生活水平高，养得起更多的孩子，医疗卫生条件也非常优越。当时欧洲的饥荒、流行病不断，人口死亡率甚高。在阿什肯纳吉犹太人内部，智商高的富人阶层仗着自己优越的经济、医疗和卫生条件，不仅更能逃避这些灾难，而且在长时段内繁衍力格外强劲。许多富裕家庭，经常有八九个孩子。另外，犹太人在欧洲频频受到迫害。但受害者大多数为那些下层犹太人。这大概是因为富裕的犹太人有着广泛的国际金融网络和政治关系，一有风吹草动不仅知道得早，跑得也快。甚至有学者说，早在586年耶

[1] Nisbett, 171.

路撒冷陷落时，跑出来的大多是官员、士兵、工匠等人口中最聪明的人。这是一个典型的“物竞天择，适者生存”的达尔文主义的游戏。最终高智商的人存活下来，低智商的被淘汰。阿什肯纳吉犹太人的基因库得以不断优胜劣汰。相比之下，世界上虽然有许多文化非常注重学术，比如，中国的科举制度表明中国人注重读书，但没有一个种族能够在千年左右的时间内集中于高智经济中，并以在这一经济中的表现作为进化的筛选原则。[1]

[1] 见 Cochran, et. al. 和 Ferguson。以上讨论所根据的两篇论文，实际上观点截然对立。Ferguson 的论文主要是为了批评 Cochran 而作。比如，前者强调文化和环境，后者强调基因。其中的是非，需要另文专论。但两者在许多细节上，还是各有贡献，并非水火不容。这里仅根据个人的判断，摘取了两人的若干洞见综合而成。读者还可以参考 Entine 2007 和 Nisbett, 172~178。

第三章 中国人、东亚人比白人更聪明吗

中国人、东亚人智商超过白人之说，目前在西方非常流行。这种流行概念，绝非空穴来风。让我们看看几个基本事实：

1966 年读高中毕业班的美籍华人，参加“美国的高考”SAT 的比例要比一般的美国白人多出 67%。按说这种普遍的参与使这个华裔“高考群体”远无白人“高考群体”那么精选。但是，两个群体的考分大体相当。

到了 1980 年，1966 年的高中毕业生到了 32 岁。在这代人中，华裔成为专业阶层、管理阶层、技术阶层的机会，要比美国白人高出 62%。

亚裔美国人占美国人口的 2%（这个比例因对亚裔的界定而和其他统计有所不同），但 2008 年赢得西屋科学奖（Westinghouse Science Fair）的 5 位学生竟全是亚裔。

目前亚裔占了哈佛学生的 20%，加州大学伯克利分校学生的 45%。[1]

纵观近年来 SAT 成绩的历史，亚裔提高速度最快。SAT 三门相加的总分为 2400。2007 年亚裔的平均分达到 1623，白人为 1581，拉美裔为 1364，黑人为 1276。普林斯顿的社会学家 Thomas Espenshade 分析了 10 所精英大学的资料后得出结论：进同一所精英大学，亚裔要比白人学生的考分高出 140。[2]

根据美国最新的统计，亚裔有 50% 受过大学教育，白人只有 31%，黑人为 17%，拉美裔仅仅 13%。教育和生活水平密切相关。亚裔的平均寿命高达 87 岁，白人为 79 岁，黑人 73 岁。在密西根州则更极端。那里的亚裔平均寿命高达 90 岁，白人为 79 岁，黑人 73 岁。[3]2006 年的人口统计显示，亚裔的中等个人收入在各种族中最高，甚至略高过白人。[4]

前《华尔街日报》专门负责教育报道的记者 Daniel Golden 于 2006 年出版了

---

[1] Nisbett, 153~154.

[2] Miller.

[3] Brooks, 2010.

[4] 参见 http://pubdb3.census.gov/macro/032006/perinc/new03_008.htm 和 http://pubdb3.census.gov/macro/032006/perinc/new03_003.htm。

颇为轰动的著作《录取的代价》，称亚裔为“新犹太人”。这主要是因为亚裔学生和二战前的犹太学生非常相似：第一，他们卓越的学术表现让白人主流社会望尘莫及；第二，白人主流社会，特别是美国的精英大学，一直对他们想方设法进行打压。在战前，美国的各名校都竭尽全力对付所谓“犹太人问题”，因为犹太学生的考试成绩太突出，大有占领常青藤之势，逼着各校制定犹太学生的指标，对之进行封顶。如今犹太人已经融入白人主流社会，不仅不再作为另类歧视，而且还因为其传统的经济政治资源被许多大学所追逐。但是，亚裔则多来自普通家庭或弱势阶层，无权无势，许多学校都有着对亚裔进行封顶的秘密指标。

“亚裔美国人”这个词汇，大致起源于 1970 年代。当时民权运动已经开花结果，以种族平权为目标的“积极行动”政策，使各大学在录取中对少数民族学生予以一定的照顾。一些华裔和日裔的学生，开始用“亚裔美国人”指代来自中国、日本、韩国等东亚地区的移民后代，试图把自己包括到“积极行动”的受益者中。1977 年，联邦政府用“亚洲和太平洋诸岛”作为统计概念，把来自东亚、东南亚、南亚、太平洋诸岛的移民之后归为一类。但是，这一“亚裔美国人”群体很快就在学术上显示出优异，进入大学的比例剧增，在美国社会引起反弹。1984 年，加州大学伯克利分校看到亚裔已经占了新生的 1/4,就宣布亚裔不再享受“积极行动”的优待。随后，伯克利和加州大学洛杉矶分校采取秘密的配额对亚裔学生人数封顶的政策就成了公开的秘密，并招致联邦调查。伯克利的校长出来为亚裔学生人数减少而道歉。1990 年，联邦调查得出结论，洛杉矶分校数学系的研究生课程确实对亚裔申请者有歧视。同时，美国教育部民权办公室也报告哈佛对亚裔的录取比例明显偏低，尽管亚裔的成绩偏高。特别是来自加州的亚裔和计划读生物专业的亚裔申请者，录取率特别低。哈佛知道在分数上亚裔高人一筹，只好说亚裔的“个人素质”低于白人学生。但是,因为亚裔在哈佛学生中的比例从 1979 年的 5.5% 上涨到 1990 年的 19.7%，联邦调查人员不认为哈佛对亚裔人数有着封顶秘密配额。

不管联邦调查的结论如何，一个铁铮铮的事实是谁也不能抹杀的：亚裔进同样的学校，要比白人学生考得分数高得多才行。2004 年普林斯顿的一项研究显示，亚裔申请精英大学，平均要比其他学生的 SAT 高出 50 分（以数学和阅读两门满分 1600 分计）。耶鲁的记录显示，从 1999~2000 年度到 2001~2002 年度，亚裔的 SAT 分数比白人学生高出 40 分。黑人和拉美裔的分数又比白人低 100~125 分。[1]《钟曲线》的作者根据 1992 年的数据把各校各种族学生的分数列成表格，其中哈佛的亚裔学生 SAT 比白人学生高 65 分，在斯坦福高 58 分，在普林斯顿和布朗大学高 40 分，在南部的名校莱斯大学竟高 70 分。要知道，精英大学录取虽然不仅仅看 SAT，但这些学校学生 SAT 的成绩多在 1400 分左右，距离 1600 的满分很近，提高的空间很小。在这个水平上，四五十分就往往成了决定性的优势。[2]

因为这种歧视，待在“亚裔美国人”中日子就不那么好过。特别是来自老挝、柬埔寨、菲律宾、太平洋诸岛的后裔，一直比较贫困，也缺乏家庭教育传统，在考分上比起白人来已经有明显劣势。东南亚移民的后裔依赖福利的比例，比黑人和拉美裔还高。他们的孩子混杂在高分的亚裔中面对更高的录取标准，自然更无出头之日。1997 年联邦管理与预算办公室也发现，亚裔受大学教育的比例高达 37.7%，夏威夷土著受大学教育的比例才 11.9%。于是，这些族群游说国会，力图脱离亚裔，另立一类以享受“积极行动”的优惠。2000 年，联邦人口统计终于把“夏威夷土著和太平洋岛民”单独列出。但直到 2005 年为止，大学委员会并没有改变亚裔的分类。

普林斯顿大学经济学教授 Uwe Reinhardt 娶了位中国妻子。他对普林斯顿反亚裔的政策非常反感，找到录取办公室评理。录取办公室的人则干脆问他：“你希望一半的学生都是中国人吗？”

普林斯顿的一位身为中国移民后代的博士生 2004 年在校刊上发表文章，猛烈攻击“积极行动”政策在大学录取中已经成了种族歧视。他现身说法：“我是个贫困、不懂英文的父母的儿子。我小时候他们从来没有给我念过书，从来没有参加过我的毕业典礼。我先后读了 5 个糟糕的高中，其中有一个叫“最后机会”的高中。我上中学和大学时都要干全职工作。但是，在我的生活中，从来没有人愿意给我个机会。我必须比我的同伴要出色。他进而呼吁学校应该以社会经济背景的多元

[1] Golden, 197~203.

[2] Nisbett, 171.

为目标，给那些不得不端盘子来养家糊口的学生机会。”

他的立场，已经被越来越多的美国人接受。但是，作为亚裔，穷往往并不会使你获得照顾。1996 年，加州的选民投票禁止学校利用“积极行动”在录取中进行种族歧视。但是，加州人口中有 1/3 是拉美裔，拉美裔学生在州立大学中所占的比例仅为 1/8。亚裔在加州人口中占 11%，但占大学生人数的 40%。为了解决这一不平衡，加州大学最精英的伯克利分校和洛杉矶分校考虑以向低收入阶层倾斜的录取政策代替“积极行动”那种向拉美裔和黑人倾斜的政策。但是，当官员们发现这样一来许多贫困的亚裔和白人子弟有更多的机会上大学时，就立即否决了这一方案。洛杉矶分校法学院的实验证明官员们的担心。1997 年，该法学院采取特别的政策，把 40% 的录取名额分配给出身于贫困并缺乏教育的家庭的学生。结果，亚裔的学生数量从一年前的 48 名上升到 82 名。黑人学生则从 19 名下降到 10 名。看到这样的结果后，该法学院立即停止了这样的政策。

这种对亚裔学生的歧视是全方位的。不仅底层的亚裔学生被打入另类，精英的亚裔学生更是受到种种刁难。比如，在加州尔湾的大学高中（是加州最好的高中之一），2003~2004 年学生的 SAT 平均成绩为 1247，远高于全州 1015 的水平。亚裔的家长为了孩子的教育不惜工本。他们宁愿牺牲自己的生活水准，到好学区买或租一套拥挤不堪的小房子，也要让孩子念好书。事实上，因为亚裔的成绩高，当一个学校的亚裔比例升高时，这个学校的成绩排名也上升。结果是相辅相成：好学校吸引亚裔，亚裔进一步让学校变得更好。这就是发生在尔湾的大学高中的情况：45% 的学生是亚裔。但是，加州大学最好的伯克利和洛杉矶分校，立即对尔湾进行了静悄悄的制裁：从 1998 到 2004 年，洛杉矶分校从大学高中录取的学生由 112 名降到 65 名，伯克利从这里录取的学生则从 91 名降到了 46 名。一位 SAT 考了 1540 高分，并能够阅读英语、韩语和拉丁文的韩国女孩儿，居然被这两所大学拒绝。但拉美裔的学生，居然考 940 分的 SAT 成绩就能进伯克利！人们不禁要问：这样的成绩，到了伯克利如何跟得上课？ 2002 年，伯克利共拒绝了 1421 名 SAT 超过 1400 分的高分加州学生，其中 662 名是亚裔；同时录取了 359 名 SAT 低于 1000 分的学生，其中 231 名是黑人、拉美裔和印第安人。

那么，如果真是公平竞争，亚裔在美国精英大学中会占到什么比例呢？因为我们几乎找不出任何一个美国精英大学对亚裔公平，这个问题很难回答。不过，纽约的一个精英私立高中 Hunter 为我们提供了一些线索。这所高中的使命是教育纽约市最有天份的孩子。学生不仅要通过录取考试，而且必须在原来所在的公立学校在数学和阅读两项上都达到前 10% 的名次。该学校就这样从 3000 多名申请人中筛选出 200 名新生(从七年级开始读)。除了对低收入阶层的孩子略有优惠外，一切都是按成绩录取。结果，亚裔学生在这所学校所占的比例高达 40%，尽管亚裔大致仅占纽约市人口的 10%。但是，尽管这些学生在这所高中表现优异，在申请大学时还是受到打压。[1]

接下来的问题是：亚裔为什么在受到这些歧视后，仍然会在教育上这么成功？要记住，不管亚裔占美国的人口 2% 还是 5%，亚裔在哈佛学生中的比例稳定在将近 20% 的水平，在最好的公立大学，加州大学伯克利分校，亚裔学生占到了 45%。如果按白人的标准录取亚裔，这些比例都要高得多。对此，无论是在美国的心理学界还是在老百姓的“民间信仰”中，都有两种解释。一派认为亚裔智商高，一派认为亚裔在文化上注重教育。

1991 年，Richard Lynn 检视了心理学界的多种研究成果后得出初步结论：生活在香港、新加坡、台湾和中国大陆地区的中国人中等智商为 110，日本人中等智商为 103,在北美的东亚人中等智商为 103。但他承认这种估算多有不精确之处。他 1987 年总结出来的结果，则把中国人和日本人的中等智商都定为 103。而美国白人的平均智商则为 101~102。另有对香港地区人口的智商测试，那里中国人的智商平均为 110，白人则仅为 100。类似的研究还有不少。所显示的东亚人与白人之间的智商差异实际上非常小，但东亚人似乎占优。[2] 另外，在图像临摹的测试中，数千美国孩子被要求用铅笔和橡皮临摹日益复杂的几何图形。这被认为是衡量智商的一个比较可靠的手段。结果，在任何年龄段中，亚裔的孩子（主要是中国人和日本人）都领先，白人紧随其后，然后依次是拉美裔和黑人。瑞士心理学

---

[1] Golden, 204~215.

[2] Herrnstein & Murray, 272~276.

不管亚裔占美国的人口2%还是5%，亚裔在哈佛学生中的比例稳定在将近20%的水平，在最好的公立大学，加州大学伯克利分校，亚裔学生占到了45%。如果按白人的标准录取亚裔，这些比例都要高得多。对此，无论是在美国的心理学界还是在老百姓的“民间信仰”中，都有两种解释。一派认为亚裔智商高，一派认为亚裔在文化上注重教育。

家 Jean Piaget 曾设计了许多对孩子的心理测试。其中一个测试是检验孩子对水平面的理解：先给孩子看一个装了红色液体的直立的瓶子，接下来给孩子看一个空瓶子的画，其中瓶子呈 45°角倾斜，然后让孩子画出红色液体在这个倾斜的瓶子里的水平线。大多数八九岁的孩子画出来的线和瓶底平行，但大一些的孩子则往往比较准确地画出了水平线，表示他们理解不管瓶子怎么斜，液体的水平线都是平的。加州大量 6~8 岁的孩子做了这一测试，各种族的通过率如下：亚裔 43%，白人 35%，黑人 13%。Jean Piaget 设计的另外九个游戏，也被用来测试孩子。结果，亚裔在七项中胜过白人。黑人则一直居末。[1]

有自由派倾向的心理学家，则否认这种智商差异。Richard Flynn 还对那些证明东亚人智商高的研究进行审读，称那些研究的标准过时，取样过窄，缺乏代表性。他对同样的资料重新分析后得出结论，说东亚人的智商比美国人其实还略低。

[1] Jensen, 166~167.

亚裔在美国的成就，还是文化上重视读书，结果成绩超出智商预测的水平。[1] 当然，美国白人中还流行这样的解释：亚裔来自应试教育的传统，从小就强调考试，结果孩子特别会考试。这几乎成了许多大学拒绝成绩优异的亚裔学生的一句潜台词，被许多亚裔视为歧视性的观念。

应该说，犹太人的聪明，几乎是没有什么争议的。东亚人是否比白人聪明，如今在各种智商测试中还没有令人信服的结论。即使在上面讨论的那些智商数据中，东亚人高出白人的分数也大多微乎其微，样本稍有偏差就失去意义。比如，西方测试者在东亚接触的多是比较开放、比较都市化的发达地区，内陆落后地区几乎没有去过。这会导致样本的巨大偏差。另一方面，说东亚文化注重读书等，虽然符合常识，但落实到教育的具体过程中没有量化的研究作为支持，科学性也非常不足。从我们在美国日常经验看，亚裔的孩子确实表现高出白人一筹。女儿班上的顶尖学生几乎都是亚裔。周围的学区，只要亚裔聚居的地方，学校的成绩都好，而且快班多被亚裔主宰。这些亚裔孩子确实更用功，但也不排除更聪明些。理由并非种族智商的差异。在美国进入中产阶级的亚裔，第一代多是来读研究院的，博士多，名校毕业的也多，家长在本国往往就是一流人才，经过反复筛选才在美国立足。不管是哪个种族，这么筛选出来的人智商高一些都无足为怪。如果让这些亚裔的孩子和白人常青藤毕业生的下一代竞争，大家恐怕就半斤八两了。

总之，大脑不像肌肉那样显而易见，但人们在智商之间的差距恐怕不仅存在，而且在生活中有着重要的后果。下面就让我们来看看智商本身究竟是什么东西。

[1] Nisbett, 154~159.

第四章　什么是智商

我们不妨先看看什么是智商。

智商（IQ）顾名思义就是“智力之商”（Intelligence Quotient）。我们都知道，26除以2，商为13。同理，你的智力年龄除以实际年龄，其商就可以换算为你的智商。什么是智力年龄？智力年龄除以实际年龄后怎么得出你的智商？我们不妨先看看智商理论的历史。

智商是现代义务教育体系的产物。在19世纪末20世纪初，法国的义务教育法要求所有孩子都必须接受几年公立学校的教育。这一立法的直接后果就是暴露了智力低弱的孩子的存在。在没有义务教育以前，这些孩子待在自己家里，不用和别的孩子比，更不用完成和别的孩子一样的功课。一旦义务教育把他们送进学校，他们就经常因为跟不上班而早早辍学；如果继续在正常的班级中读书，则不仅浪费了自己的时间，也妨碍了全班的进度。这大大影响了义务教育的效率。于是，法国政府成立了专门委员会，以调查智力在正常水平之下的孩子的情况。法国教育部委托该委员会的重要成员之一、心理学家比奈（Alfred Binet）和他的学生西蒙（Theodore Simon）寻找一种实用、客观的方法来发现那些智力发育有障碍的孩子，以对他们进行特殊的帮助。1905年，著名的比奈－西蒙智力测验被发明出来。[1]

比奈首先观察到，那些被老师认为读书非常困难，特别是在阅读、写作、算术上不开窍的学生，在做其他事情时也比同龄人慢许多。为了验证这种主观印象，就必须有客观化、量化的测量手段。于是，他开始设计“年龄分”来计算孩子的心智发展。他和西蒙首先观察某年龄的孩子们大多知道的事情，然后根据这些设计许多小问题和作业让孩子来完成。这种测试，并不是测试学校的功课，而是测试一般孩子在某个年龄段所能掌握的东西。他们把3到15岁的孩子分成不同的年

[1] Fancher, 69~78.

龄段，用这些问题和作业进行测试，记录通过测试的孩子的比例。然后，他们对测试的结果进行分析，挑出那些能最有效地测出孩子们不同能力的题目。这种所谓具有“最大区分力”的题目，往往是在某个年龄组中一半孩子通过、另一半通不过的题目。他们不停地进行这样的试验，最后为 3 到 15 岁的每个年龄组都找到至少 5 项测试。以下就测试的具体例子：

3 岁：指出鼻子、眼睛和嘴巴的位置；

4 岁：重复 3 位数（比如，大人念 3、6、8，孩子也马上把三个数字重复出来）；

5 岁：描摹一个正方形；

6 岁：数 13 个硬币；

7 岁：展示右手和左耳朵；

8 岁：在描绘熟悉的事物的画面中发现缺失的东西；

9 岁：界定熟悉的词汇；

10 岁：按重量排列五块积木；

12 岁：发现病句；

15 岁：对给出的事实进行解释。[1]

他们发现，孩子的智力就如同其身高一样，随着年龄的增长而发育，并且也如身高一样，大体到 16 岁停止。但是，不同孩子的智力表现和他们的生理年龄不一致。在他们的测试中，同样是 6 岁的孩子，有的具有 8 岁孩子的表现，大多数则是 6 岁孩子的表现，另外还有的仅能达到 4 岁孩子的水平。这样，“智力年龄”（MA，mental age）的概念被发明出来，以区别于生理年龄（CA，chronological age）。通过 5 岁年龄段测试的孩子，“智力年龄”就是 5 岁，不管他的实际年龄是 4 岁还是 6 岁。1912 年德国心理学家 William Stern 发现，虽然智力年龄和生理年

[1] Jensen, 3~5.

智力年龄乘 100 倍后再以生理年龄相除，得出的指数就是智商（IQ=100MA/CA）。比如，那个具有 8 岁智力水平的 6 岁孩子，其智商的计算方法就是：100x8=800; 800/6=133。也就是说，他的智商是 133。大多数人的智力年龄和生理年龄基本一致，这样换算出来的智商就是 100 左右。

龄的差距与日俱增，但两者的比率不变。这个比率一生都能保持稳定。比如，一个有 8 岁的智力水平的 6 岁孩子，长到 9 岁时会具有 12 岁的智力水平，到 12 岁时则有 16 岁的智力水平。他的智力年龄和生理年龄的差距，从 2 年扩大到 3 年、4 年，但智力年龄总是生理年龄的 1.33 倍。这一固定的比率，他定义为“智商”（intelligence quotient）。[1] 后来美国斯坦福大学的心理学教授 Lewis Terman 将其计算方法加以修正，具体的公式是：智力年龄乘 100 倍后再以生理年龄相除，得出的指数就是智商（IQ=100MA/CA）。比如，那个具有 8 岁智力水平的 6 岁孩子，其智商的计算方法就是：100 × 8=800; 800/6=133。也就是说，他的智商是 133。大多数人的智力年龄和生理年龄基本一致，这样换算出来的智商就是 100 左右。[2]

[1] Fancher, 98~104.
[2] Terman, 2007, 1~8.

Lewis Terman 长期为美军进行心理测试，根据自己的经验对比奈—西蒙智力测验进行了改进，于 1916 年出版了《斯坦福修订版比奈—西蒙智商》，确立了斯坦福—比奈智商测试。这一新的测试和比奈—西蒙测试法不同的地方在于，比奈的目标是找出那些智力偏弱的儿童，以给他们提供应有的帮助。Terman 则力图用智商把所有孩子进行能力分类，为不同的孩子选择最适合他们能力的事业渠道。这和中国的体校从小选材培养运动员非常类似。[1] 他相信：智商是先天的，而且对孩子未来的前程有巨大的预测力。也正是他领导了历史上最大规模的天才研究，长期追踪从加州选拔的 1500 多名神童一生的生活和事业。Terman 还把智商分成许多等级。其中智商在 140 以上的，属于天才或近乎天才；120~140 属于超强智商；110~119 者属于高智商；90~109 者属于中等智商；80~89 属于低智商；70~79 属于智能不足；70 以下者属于智障。他根据对 1000 个孩子的测试，得出一个智商分布，显示大多数属于中等智商，智商极高或极低的都属于极少数。[2] 后来的学者继续演绎这种智商分布，具体的数字略有出入，但大体都遵循了 Terman 所奠定的模式。下表是智商的人口分布：[3]

智商	人口百分位	智商	人口百分位
145	99.9	100	50.0
140	99.6	95	36.3
135	98.9	90	24.2
130	97.7	85	15.9
125	95.0	80	8.8
120	90.3	75	4.5
115	84.1	70	2.3
110	74.2	65	0.9
105	63.7	60	0.4

[1] Terman, 1916, 1~21.

[2] Terman, 2007, 8.

[3] Jensen, 6.

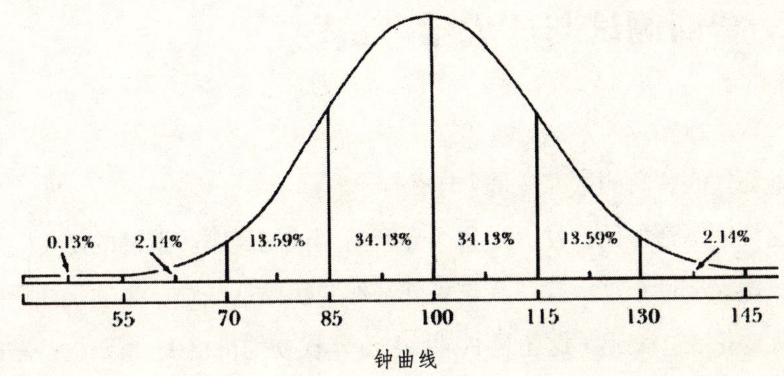

钟曲线

根据上表，我们对 Terman 的智商分档进行略微的修改，把天才的智商定为 145 分以上，那就是在 99.9 的百分位上，即其智商在 99.9% 的人口之上，属于千里挑一；智障者智商为 60 分以下，在 0.4 的百分位上，也就是智商属于人口中最低的 0.4%；而一半人口的智商，属于中间领域，即在 110（74.2 个百分位）和 90（24.2 个百分位）之间。偏离这个中间地带，则智商越高或越低，人数就随之越来越稀少。如果把智商分数作为横轴，把具有某一分数智商的人在人口中所占的比例作为纵轴的话，人口中的智商分布在图中就会呈现出一个“钟曲线”，中间智商的人口比例最高。（见图）与横轴上 100 分智商那一点交叉的纵轴确立了整个钟曲线的最高点。曲线由这一最高点向两侧下行，到了最低和最高智商分数的两端，几乎贴到了横轴。这个“钟曲线”，描绘的不仅是智商的人口分布，人的各种特性，如身高、体重、血压、心肺能力、反应时间等，都以类似的曲线分布。比如身高，在中国的成年男性中，大部分在 1.7 米上下。2.29 米的姚明和身高不足 1.1 米的矮人都属于罕见。不过，智商的“钟曲线”的顶峰，或者说 100 分这一代表着最大比例人口、也是人口的平均智商，并不是绝对值，而是人为确定的。每隔一定的年份，心理学家就把人口智商测试的平均值定为 100，再以此基准确立其他各个档次的智商水平。[1] 直到今天，西方国家教育体系的各种考试，大致都是以这种智商学说为基础的。

[1] Nisbett, 5.

第五章　智商测试与“大学考试”

那么，现代的智商测试究竟是个什么样子？

回答这个问题最好的办法，是看一套智商测试的真题。遗憾的是，一些权威的智商测试题保密性很严。除了受试者外，你要获得这些题，必须是注册的心理学家，同时要花 350 美元（这还是 20 世纪 90 年代初的价格）。拿到这些题的心理学家，受行业规范和知识产权的约束，除了用来进行测试外，也不敢肆意传播。甚至职业心理学家在让记者亲身经验测试前，还要求记者事先保证不对测试题目进行细节描述。道理很简单：如果受试者或他们的家长知道这些题、并进行相应的准备，这些题的有效性就失去了。[1]

所幸的是，在这种限制下，我们了解智商测试并非没有途径。一来是一些专家和受试者对测试的结构和方法有不少描述性的介绍，二来是美国学校的大部分能力测试（而非知识测试）都是以智商测试的模式来进行的。我们不妨分两步，先看看对智商测试的描述，再看看美国大学考试的题目。

我们的第一个例证是 Wechsler 智商测试，其中包括儿童（WISC: Wechsler Intelligence Scale for Children）和成人（WAIS: Wechsler Adult Intelligence Scale）两个版本，都是在 20 世纪四五十年代由心理学家 David Wechsler 设计，经过几次修订后，至今还在使用。儿童测验从 1950 年开始，测试的对象为 6 到 16 岁的孩子，共有如下十部分：[2]

测试类别	例子
信息	阿根廷在哪个大陆上？
算术	如果四个玩具是六块钱，七个玩具是多少钱？
词汇	“商议”的意思是什么？

[1] Seligman, 2~3.

[2] Flyn, 5.

续表

理解	为什么街道上经常要用门牌号？
图像完形	指出一个不完整的图像中缺少的东西
积木设计	用积木复制两个颜色的设计
物体整合	用拼板（如七巧板）的组合来描绘常见的实物
解码	用小箭头标出某个符号和某个形状或数字之间的关系
图像安排	将一组无序的图片重新组合成序列，并讲出其中的故事来
相似性	狗和兔子在哪些方面是相似的

关于成人测试，一位美国《财富》杂志的编辑和专栏作家志愿考了一次，在向测试他的心理学家担保不“漏题”的前提下，对考试进行了概观性的描述。该项测试和儿童测试其实大同小异，分 11 部分，每部分的考题由易到难。第一部分同样是信息，共 29 道题，其中第一个问题是太阳在天空中的位置。接下来一部分是图像完形。然后是数字序列，考官读出一串数字，要求你重复。他先读 3 个数字，最后进行到 9 个数字。在读任何一级的数字中，如果你错两次，就算失败，被计入下一级的水平。比如，你两次未能准确重复 9 个数字，那么你就是具有重复 8 个数字的能力。但是，接下来了数字重复就非常难了。考官读 2 个数字，逐渐达到 8 个数字，你必须把数字倒着重复出来。再下面的图象安排、词汇、积木设计、算术、理解、数据的图象表达（类似于解码）、相似性等，与儿童测试近似，只是难度不同而已。测试大致 90 分钟，共分三组计分：语文得分、操作得分（主要包括解决问题的能力）、平均得分（也就是两者综合而成的智商）。[1]

SAT，即学术能力测验，随着出国潮越来越被中国学生所熟悉。中国的媒体称之为“美国的高考”。其实，在美国申请大学有许多因素，比如高中成绩、推荐信、作文、各种成就、个人经验，乃至家庭背景、种族，等等。不过，大部分学校都把 SAT 作为录取的参照。一般而言，SAT 的考试分两部分：语文和数学。分数各

[1] Seligman, 2~10.

在200分到800分之间。两部分相加满分为1600分。上一流大学，一般总分要在1400分以上。最近几年又加了作文，不过争议很大，还不够成熟。以下根据主办SAT的机构“大学委员会”（college board）上的信息展示几个例题。

语文部分共70分钟，分两个25分钟的小节和一个20分钟小节。首先是句子填空：

Hoping to ________the dispute, negotiators proposed a compromise that they felt would be ________to both labor and management.

	A	enforce . . useful
	B	end . . divisive
	C	overcome . . unattractive
	D	extend . . satisfactory
	E	resolve . . acceptable

中文翻译是：

希望 ________纠纷，谈判者提出一个妥协方案。他们觉得这一方案对劳资双方都 ________。

A. 强制　有用的；

B. 终结　分化的；

C. 克服　没有吸引力的；

D. 延长　满意的；

E. 化解　可以接受的；

正确的答案是E。

这种测试的目的，主要是检查你对词汇的理解和对句子结构的把握。

另一节是批判性阅读。给你一段100字到800字的文章，或者几个段落，然后让你根据这些问题回答多项选择题。

The questions below are based on the following passage.

"The rock was still wet. The animal was glistening, like it was still swimming," recalls Hou Xianguang. Hou discovered the unusual fossil while surveying rocks as a paleontology graduate student in 1984, near the Chinese town of Chengjiang. "My teachers always talked about the Burgess Shale animals. It looked like one of them. My hands began to shake." Hou had indeed found a Naraoia like those from Canada. However, Hou's animal was 15 million years older than its Canadian relatives.

In line 5, "surveying" most nearly means

	A	calculating the value of
	B	examining comprehensively
	C	determining the boundaries of
	D	polling randomly
	E	conducting a statistical study of

It can be inferred that Hou Xianguang's "hands began to shake" (line 11) because he was

	A	afraid that he might lose the fossil
	B	worried about the implications of his finding
	C	concerned that he might not get credit for his work
	D	uncertain about the authenticity of the fossil
	E	excited about the magnitude of his discovery

中文翻译为：

以下问题所根据的是下一段落：

“岩石依然是湿的。那动物非常光洁，仿佛还在游泳，”侯先光回忆说。他是在1984年作为古生物学研究生考察岩石时在中国的一个城市澄江附近发现了这块不同寻常的化石。“我们的老师经常谈论页岩动物。这看上去就是其中的一个。我的手开始颤抖。”他果然发现了纳罗虫，和在加拿大发现的差不多。不过，他所发现的动物比它在加拿大的亲戚要老1500万年。

与此段中“考察”的意思最接近的词汇是：

A. 计算其价值；

B. 进行概观性的勘察；

C. 确定其边界；

D. 随机抽样调查；

E. 对其进行统计学的研究。

从此段中可以推论出，侯先光的“手开始颤抖”是因为他：

A. 害怕会丢失了化石；

B. 担心他的发现所导致的后果；

C. 担心他的工作不被承认；

D. 无法确定化石的真假；

E. 对于他的巨大发现而兴奋。

第一个问题的正确答案是B，所考查的是你是否能在具体的语境中了解词的意义；第二个问题的正确答案是E，考查的是你能否根据阅读得出合理的结论。

数学考试同样是70分钟，分两个25分钟的小节和一个20分钟小节。其中有44个多项选择题，10个回答题。以下是一个多项选择题：

夏威夷 Hilo 地区中午气温						
星期一	星期二	星期三	星期四	星期五	星期六	星期日
66	78	75	69	78	77	70

上表显示了夏威夷一个城市一周的华氏温度。如果 m 代表这 7 天的中等气温，f 代表出现最多的气温，a 代表平均气温，以下 m，f，a 序列哪个正确？

A	$a < m < f$
B	$a < f < m$
C	$m < a < f$
D	$m < f < a$
E	$a = m < f$

答案是 A。

下面是个解答题：

$$|4X-7| = 5$$

$$|3-8X| = 1$$

X 是几才能满足两个等式的需求？

正确答案是 0.5 。[1]

其实，中国留美读研究院的学生所考的 GRE，大致也是差不多的形式。甚至托福考试也和 SAT 的语文考试非常相似。记得二十多年前，一位清华刚入校的新生弄到一套 GRE 题，知道这是进美国研究院的敲门砖。他定下神来看了一眼数学部分，死活不相信：这么简单？难道美国的工学院就凭这个录取研究生吗？一时间，这张考卷轰动了全楼层的新生。大家觉得这简直是在搞笑：研究生入学考试，居然比我们高考还简单得多。甚至学文科的学生也可以轻松获得满分。难道世界一流的大学就这么选才吗？

[1] 以上例子来自美国“大学委员会”网站，http://www.collegeboard.com/

记得二十多年前，一位清华刚入校的新生弄到一套 GRE 题，知道这是进美国研究院的敲门砖。他定下神来看了一眼数学部分，死活不相信：这么简单？难道美国的工学院就凭这个录取研究生吗？一时间，这张考卷轰动了全楼层的新生。大家觉得这简直是在搞笑：研究生入学考试，居然比我们高考还简单得多。甚至学文科的学生也可以轻松获得满分。难道世界一流的大学就这么选才吗？

要理解这一问题，必须首先区分智商测试和我们中国人脑子中的考试之间的区别。中国人心目中的考试，就是考学校所学的内容，而且特别注重死记硬背的知识。智商测验则正好相反。从比奈设计第一套测验时就奠定了这样的传统：着重测试一般的认知能力，而非学校所学的知识。从理论上说，人到 16 岁以后智商停止增长，但知识和经验则依然在迅猛增长。衡量知识和经验的考试，当然会越来越难。但如果是智商测试，则在 16 岁前会随着年龄的增加而提高难度，16 岁后再增加难度则没有意义。所以，研究生录取用的 GRE 和大学录取用的 SAT 不应该在难度上有太大差别。GRE 的数学部分，也不该比测试一个 16 岁高中生的智商测验的数学推理部分有明显的难度。毕竟这些在本质上都属于智商测试。

第六章 智商的实质：常规智力、流性智力、结晶智力，智力的广度与深度

智商测试的是智力。那么智力是什么？以下是心理学界一个常见的定义。

智力是一种非常基本（或者说常规）的脑力。这主要包括推理、计划、解决问题、进行抽象思维、理解复杂的思想、迅速地学习，以及从经验中学习的能力。这并不仅仅是指以书本为基础的那种狭隘的学术技巧和考试能力，而是反映着理解我们的环境的更广、更深的能力：捕捉信息、理解事物的意义，或者理清解决问题的头绪。

这样宽泛的定义，未必就是心理学界的共识。不过，几乎所有研究智力的专家都同意：智力包括抽象推理、解决问题、学习知识的能力。另外，大多数专家同样相信记忆力和大脑运转速度属于智力的一部分。大约一半的专家还把一般性知识和创造力划入智力的范畴。[1]

我们讨论的智力，基本限于上述这些范畴。之所以将智力如此定义，恐怕还应该追溯到20世纪初由英国心理计量学家Charles Spearman所提出的“基本智力”（general intelligence）的学说。这个“基本智力”，在心理学界简称为g，也可以理解为基础智能。通俗地说，人虽然各有所长、术业专攻不同，但是，聪明人就是聪明人。虽然这个聪明人的各项具体能力之间有强弱之别，但如果你在一方面聪明，在其他方面往往也聪明。你看看那些高考状元，他们总是各项得分都很高。清华的理科学生也许文学才能不及北大中文系的学生，但和那些考不上大学的人比，他们的语文能力还是高得多。按照智商的理论，无论你想在任何领域取得成就，如果常规智力太低，则一切都不可能。

Charles Spearman的这一理论，起源于他在乡村学校对一个24个孩子的班级做的测试。这一测试是让学生分辨音高、光度和重量。同时，他还要求老师和班

[1] Nisbett, 4.

上两个最大的孩子分别给全班同学按聪明度排名。结果他发现，按这些不同方法衡量出来的结果，有着显而易见的正向相关性。也就是说，一个孩子在一方面强，在其他方面也强，虽然具体各个项目之间的正向相关性强弱有所区别。这促使他从事了一系列心理测试和计量研究。后来他在另一个上流社会的学校将学生在古典、法语、英语、数学、辨音、音乐等方面成绩和测试进行比较，得出了各科之间相关性的表格：

	古典	法文	英文	数学	辨音	音乐
古典	–	.83	.78	.70	.66	.63
法文	.83	–	.67	.67	.65	.57
英文	.78	.67	–	.64	.54	.51
数学	.70	.67	.64	–	.45	.51
辨音	.66	.65	.54	.45	–	.40
音乐	.63	.57	.51	.51	.40	–

这个表格，稍加解释就很容易理解。需要解释的地方是表格中的数字。这个数字所表示的是我们上面反复提到的“相关性”（correlation）。把这种相关性进行量化，所用的工具叫“相关系数”（coefficient of correlation）。“相关系数”1，代表着两个变量之间“完美的相关性”，也就是说一个变量百分之百地跟着另一个变量变。比如，当你数学考了满分时，语文也考了满分，而当数学得了零分时，语文也得零分，两者的相关系数就是1。如果相关系数是零，则证明两个变量之间毫无关系，找不出任何相关的线索。如果相关系数是负值，则体现了负向的相关性，比如你数学分数越高，语文分数就越低，两者就是负向相关。相关系数总在1和-1两个极端之间摇摆，一般1和-1仅有理论上的可能，几乎所有真实的系数都应该是正负零点几。举几个现实生活中的例子，可以帮助我们对具体的相关系数有些直觉的把握。比如，身高和体重之间的相关系数是.70左右，夫妻之间身高的相关系数是.30，父亲和儿子之间身高的相关系数为.50，成人在一周前后

两次体重测量的相关系数是 .97，说明一般人在一周之间体重基本没有变化。[1] .30 的相关系数似乎很低。但是想想看，大部分夫妻的身高还是成一定比例的，即丈夫略高出妻子半头。

当我们了解了相关系数的意义后，再看这个表格就有吃惊的发现。第一，在总共 30 个相关系数中，只有 4 个低于 .50（这也是父子身高之间的相关系数）。可见，学生在各科之间的表现是密切相关的。第二，整个表格的分数，基本上都是从上到下、从左到右顺次下降。古典训练显然是最重要的科目，其分数和其他科目的相关性最大。音乐则是排在最后，和其他科目相关性最小。这种顺序，最后发展成为智能等级。比如在这个表中，古典训练的程度，是最能体现一个学生综合能力的；音乐则是最不能体现综合能力的。如果你到中国的高中去问：数学好的学生聪明还是语文好的学生聪明？或者文科学生聪明还是理科学生聪明？中国的师生大致回答是数学或者理科好的学生聪明。但按照 Charles Spearman 的数据排列的上表，则显示语文或者文科比数学更能代表人的智力。第三，有些科目的相关性合乎我们的常识。比如，古典训练主要包括拉丁文、希腊文。它们既是古文，又是外语。同是外语的法文，和古典学科的相关性最大（.83）。其次是英文（.78），虽然是母语，但和外语同属于语言类。这三门语言，都反映了学生的语言能力。但是，辨音和音乐之间居然相关性最弱。Charles Spearman 让该学校的音乐老师评比学生的音乐能力，自己测试学生辨别音高的能力。两者应该属于一项能力，怎么可能相关系数还不如古典与音乐之间高？

Charles Spearman 的测试和计量方法，在当时就受到包括比奈在内的许多同行的怀疑和批评。比如，他得出的许多相关系数超过了 1，进入了理论上不可能的领域。而他仅将之解释为测量误差，然后想当然地“去除误差”，把相关系数改成了 1,即完美的相关性。我个人的一个疑问则是：古典学科之所以成为“纲举目张”的学科，是否是因为当时英国上流社会对之最重视，乃至最聪明的学生精力主要用在这里？达尔文少年时上过一所著名的寄宿贵族学校 Shrewsbury School。但他

[1] Jensen, 20.

日后回忆说，他在那里的教育都是浪费时间。那时科学几乎在学校不存在，课程都是严格的古典训练，最多有点属于希腊学术的欧几里得几何学，还让达尔文有些兴趣。[1]Charles Spearman 的时代虽然已经是 100 年后，但欧洲的古典传统恐怕还非常顽固，致使孩子们把聪明才智更多地用到古典训练上。当然，这些都有许多讨论的余地。最糟糕的是，后来的一系列心理计量实验，并不能证明 Charles Spearman 所揭示的各项能力之间近乎完美的相关性等级：在其他实验中显示的各种相关系数远没有他所说的那么高、那么整齐的规律。即使根据他自己的数据重新计算，得出的结果也有很大的不同，甚至显示出是法文而非古典与各科之间的相关系数最高。许多学者指出，Charles Spearman 希望在他的资料中看到他自己想看到的东西，为了保证自己理论模型的数学完美性而不顾事实。

但是，Charles Spearman 的大结论和证据是非常有力的。人有一种“基本智力”。任何专长，都不可能离开这一基础。工程师出身的他，把“基本智力”或者心理学所说的“g 因素”比喻为大脑皮层或整个神经系统的自然能力或者能量（the nature of an “energy ” or “power” which serves in common the whole cortex or possibly，even，the whole nervous system），代表着认知过程的总体（the totality of cognitive operations）。个别的专项能力则由特别的神经系统所构造出特殊的“引擎”来驱动。但在这个“引擎”中，还要运用“基本智力”所提供的能量。这一论断的魅力，一直延续至今。因为不管心理学家们怎么进行实验、怎么颠覆他那过于完美无缺的智力构造，大家很难否定各种能力之间正向的相关性，很难见到相关系数是零或者负数的现象。另外，智力构造的等级似乎也存在，虽然这种存在不像 Charles Spearman 构造得那样整洁清晰。智商的发明人德国心理学家 William Stern 对 Charles Spearman 的常规智力的理论很有保留，特别提醒说虽然一些人都拥有大致相当的“基本智力”，这种高智力在有些人身上表现为良好的分析综合能力，在另外一些人身上则表现非常突出的接受和领悟能力，每个人都是非常不同的。但是，智商的发明，意味着给每个人的智力打一个总分，不管大家的专长

[1] Howe, 34.

是什么。这也等于承认了有一种“基本智力”的存在。[1]

美国心理学家 Arthur R. Jensen 和 John B. Carroll 几十年的研究，有力地印证并深化了 Charles Spearman 的理论。因为他们的工作，基本智力 g 实际上统治了现行的智商理论和智商测试。也就是说，不管人的具体专长有什么不同，作为能力的基础，人都有一种基本智力 g。这就像运动员一样，大家可以从事非常不同的项目：体操、花样滑冰、游泳、马拉松、举重、拳击、篮球、足球、橄榄球、乒乓球，等等。这些项目对身体的挑战非常不同，要求的天赋也大相径庭。但是，我们大致还可以说，运动员都有一种基本的身体素质。不管他们从事什么项目，他们的这种基本身体素质都高于常人。举例而言，如果你肌肉质量不好，速度、力量和耐力都在普通人之下，你就无法在上述任何一个项目上成功。在智力上，基本智力 g 所指的就是这种基本的素质。在实践中，我们无法设计出一个纯粹的基本智力 g 的测试，因为即使是最纯粹的智商测试，也是对具体能力的测试，如对数字、语言、图像的解析，等等。基本智力 g 在这些测试中，都会被测试所涉及的具体能力所“污染”。但是，因为具体的能力和基本能力有重大的相关性，专家把这些测试的结果加以综合分析，还是可以把基本智力 g 给“提炼”出来。这样，基本智力 g 和智商大致也就成了可以互换的同义词。[2]

Charles Spearman 不仅用基本智力 g 区分人的智能水平，而且还创造了“基本智力”含量（g loading）的概念，我们可称为“智力含量”，力图解决什么智商的人适合从事什么类型的工作的问题。这对于在实际生活中如何量才使用或人尽其才具有重大的意义。当今美国智商理论最坚定的捍卫者之一 Arthur R. Jensen，用科幻的方式对 Charles Spearman 的这种方法进行了非常通俗形象的解释：假设一队火星人降临地球，并闯进一家酒店。他们没有地球人关于酒的知识，更没有对酒的定义，面对眼花缭乱的酒瓶手足无措，不知道怎么对不同的酒评价分类。如果他们有化学试验设施，测一下每个瓶子里的液体的酒精含量，自然一切真相大白。但是，他们又没有这些设施。最后，他们终于想出一个聪明的办法：品尝每

[1] 以上关于 Charles Spearman 的“基本智力”的讨论，除特别注明外主要参见 Fancher, 84~104。
[2] Gottfredson, 24~25.

瓶酒，看看喝完了以后自己是否能够按照一条直线走路。有的酒，比如啤酒，喝了几杯后仍然可以清醒地沿着一条直线走路。但有些烈性酒，半杯下去就走不成一条直线了。于是，他们以这个标准对酒的强度进行排名：喝半杯后就走不成直线的是高强度酒，喝一杯后就走不成直线的是次强酒，喝两杯就走不成直线的是中性酒，喝几杯后仍能走成直线的是弱性酒……

Charles Spearman的方法，其实就是这种火星人测酒的方法。“基本智力”虽然不容易定义，却不等于不存在。这种存在的东西，总有办法展示出来。最有效的办法是回到我们的常识。那些弱智的人，即使没有智商测验也很容易被普通人辨认出来。让这些人和普通人一起参加各种智商测试，在那些“高智力含量”的题目上，这两组人的区别非常明显。在“低智力含量”的题目上，这两组人的区别就明显减小。另外，那些绝顶聪明的人，在生活中也经常得到普通人的公认，并且他们的成就明显超过常人。把他们和普通人放在一起进行智商测验，结果还是同样：那些“高智力含量”的题目，很容易分出两组人的区别。聪明人基本全做出来了，普通人很难做出来。而在“低智力含量”的题目中，两组人大致差不太远。用个再通俗些的比喻，如果爱因斯坦和一个考不上大学的人一起学习量子物理，结果肯定是天上地下。这说明量子物理是高智力含量的科目。但是，如果两个人都在超级市场的收银台工作，也许爱因斯坦表现略好些，但两人大致差别不大。因为这是个低智力含量的工作，英雄无用武之地。Charles Spearman就是以这样的原则进行反复测试，特别注意把不同类型和性质的题目区分开，每组测试运用的是有共同性质的题目，然后比较结果，挑出哪些测试对聪明和笨人之间最有区分力。这就像火星人品酒一样，一喝就醉的酒肯定最烈，反复喝也不醉的则没有什么度数。“智力含量”高的测试，一下子就把各色人的能力区分得清清楚楚。“智力含量”低的题目，则如同超级市场收银台的工作，不太容易把聪明和笨人区别出来，埋没了不少英雄。

这些测试最终的结论是：“基本智力”不限于某一学科。词汇、数字、积木等测试都可以拥有很高的智力含量。不过，“基本智力”含量高的测试，往往涉及比较复杂的认知活动，要求受试者捕捉各种因素之间的关系、把握抽象的概念、进行推理分析、在看似不同的事物之间看到相同点、从现有信息中得出结论，等等。Charles Spearman 认为"基本智力"特别强调归纳和推理，是创造型而非复制型，需要大脑对想象、符号、词语、数字、概念有复杂的操纵能力，以应付新环境的挑战，而不是简单地从大脑记忆中提取既有的知识来完成例行的工作。

以下是高智力含量的测试题例：

词语类比：

Cut（切）与 sharp（锋利）的关系类似于 burn（烧）和下列哪个词的关系？

Fire（火），flame（焰），hot（热），hurt（伤害）

完成下列的数字序列：

1，4，2，5，3，_，_

81，49，64，36，49，25，36，_，_

算术推理：鲍伯比他现年 7 岁的妹妹大一倍。当他妹妹 40 岁时，鲍伯将是多少岁？

智力含量一般的测试，则有句子填空、手书，或者数数的速度、用各种七巧板式的玩具解决问题，等等。低智力含量的测试，则包括简单加法的速度、计点速度、把指定的数字或字母画掉（测试速度和精确性）、记忆数和字、死记硬背、反应时间（如看到指示的光点后迅速按动按钮）。

大量的心理学实验，可以按智力含量的高低依次分为四类：（1）关系型，（2）联系型，（3）感知型，（4）感觉—运动型。前面已经讲过，Charles Spearman 对英国上流社会的一所学校的研究揭示，学生各门成绩中，语文类（古典、法文、英文）最反映学生的综合能力，数学还在其次。这和我们中国人一般印象中理工课学生更聪明的印象正好相反。其实，按上述智力含量等级分析，Charles Spearman 的研究结果和我们中国人的一般印象可能都对，两者并无矛盾。那个学校的各门成绩并不是智商测试的成绩，只是反映了智商在现实中运用的结果（学习成绩）。Charles Spearman 反复强调，关键是测试的性质（如检查受试者能否有效地在不同事物中建立关系，还是机械重复的能力)，而不是内容（如属于哪个学科)。同样是语文，拼写的智力含量很低，类比的智力含量则很高。因为前者可以通过死记硬背完成，后者则要随时在不同的事物中建立联系。数学也是如此。简单的计算所需要的智商很少，但运用数字运算来解决问题则属于高智商的活动。比如，"鲍伯比他现年 7 岁的妹妹大一倍。当他妹妹 40 岁时，鲍伯将是多少岁？"一题，20% 的成人居然回答为 80 岁。这显示了他们智商较低。但这不是因为他们不会计算。至少他们知道 40 乘 2 是 80，懂得乘法。解决这个问题的计算，其实就是两点：你会算 7 的 1 倍就是再加 7，40 加 7 是 47。算错了的那些人，不是不会运算，而是不知道事物之间的关系。

再举一个例子。前面介绍过的著名的 Wechsler 智商测验中有一项数字重复游戏。考官念一个无规则的数字系列（如 6，4，9，1，5），受试者则要马上重复出来。这是一种短期的数字记忆。考官先从两三个数开始，然后数字越来越长，直到受试者重复不出来，以此确定你短期记忆的"长度"。这种重复，有正向重复，还有反向重复。也就是说，当听到 6，4，9，1，5 时，你不仅要跟着说 6，4，9，1，5，还要倒着念：5，1，9，4，6。这正反两种重复，都不是高智力含量的测试。但是，反向重复的智力含量比正向重复的高得多。道理在于正向重复只需要机械记忆，反向则至少要求你的大脑把数字的秩序重新确立一下。[1]

我不妨讲一下我们一家三口做前面那组高智力含量的题的经验。我们三人的背景如下。我们夫妻都是文革时期长大，从小没有好好读书。上了高中后赶上恢复高考，分别在北京的文科类和浙江省的外语类中考进前十几名，并分别进入北大中文系和复旦外文系。这点优胜记略，大致证明我们是聪明人。不过，这要打许多折扣。当时流行"学好数理化，走遍天下都不怕"，最聪明的学生都去学理科，我们则去了文科班。真若学理科如何？妻子比我聪明许多，也许表现好一些。我大概能考上大学，但是否能进重点则并无把握。我最好的高中同学，在理科上能力绝对高出我一头，也不过上了浙江大学，而且事后对我承认：他怎么努力也考

[1] Jensen, 55~62.

不到清华的录取线。可见，我最多属于中上之才，妻子则潜力不可知。更重要的一点，我们当时都从高中就文理分班，在文科班学了很少的数学，高考以后几乎再没有碰过。如今将近30年过去，当年的高中文科数学也忘得一干二净，能记住的多是小学的算术。这就使我们成为智商测验数字题部分的理想受试者。根据智商的理论，高智力含量的题目，测试你面对全新的挑战能否发展出一套对应方式并以此解决问题的能力。关键点在"新",在于你事先毫无准备。同样的新挑战，对你的重复次数越多，智力含量越小。等你经过反复演练，熟悉了"题型"，那么即使得分很高也无法反映你的智力水平。女儿年方十岁。根据智商理论，她需要长到16岁才能达到成人的智商水平，如今智力发育远未成熟，在测试中表现和成人应该明显有距离。

全家人测试的结果，证明了我们日常的印象：妻子智商明显高出一头，小女虽然表现很好，但仍未达到成人的水平。第一道文字类比的题，大家都很轻松地找到答案："切"和"锋利"的关系，最接近于"烧"和"热"的关系。小女虽然迟缓一些,但她的思维程序令人鼓舞。她事后告诉我：她先建立"切"和"锋利"之间的关系,然后试图在"烧"和另外四个字中建立平行的关系,最后找到了"热",并且解释说："你要用"锋利"的东西来"切"，用"热"的东西来"烧"。"这种逻辑关系的建构能力，正是智商测试所力图发现的。

表面看来,我们做这道题快,全在于我们家庭的"文科智力"。我本科读文学,博士读历史，妻子则从本科到博士全是语言文学。女儿主要兴趣也在阅读。文字之间的关系属于我们的专业。不过，在后面两个数字系列中，确立关系的技巧和在文字类比中所运用的技艺非常相似。第一组完成数字系列的游戏，全家人都非常迅速地解答出来：1，4，2，5，3，_，_ 中的最后两位数字，应该是6和4。但是，我和小女都是经过运算得出的结论：这一系列的规律总是 +3 −2 +3 −2，只要按此规律计算，就能填上6和4。妻子则在一瞬间就说出结果。我们摸不着头脑她何以这么快。她告诉我们，数字是两套模式的混合：1_2_3_4和_4_5_6，简单地顺着数下去就行了，我们那么计算实在太慢了。我觉得她这是撞上运气，就试下一组：81，49，64，36，49，25，36，_，_。老实说，我开始完全摸不着头脑，甚至不相信自己能解出来。在这些数字间试了各种加减乘除后，突然领悟：81，49，64，36，49，25，36，_，_背后的规律和乘方有关：9，7，8，6，7，5，6，_，_，这组数字的规律是 −2 +1 −2 +1 −2 +1；以此顺延，最后两位是 4 和 5；把这两位新数字乘方，就得出了 16 和 25 的答案。整个过程至少花了我 15 分钟。小女乘法口诀还没有背会，按说无法解答。不过，我在整个过程中启发了她许多，最后她还是勉强地算出来准确的答案，让我这位当父亲的很骄傲。我向她解释：这组数字的秩序是潜在的，是 81，49，64，36，49，25，36，_，_背后的 9，7，8，6，7，5，6，_，_。你只有找到了后者的秩序，才能理解前者。这是在事物之间建立更深层的关系的能力。但妻子一看此题，第一反应就是“这大概和乘方有关”，并在 1 分钟之内解答出来，让我目瞪口呆。记住：她是 30 年前高考文科班的学生，毫无数学训练。但文字游戏和数字游戏对她没有区别。她总能建立事物之间的深层关系。20 年前，我们一起从头学英语准备留学。她学习的速度至少比我快一倍，4 年后就进入耶鲁的博士课程。我是靠着她去陪读，最后勉强挤进耶鲁。当时家人说她是个“语言天才”。其实，还远不止于语言。我在家里是“妻管严”，也是没有办法的事了。

心理学界常用的两个概念“流性智力”（fluid intelligence，简称 Gf）和“结晶智力”（crystallized intelligence，简称 Gc），更能帮助我们深入理解“基本智力”的内涵。用最通俗的语言来解释，“流性智力”就是智能机制本身，指的是你的大脑有多好使，反映在各种领域中的推理能力，特别是对新的题目进行抽象思维的能力上。如前述的 81，49，64，36，49，25，36，_，_数字系列的完形填空，就要依靠这种能力。下面的智力游戏，展示了两组图，要你从右侧一组中挑出一个来填补左侧问号位置的图像。

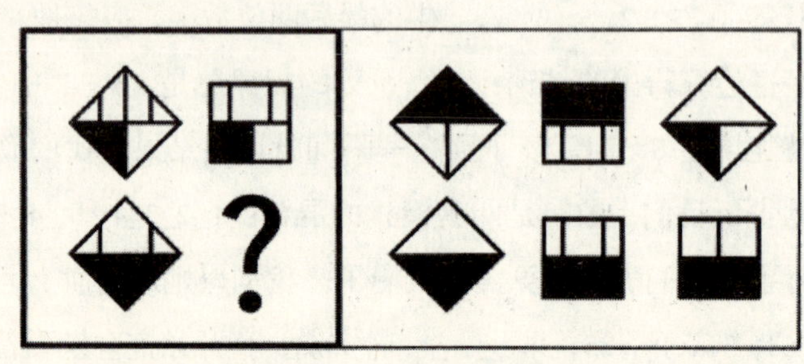

题目就这么简单，没有任何提示，也不需要你受过任何教育，甚至不需要识字。你不妨先中断阅读，看看自己多长时间能做出来。[1] 实话说，我们全家一起比赛时，我这个号称"满腹经纶"的博士愁眉不展，最后被小女轻松击败。实际上我根本没有做出来就被告知了答案。这是她第一次接触这种东西，非常新鲜兴奋。她击败我的原因，就是本能地寻找各种图像中的相关性，而且寻找的程序非常清楚：问号上面的图像是方块，下面问号位置的图像也应该是。这就锁定了右侧组图中的三个方块。问号左侧图像底部全黑，问号位置的方块图像底部也应该全黑。这样就锁定右侧组图下行的两个底部全黑的方块。然后再比图像上部的条块，应该是右侧组图下行最右侧那个。因为那个方块上部的线条数量和位置不仅和左侧组图问号上方的图像上部对应，也和问号左侧图像上部对应。把右侧下行最右侧的方块移到问号位置，左侧组图四个图像排列就显示了清晰的逻辑。这些看似很简单，但女儿做出来后，给我解释了半天我才明白。可见其对"流性智力"要求甚高。

与此相对照，"结晶智力"不是这样纯粹的脑力运行，而是这种脑力运行的结果，即在不断学习的过程中积累的知识，比如词汇量、一般性知识，等等。[2] 在这方面，年龄和经验有很大的作用。小女不管做前面的图像游戏比我强多少，许多知识还是要问我。

另外一组智力概念，则是美国心理学家 Edward L. Thorndike 发展出来的"广度"（breadth）和"深度"（deepth）。顾名思义，智力的广度指人了解一些浅显容易的知识（比如 50% 左右的人口所了解的知识）的能力；智力的深度则是指人解决复杂问题、进行抽象思维的能力。Thorndike 发现，一个人在智力的宽度和深度上的能力是密切相关的。"专"并不意味着"窄"。正相反，有专业深度能力的人，一般性的知识面也很宽。Arthur R. Jensen 用自己的亲身经验生动地说明了这一点。他曾对一位智商仅有 75（也就是在正常智力和弱智的边线上）的年轻人进行了访谈。他让对方选一个自己最喜欢、也最精通的事情作为交谈内容。对方选了棒球，并称自己不仅常看电视转播，而且经常和父亲现场观战。但一深入讨论，Jensen

[1] 此题采自 Nisbett, 7~8.

[2] Stanovich, 12~13.

发现这位年轻人连棒球比赛有几个队员上场都不知道，而且不懂每个选手的位置，对比赛规则也糊里糊涂，有些自以为懂的规则实际是错误的；他只知道几个地方队的队员名字，对一些世界级选手反而不知道。再问他自称很有兴趣的一些题目，如园艺和汽车，他的知识就更少了。作为对比，他又用同样的棒球问题去问一个名教授。该教授声称自己向来蔑视观赏体育，一生从来没有看过棒球，对之一窍不通，也无兴趣。但是真谈起来，该教授不仅对主要的队和有名的运动员都很熟悉，而且轻松地回答了有关规则等的问题。到了谈话的最后，那位教授自己也表示吃惊，说他没有意识到自己居然还知道这么多关于棒球的事情，还纳闷自己是从哪里获得的这些信息。而这位教授，在自己的领域内是位世界级权威。这一对极端的例子，和许多中国人心目中那种陈景润式的专家形象大异其趣。高智商的人，固然可以解决 99% 的人口所无法对付的问题，但是对 50% 的人口能够理解的事情，他们懂的虽然未必比常人深，普通的知识面则比一般人宽得多。

显而易见，智力有着其自身的结构和等级。“流性智力”地位高于“结晶智力”。甚至可以说，智力的实质就是“流性智力”，如同肌肉一样，年轻时期最好；“结晶智力”是由智力创造的知识，自然随着年龄的增长而增长。比如，一些老年人，大脑已经有了明显的退化症状，但“结晶智力”仍然很高。他们的词汇量、一般性的和专业的知识，是一生智能运转积累的结果，一个二十岁左右的年轻人，即使智商甚高也很难是他们的对手。但是，这不说明他们在这个阶段的智商很高。心理学家把这个阶段的高“结晶智力”描述为一个“空壳”，因为他们的“流性智力”已经萎缩，除了运用已有的经验和知识外，很难再进行更上一层楼的创造。下图大致显示了“流性智力”和“结晶智力”随着年龄增长而发生的变化，一目了然地说明了问题。

另外，智力的深度显然比智力的广度要重要。专家也好，天才也好，他们的价值在于能够解决我们普通人无法解决的问题，能够达到我们无法达到的“深度”。一个什么都知道一点的人,比如一个对任何奥林匹克项目都能说得头头是道、却没有专业体育记者的深度的人，对社会并无特别的价值。但是，在一般的智商测验中，“流性智力”和“结晶智力”、智力的深度和广度都是测试内容。理由也

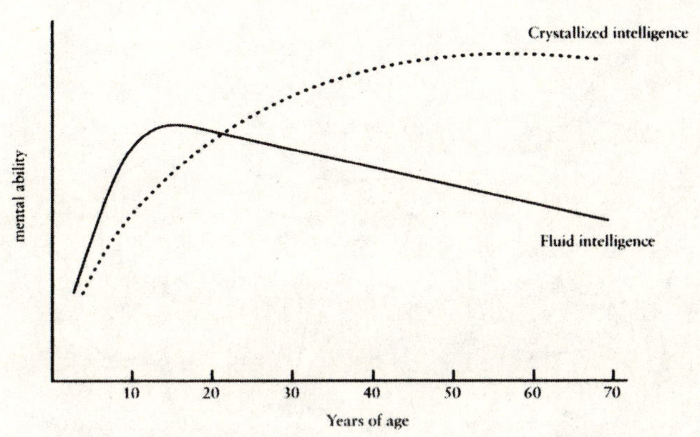

Figure 1.2. Schematic rendering of fluid intelligence and crystallized intelligence over the life span. From Cattell (1987).

流性智力与结晶智力随年龄的消长

横轴为年龄，纵轴为智力。实线为流性智力，虚线为结晶智力。

很简单：你要检查智能本身，同时，要了解这种智能的有效性，你也必须看看它究竟生产了什么。一个“流性智力”高的人，在阅读中遇到一个生词，不用查字典就能猜出意思。因为他具有在上下文之间建立各种事物之间联系的能力。结果是他的阅读速度更快，自然而然，甚至在无意识中学会的词汇非常多。一个“流性智力”低的人，不查字典就不会明白一个生词的意思。这使他的阅读非常缓慢，非常枯燥，非常有挫折感。他自然不喜欢读书，吸收的信息、掌握的词汇也少得多。所以，在各种智商测试中，一般都有些词汇的题目，也有些类似于“阿根廷位于哪个大陆”这类反映你的结晶智力或者智力广度的一般性问题。[1]

现在心理学家们大体承认，基本智力 g 虽然是指你的能力而非所积累的知识，但这种基本智力水平高的人，一般而言脑子里积累的知识更多。因为一个人的知识储量，和其大脑处理信息的能力密切相关。大脑的“质”和知识的“量”无法分开。我们中国人把学富五车的人看成是聪明人，看来也自有其道理。另外，John B. Carroll 在 1993 年的专著中把基本智力 g 置于智力结构的顶峰，以下的等级依次为词汇、数学、空间视觉、记忆等能力。最近脑神经研究的进展，则给基

[1] Jensen, 64~66.

一个“流性智力”高的人，在阅读中遇到一个生词，不用查字典就能猜出意思。因为他具有在上下文之间建立各种事物之间联系的能力。结果是他的阅读速度更快，自然而然，甚至在无意识中学会的词汇非常多。一个“流性智力”低的人，不查字典就不会明白一个生词的意思。这使他的阅读非常缓慢，非常枯燥，非常有挫折感。他自然不喜欢读书，吸收的信息、掌握的词汇也少得多。

本智力 g 的理论提供了生物学上的支持。欧美学者已经能够把大脑的几个生理特征和智力联系起来。比如，在去除性别和身高等因素后，在磁共振图像中显示出的人脑体积和智商的相关系数达到了 0.4，比父子之间身高的相关系数（0.5）略低，但已经非常有意义。另外，在神经系统的运转效率上，聪明的人在执行同样的任务时所消耗的脑能量总比一般人要少。各种脑波与智商的相关系数达到 0.5~0.7 之间。注意，这并不证明基本智力是遗传决定的。基本智力的形成恐怕还是环境与基因互动的结果。但是，这种结果本身，毫无疑问是因人而异的。也就是说，人的智商有着明显的不同。[1]

[1] Gottfredson，26~27.

第七章　智商怎样预测成功

Arthur R. Jensen 对智商测试进行了通俗的、概括性的总结。在他看来，智商的高低，和我们一般人心目中“聪明”和“笨”的概念非常接近。学校的老师和同学，对班里的学生都会形成这样的看法，虽然未必说出来。智商只是把这样的主观印象进行科学的量化。智商的高低，和学习的效率之间相关。智商高的人学习的速度快，智商低的人学习的速度慢。具体而言，学习过程和智商的相关性在如下的条件下显得特别紧密：

（1）学习目的和思考性明确。学习的意图性非常强、学习过程需要在心智中唤起自觉的努力，而且学习的速度使人有充分的空间进行“思考”。

（2）循序渐进地掌握系统知识。所学的材料非常系统地分层，也就是说，进一步的学习有赖于前面已经掌握的基础知识。

（3）触类旁通。所学的材料是有意义的，也就是说，所学的内容和学生已经有的其他知识和经验可以联系起来；智商与理解力的关系要远远大于与单纯记忆的关系。

（4）灵活运用。学习过程容许学生把过去所学的东西应用到不同但相关的事物上。

（5）通过学习激发灵感和洞见。在这方面，学习各省会的名字，远不如思考如何证明毕达哥拉斯定理更能激发思想。

（6）所学材料比较困难复杂，但不能过分。如果所学的内容太难，哪怕智商非常高的人也找不到线索。不能是试错法近乎盲目地反复试验，看谁有运气摸到答案。

（7）时间限定。所学内容所需要的时间对每个学生都是一样的，如果没有时间限定，智商低的学生通过对一个题目的反复学习和演练，最后也能和高智商的学生一样掌握。

（8）所学内容和年龄有一定的相关性。如果所学的内容可以被 8 岁的孩子和 18

岁的孩子一样容易地掌握，掌握这样的内容就不需要太多智商。

(9)在初学阶段而非在基本的概念和内容已经被介绍后的练习阶段。

可见，智商主要衡量的是人的认知能力或学习比较复杂的新知识的能力。因此，与智商直接相关的是学生在学校的表现。智商和我们在生活中所用的“聪明”、“笨”的观念所指涉的素质最接近。Arthur R. Jensen 分析了智商和学生在成就测试中的得分，指出没有任何一项指标能够比智商更准确地预测一个孩子在学校的学术表现。只是随着孩子的年级越来越高，智商对其成就的预测力逐渐下降。这一方面是因为成就本身还取决于智商外的因素，如动机、学习习惯、自我约束能力等，一方面是因为后来的成就越来越依靠对前面所学知识的掌握。下表是学生的智商和其学术成就之间在不同阶段的相关系数：

小学	.60~.70
高中	.50~.60
大学	.40~.50
研究院	.30~.40

记住：父子之间身高的相关系数是 .50。在上大学前，学生的智商和其学术成就之间的相关系数都高于这个水平。到了大学，智商和学业表现的相关系数大体和父子之间身高的相关系数相等，到了研究院阶段虽然进一步下降，但其相关系数仍然非常高。如果我们承认父子之间的身高有很大的相关性的话，就很难否认智商对学业的影响。“一个低智商的人是否能够在一流的研究院成为优秀的学生”？回答这个问题，就像回答“一个身高 1.6 米的人能否在 NBA 中成为优秀的职业运动员”一样，我们不能完全排除这种可能性。但是，如果让你在这样的问题上下赌的话，你还是会把钱赌在像姚明那样的身高的人身上。

这一点，在“美国的高考”SAT 对学生在大学表现的预测能力上展示得非常清楚。SAT 实质上是一种教育上的智商测试。多年来各种研究显示：进大学前的

SAT 成绩和大学期间的平均成绩之间的相关系数在 .30~.70 之间，平均为 .50。可见 SAT 预测学生在大学期间的表现，就像以父亲的身高预测儿子的身高一样，有着相当高的准确率。如果把 SAT 和高中成绩结合起来，预测大学成绩的相关系数就从 .50 提高到了 .60 左右。如果把大学毕业时学生的成绩测试得分和其在入学时的 SAT 比较，两者的相关系数就上升到了 .70。这也是为什么绝大多数美国大学录取学生都要看 SAT 的原因。另外，SAT 对一流大学的学生学术表现的预测力明显降低。这一来是这些学生的 SAT 普遍比较高，彼此之间没有有意义的差距。二来是智商本身对成功仅仅是个必要条件而非充分条件。[1] 一旦智商超过了某种水平，那么大家是否成功就必须依靠种种非智商的因素。[2] 精英大学学生的智商，大致都超过了成功所需要的基本水平。他们之间的高下，就更需要其他因素来区分。

不过，令人惊异的是，智商与人的职业表现之间的相关性，随着年龄的增长而增长。这似乎违反了我们的常识。按说，孩子小时候，各种社会经验有限，其能力更受先天素质的影响。随着长大成人，接受环境的塑造越来越多，环境因素的影响也应该随之加大。为什么随着年龄的增长是智商的影响力而不是环境的影响力反而增长了呢？明尼苏达的教授 Thomas J. Bouchard 领导的一项研究显示，学前孩子之间的不同，有 40% 来自于基因，到了青春期则上升到 60%，到中老年阶段为 80%。另外各种统计数据表明，智商和人们的职业选择的关系在 18~26 岁阶段为 .50~.60，在 40 岁以后则为 .70。显然，是智商选择了人的职业，而不是人选择自己的职业。对这一现象“事后诸葛亮”的解释是：孩子的环境是家长和老师给的，很难自己选择。越是长大，和这种别人为自己制造的环境距离越远。在年轻时，虽然智商对职业有相当的决定性作用，但仍然有许多人因为别人的安排、各种偶然的机会和运气或不幸，从事了智商要求比自己的智商高或低的职业。但是，时间一长，许多笨人就被高智商的职业淘汰，一些聪明人则从低智商的职业中上升

[1] 在《美国新闻与世界报道》一年一度的全美大学排名中，我们可以看到各校学生中间档次的 SAT 成绩。以 2009 年论，哈佛和普林斯顿皆为 1390~1580，耶鲁为 1400~1580。而相当有质量的州立大学加州大学的 Riverside 分校，则为 920~1170。见 *US News and World Report*, 84~88.

[2] 这一点在科学家中就有明显表现。见 Simonton, 1990, 42~44.

到高智商职业中，到了中年以后，大家各得其所，从事着和自己真实能力相适应的工作。[1]

《钟曲线》的作者之一 Charles Murray 是智商论的代表人物，特别强调智商对学业职业的决定意义。他认为，在当今的美国，具有应付大学核心课程能力的学生不足 20%，严格地说仅为 10%。现在则有 35%23 岁的青年拥有学士学位，明显是粗制滥造。他的根据是，应付大学学业需要 115 的智商，也就是 16% 的聪明人。当然，这 16% 的聪明人未必都会上大学。事实上，这是 20 世纪 50 年代大学毕业生的平均智商。大学委员会用 SAT 来估价学生的能力，以最宽松的标准，学生的总分应该达到 1180 分（语文 590，数学 610）。而 17 岁的美国孩子中，能够达到这一要求的只有 9%~12%，也就是 10% 上下。现在的状况是，上大学的人很多，但在大学中成功的比例则越来越小。道理很简单，一个高中毕业生，如果他的语文和数学推理能力仅仅高于 70% 人口的水平，但在肢体灵巧性和空间能力上则高于 95% 的人口，那么他具有当优秀电工的素质。可惜，大多数人总觉得电工是个没有前途的职业，觉得既然智力比 70% 的人都出色，那就应该上大学。看看美国劳动局的数字就明白，在 2005 年，电工的中等年收入为 45，630 美元，经理为 88，450 美元，几乎是电工的一倍。要当经理，就必须上大学。但是，在大学成功，需要高于 80%~90% 人口的智商。他智商仅高于 70% 人口，虽然能够读下来，但表现肯定中下。毕业后竞争，现实的前景也是当低档次的经理。牺牲的是当最顶尖的 10% 的电工的机会。同样根据美国劳动局的数据，最顶尖的 10% 电工的年收入为 70，480 美元，而底层的 10% 的经理的收入则仅为 37，800 美元。他花了那么多学费苦苦学了 4 年，结果等于放弃了近一半的收入。更不用说，经济危机时，高级电工的工作很稳，企业首先裁的是低层次的经理。[2]

这种论断是否过于极端，且另当别论。在美国，不管是读书、就业，还是当兵，总不免要经历种种智商测试。比如美国就业服务（the U.S. Employment Service）所主持的“普通能力测验”（General Aptitude Test Battery，简称 GATB），被用来

[1] 参见 Gottfredson, 27.
[2] Murray, 67~70, 91~95.

5% 智商最高的人（高于 125 分），基本上可以自学成才，几乎没有任何职业在他们的能力之外。智商在 90~110 之间的人占了人口一半，基本在高水平的工作中不具有竞争性，但可以被训练成为称职的普通劳动者。75 分的智商，则是现代社会重要的准入门槛。有大约 5% 的人口智商低于此线，他们只有一半的机会完成小学课程，而且很难被训练成为称职的劳动者。事实上，在二战期间，美军为训练智商低的士兵吃尽苦头，最后国会通过法案，禁止征募智商在 80 分以下（人口中最笨的 10%）的人入伍。

测量九种不同的能力，其中包括“基本智力”。这种“基本智力”和 446 种不同的职业的相关系数在 –.20 到 .80 之间，平均相关系数为 .27。其中，从事去西红柿皮、洋葱头去心、操作开信机等机械重复的劳动，和智商的相关性非常低。低智商的人在这些领域能够有很好的表现。但是，智商和白领工作的相关性就非常高，这些工作低智商的人很难胜任。那种不能被例行化，需要不断的思考、分析、判断、计划、吸收新的信息，根据复杂多变的情况作决定的工作，则必须有非常高的智商才能胜任。当然这里并非没有例外。被人们反复讨论的一个例子就是推销员。推销员所从事的工作并非简单机械的重复劳动。相反，推销员必须见什么人说什么话，人际互动能力非常高，否则就难以有良好的表现。但是过去多项研究调查了四万多人，结果发现推销员的表现和智商的关系不是太大。[1] 想想也很自然，推销员的形象、做派等，都并非智商所测试的内容，但对他们的工作至关重要。不过在总体上，复杂而不需要智商的工作非常罕见。我们所谓的“创造力”虽然不属于“基本智力”,但是“基本智力”显然和“创造力”有着紧密的相关性。185 位在重要领域有创造性贡献的人士曾经接受了 Wechsler 成人智商测试，结果他们的得分在 107~151 之间，平均智商为 131，也就是百里挑二的水平。[2]

Linda A. Gottfredson 对半个世纪以来美国对智商与职业表现的关系的研究进行了颇为有力的概括。1969 年由美军人力资源研究部门主持的研究表明，那些智商为人口中最低的 20% 的新兵，在执行步枪装卸、信号监视、作战计划等基本的军事任务时，比普通新兵需要 2 到 6 倍的学习训练时间。20 世纪 80 年代的另一项为期 7 年的研究也表明，在 9 个兵种中，基本智力和士兵的表现有着重大相关性。在一般职业领域也大同小异。在学校中，脑子“快”和脑子“慢”的学生的学习速度一般有 5 倍的差别。她收集了大量资料，把智商和职业成就的关系列在如下表格中。

生活机会	高危	艰难	随大流	领先	赢家
职业潜力		装配、食品服务、护士助理等	出纳员、文秘、警察、机械师、推销员等	经理、教师、会计等	律师、科学家、总裁等
智商	65~75	75~90	90~110	110~125	125~130
在总人口中的比例分布	5%	20%	50%	20%	5%

[1] Colvin, 42~43.

[2] 以上讨论除特别注明外皆根据 Jensen, 29~51; 67; 73.

每年失业一个月以上的比率（男性）	12%	10%	7%	7%	2%
结婚五年内的离婚率	21%	22%	23%	15%	9%
有婚外子女的比例（女性）	32%	17%	8%	4%	2%
生活在贫困线下的比例	30%	16%	6%	3%	2%
进过监狱的比例	7%	7%	3%	1%	0%
长期接受福利救济的比例（女性）	31%	17%	8%	2%	0%
高中辍学率	55%	35%	6%	0.4%	0%

她的结论是，5% 智商最高的人（高于 125 分），基本上可以自学成才，几乎没有任何职业在他们的能力之外。智商在 90~110 之间的人占了人口一半，基本在高水平的工作中不具有竞争性，但可以被训练成为称职的普通劳动者。75 分的智商，则是现代社会重要的准入门槛。有大约 5% 的人口智商低于此线，他们只有一半的机会完成小学课程，而且很难被训练成为称职的劳动者。事实上，在二战期间，美军为训练智商低的士兵吃尽苦头，最后国会通过法案，禁止征募智商在 80 分以下（人口中最笨的 10%）的人入伍。[1]

[1] Gottfredson, 27~29.

第八章 美国总统的智商有多高

既然智商和职业成就的关系如此密切，我们就不妨看看最高成就者的智商水平。

日下网上流行着各种知名人士的智商，如伏尔泰的智商为190，奥巴马170左右，莫扎特和黑格尔165，富兰克林、爱因斯坦、比尔·盖茨160，拿破仑145，希特勒141，希拉里和麦当娜140，克林顿137，戈尔134，布什125，等等。这些数字来源不一，准确性和可比性很难有保证。不过，天才研究的著名学者Dean Keith Simonton对美国总统的智商倒是有一个颇为扎实的研究，很值得一提。他的基本立论仍然是“基本智力”（general intelligence）在人的诸多素质中最具有实际的后果。这种智力不仅能够帮助人们发展出复杂的认知能力以应付外界的挑战，而且是事业成功的有效预测指标。特别是智力和领导力有着紧密的相关性。智力的高低对政治领袖的表现有着相当大的影响。

大部分美国总统，都生活在现代智商测试发明以前。他们的智商，颇有些死无对证。但是，现代心理学和历史学结合，使大概的测量成为可能。其基本程序是（1）从大量传记资料中收集对总统个人特性的描绘；（2）把这些描绘从传记资料的背景中抽出，编辑为独立、匿名的条目，形成总统个人特性的匿名档案；（3）请独立的裁判运用这些材料，对每个总统用300条目来形容，最后成为110个形容性的描述的基础；（4）再根据110条形容性资料进行分析，描述出14个面向。这些方法，保证了研究的客观性。比如，研究者在根据匿名条目进行评价时，无法知道被评价的是哪位总统。只有当他们作出最后结论后，才能把自己所形容的总统和具体的名字结合起来。由此得出的种种结果，又经过多种方法（包括使用总统留下的出版文献等）进行印证。这样复杂的评比得出了几项指标。其中，“知识杰出性”（intellectual brilliance）以0分为中间线，运用正负分评比；“开放性”则是0~100分制；接下来就是智商。总统从出生到17岁的智商是早年智商，18~26岁的智商则是成年智商。这两期的智商又分“原智商”和“修正智商”。“原智商”是从传记资料中直接得出的智商。“修正智商”则是为弥补个人资料的不充足和不均匀而进行技术修正后的智商，普遍比较偏高，可作为一种参照。以下就是从华盛顿到布什的美国总统智商表。

总统	知识杰出性	开放性	早年原智商	早年修正智商	成年原智商	成年修正智商
华盛顿	0.3	14.0	125.0	130.0	135.0	140.0
约翰·亚当斯	0.6	61.0	120.0	150.0	145.0	155.0
杰斐逊	3.1	99.1	145.0	160.0	150.0	160.0
麦迪逊	0.6	62.0	120.0	150.0	135.0	160.0
门罗	−1.4	3.7	109.0	120.7	128.2	138.6
约翰·昆西·亚当斯	1.2	98.0	165.0	170.0	165.0	175.0
杰克逊	−0.6	0.5	110.0	120.0	130.0	145.0
范布伦	−0.3	31.0	119.4	132.9	135.1	146.0
哈里森	−0.1	31.5	120.3	133.6	135.5	146.3
泰勒（Tyler）	0.2	37.9	122.9	136.6	137.2	148.1
波尔克	−0.6	21.0	116.0	128.7	132.7	143.4
泰勒（Taylor）	−1.2	9.0	110.8	122.7	129.3	139.8
菲尔莫尔	−0.7	46.0	120.8	136.7	137.4	149.0
皮尔斯	−0.3	37.0	120.6	134.8	136.3	147.4
布凯南	−0.8	5.0	111.9	122.8	129.4	139.6
林肯	0.8	95.0	125.0	145.0	140.0	150.0
约翰逊	−1.2	8.0	110.8	122.7	129.3	139.8
格兰特	−1.4	2.3	110.0	115.0	125.0	130.0
海斯	−0.1	31.5	120.3	133.6	135.5	146.3
加菲尔德	0.9	52.9	129.0	143.5	141.2	152.3
阿瑟	0.9	52.9	129.0	143.5	141.2	152.3
克利夫兰	−0.5	23.0	116.9	129.6	133.3	144.0
哈里森	−0.7	30.0	117.5	131.4	134.3	145.4
麦金利	−0.6	20.8	116.0	128.6	132.7	143.4
西奥多·罗斯福	0.9	56.0	129.7	144.6	141.8	153.0
塔夫脱	0.0	1.0	114.5	123.8	129.8	139.5
威尔逊	1.3	64.0	133.0	148.3	143.9	155.2
哈丁	−0.2	10.0	107.8	121.1	128.4	139.9
柯立芝	−1.5	17.0	111.4	124.8	130.6	141.6
胡佛	0.5	8.0	118.0	127.5	132.0	141.6
罗斯福	0.9	45.0	127.4	140.9	139.7	150.5

杜鲁门	0.2	1.7	115.5	124.6	130.3	139.8
艾森豪威尔	–0.7	29.0	117.3	131.1	134.1	145.1
肯尼迪	1.8	82.0	138.9	155.7	148.2	159.8
约翰逊	–0.2	7.0	114.8	125.2	130.7	140.6
尼克松	0.4	14.0	118.9	129.2	133.0	142.9
福特	–0.6	8.0	113.3	124.4	130.2	140.4
卡特	0.0	77.0	130.2	149.0	144.4	156.8
里根	0.4	10.0	118.0	127.9	132.2	141.9
“老布什”	–0.3	18.0	116.5	128.4	132.6	143.0
克林顿	1.0	82.0	135.6	153.6	147.0	159.0
布什	–0.7	0.0	111.1	121.4	128.5	138.5
与领袖工作表现的相关系数	.56	.34	.34	.35	.32	.31

这项研究，综合了众多学者几十年研究的成果。不过，最后在 2006 年发表，其中一个直接的诱因就是布什的智商问题。2000 年布什当选总统后，公众一直对他的智商议论纷纷。网上也不停流传着他过低的智商分数，甚至加拿大外交家公开说他弱智。这些也许大部分来自政治偏见。但是，布什确实经常在记者会上语无伦次，英文病句不断，这就引起了心理学家们对他的智商的兴趣。好在他是位现代总统，出生时智商测试就已经流行，并且他上大学时考的 SAT，本质上就是个智商测试。他在耶鲁本科和哈佛商学院的成绩等，也都可以作为他智商的参照。把他的智商放在美国历届总统的智商的背景中，可以得出两点结论：

（1)布什的智商在 111.1 到 138.5 之间，平均在 125 左右。这种智商，在大学毕业生中属于上乘，也正好达到前面 Gottfredson 所谓的“几乎可以从事任何职业”的智商底线。在总人口中，他的智商也是二十里挑一的水平。这种智商，担任美国总统应该说是及格的。

（2）在所有美国总统中，布什的智商确实是偏低的。在 20 世纪（大致是现代智商测试发明以来）的总统中，只有哈丁的智商比他低。更重要的是，他的智商比他的前任克林顿低了二十多分。这样的对比，更给人们带来了他智商低的印象。

我们必须意识到，总统职位不仅重要，而且非常复杂。在无为而治的平静

历史上几位公认的伟大总统，如前四位建国之父、林肯、两位罗斯福等，智商都相当高。从和总统工作表现的相关系数看，“知识杰出性”这一项比智商更重要。布什在此项的得分非常低。他在“开放性”上的得分是0，排在所有总统之末。以这样的素质适应新时代，自然有诸多困难。他在伊战这种重大决策中犯了低水平的错误，也就不足为奇。

时期，当总统也许确实不需要太高的智商。但是，在充满挑战的时期，总统的智能就特别重要。布什所处的，正是后一种时期。另外，心理学家、政治学家和历史学家们用二十多种有关个人品性的变量来估价历届总统，智商几乎是唯一一个和总统的表现有稳定的相关性的变量。也就是说，聪明不聪明，和能否成为一个好的总统关系甚大。历史上几位公认的伟大总统，如前四位建国之父、林肯、两位罗斯福等，智商都相当高。从和总统工作表现的相关系数看，“知识杰出性”这一项比智商更重要。布什在此项的得分非常低。他在“开放性”上的得分是0，排在所有总统之末。以这样的素质适应新时代，自然有诸多困难。他在伊战这种重大决策中犯了低水平的错误，也就不足为奇。[1]

我们还需要注意，尽管身居要职，但各种重要的岗位，对智商的要求不一。比如，更接近推销员式的企业总裁，智商很可能平平。但是，当微软、谷歌等知识经济产业的企业总裁，非有超级智商不可。至少在美国，总统等民选政治家，智商要求一贯偏低。这一来是因为竞选本身就是个推销员式的工作，很难用智商

[1] Simonton, 2006, 511~526. 关于布什智商的讨论，还可以见 Stanovich, 1~2, 42~44.

来预测其水平，二来美国一直有反智主义的传统，老百姓对聪明人不信任，竞选要选“自己中的一个”。布什两次当选，和他那笨乎乎的憨厚样都有关系。不过，民选政治家即使在政府里也是极少数。大部分政府官员属于职业官僚，爬到顶峰需要非常强的智商。用社会学家 Steven Goldberg 的话来说，在职业橄榄球中，阻截队员（主要负责擒抱对方的攻击队员并将之摔倒）不一定越重越好。但是，这一角色的体重具有决定性的意义。因为对方往往是 300 磅左右的大汉在疯狂地冲击。你要把这种大汉阻挡住，至少要有 300 磅的体重。否则即使你抱住对方，对方也会拖着你的的整个身体继续向前冲。

300 磅体重，按人口比率换算成智商就相当于 120。对大部分精英的工作（如医生）来说，智商 120 属于下限，就像你在职业橄榄球中当阻截队员要有 300 磅一样。企业总裁、法官、成功的律师、工程师、科学家、社会科学家、医生、终身教授、著名的记者和编辑等，智商大都在 120 以上。这大致是人口 10% 的精英。这些精英在 25 岁到 64 岁的美国劳动人口中大致有 1800 万人；在 2005 年 150 万的大学新生中有 41 万人（顶尖的 20 所大学和 20 所文理学院每年录取 48 万新生，但并非每个新生都属于最顶尖的 10%）。[1] 总统的智商在这批人里如果属于末流，至少是精英中的弱智。

[1] Murray, 107~111.

第九章 智商陷阱：从考试及格才能被判死刑说起

下面我们再看看智商过低会有什么后果。这里举出的是一个极端的例子，即恶性杀人案。在这个案子上，智商理论难免受到许多挑战。

智商测试及其理论近几十年来在西方特别是美国受到了种种攻击。这些攻击有些是政治性的，有些是学术性的，有些则是政治和学术难解难分。讨论智商理论在西方社会的政治面向，已经超出本书的旨趣。我希望略加交代后，回到学术的问题上，探讨智商究竟告诉我们了什么，对成功意味着什么？

智商在政治上受到攻击，主要是因为其理论和西方核心的社会政治价值有深刻的冲突。平等是西方社会的核心理念，但智商则要用分数把人分成三六九等。个人自由也是西方人最崇尚的东西。但智商论反复重申智商的遗传性，好像人的一生在出生前就都被基因所决定了。更不用说，智商测试得出了黑人的智商比白人低的结论。这在有肮脏的种族主义历史的美国，自然会引起公愤。

在美国之外讨论智商问题的便利，恰恰在于能不在乎这些敏感的意识形态，直接面对现实。我一向信奉平等的理念。但是平等并不意味着所有人都是一样的。我之所以拿自己和阿里、泰森进行对比，就是要显示人的天生条件是多么不同，这些不同又对人的事业有多么深刻的影响。前面讲述的黑人运动员不可超越的优异，也证明了种族之间在某些能力上的差异是非常自然的，只是在智商上是否真是白人高于黑人、亚洲人又高于白人，并没有可靠的证据。另外，智商的遗传性也很难否认。人们之所以说“有其父必有其子”，就是因为这符合常识。更不用说，智商遗传的科学证据相当丰富。

不过，在确定了智商差异的存在后，我们就必须警惕智商决定论的陷阱。智商论者一直充满信心地说，智商并不能预测人一生的成败，就像300磅的体重不能预测你能成为一个职业橄榄运动员、2.20米的身高不能保证你像姚明那样进NBA一样。不过，智商和人的事业成功的正相关系数非常高。智商决定论并不是说一个人的智商可以准确地预测其事业的成败。只是认为智商能预测个大概。按智商学派的说法，人的品性中还没有任何其他指标能比智商对其事业的成败更有预测性。这也是为什么在美国上学、就业、参军，甚至加入职业橄榄球队都要进行智商测试。智商测试类似中国古代的科举，已经统治了美国社会。

不过，最近越来越多的心理学家开始挑战这种智商决定论。人生和事业的成败，除了智商的因素外，可能还有更大的因素在起作用。这一点是后面的章节讨论的中心。我这里需要质疑的是智商决定论的一个核心观点：智商所测试的各种能力，如语言能力、数字推理能力等，彼此之间都有正面的相关性。也就是说，在一项上得分高的人，在另一项上往往得分也高。各项能力都和一个“常规智商”g 有着正向的相关性。这种“常规智商决定论”，确实能够找到大量的经验证据。但是，我还要回到我个人的例子中去：我和阿里、泰森之间，在拳击上的天赋有天壤之别。这是否意味着他们在体育上的“常规能力”远远高于我，乃至从事任何运动都轻而易举地超过我呢？表面上看我们很容易作出肯定的回答。比如在橄榄球、足球、短跑、跳跃等大多数体育项目中，我怎么练也不可能是他们的对手。但是，如果大家比马拉松怎么样？很显然，我的体形和马拉松运动员更接近些。在马拉松上，这两位拳王如果和我接受同样水平的训练，我的胜算恐怕还大些。

如上所述，体育中的因素比较单纯，容易观测。比如身高体重，甚至肌肉发达程度等，一看就能有个大概的估计。其他领域所涉及的能力则要复杂得多，而且很难观测。你从外观上根本看不出来一个人的大脑是否发达。如果连在体育上都很难找出一个“常规运动能力”的标准，那么在更复杂的生活中通过标准测试获得一种“常规智商”，并将之看成事业的决定性因素，则未免太危险了。牛顿的智商高于历史上所有美国总统。那么这种智商是否代表着他的所有能力都高、足以使他成为一个好的总统呢？有理性和常识的人恐怕都不敢作出肯定的回答。中国自古有“书生误国”之说。一大原因，也在于科举这种片面着重于语文能力考试所测出的结果，一直被奉为类似“常规智商”的素质，乃至国家需要的各种人才几乎都是这么一考定终身。最后选拔出来的人才应付不了复杂的现实挑战，也就毫不奇怪了。

美国有一个死囚接受一系列智商测验的故事，这些测试决定了他是被判死刑还是终身监禁。现在大家都说中国是个“应试教育”的国度。其实，美国在“应试”方面，有时比中国走得更极端。这个死囚是死是活，就要看他在智商考试中得多少分！

这样抽象的讨论，未免太枯燥了。下面我就转入美国一个死囚接受一系列智商测验的故事，以及这些测试如何决定了他是被判死刑还是终身监禁。现在大家都说中国是个“应试教育”的国度。其实，美国在“应试”方面，有时比中国走得更极端。这个死囚是死是活，就要看他在智商考试中得多少分！

1996 年 8 月 16 日，在美国的弗吉尼亚州发生了一起残酷的凶杀案。罪犯是 18 岁的 Daryl Atkins 和 26 岁的 William Jones。他们为了买口酒喝，在七十一便利店门口劫持了素不相识的 21 岁的青年 Eric Nesbitt。他们不仅抢了他随身携带的现款，而且逼着他用自己的银行卡从取款机中取出现款，然后开车到荒郊野外，用自动手枪对之扫射。Eric Nesbitt 连中 18 枪后当即死亡。

两名凶犯很快被抓获。1998 年 2 月，Daryl Atkins 首先受审，被判有罪。但是，在他是否该判死刑的问题上出现了争议。法庭让心理学家 Evan Nelson 博士对他进行了智商测试，所用的就是大名鼎鼎的 Wechsler 成人智商测试。这个测试需要 1 小时 30 分钟，分数是在 155~45 之间，平均分数是 100。因为 Daryl Atkins 的智商是如此之低、无法回答许多问题，考试不到一小时就结束了。他最后的得分是 59。Evan Nelson 博士对法庭解释说，59 分的成绩说明了轻度的智障。智障者很难进行推理，更难扮演领袖的角色，只能跟从别人。也就是说，他只能是从犯，不可能是首犯。

这一智商问题的提出，使人们不得不回顾 Daryl Atkins 短暂的人生。他一年级时似乎没有大问题，但是自此以后就应付不了学校的功课。他二年级留了一级才达到标准升班，到四年级时则得了 3 个 D、4 个 F，也就是不及格。但他的老师还是让他继续升班。到了五年级，他得了 6 个 D、2 个 F，八年级时则所有成绩都是 F。最后，他从高中辍学，开始吸毒、酗酒，并卷入一系列暴力犯罪。1996 年 4 月，他和一群伙伴持枪抢劫了四个人。几个星期后他又持刀在一个车行抢走几千美元。到了 6 月，他半夜入室抢劫。几个星期后，又和自己的伙伴劫持了一位比萨店的送货员。就在凶杀案发生的几个星期前，他还用枪射击一位在自己家中的妇女。

面对这些事实，陪审团并没有被智商低的理由说服。他们认为，Daryl Atkins 不是像一只没有意志的绵羊一样跟着自己的同伙走。恰恰相反，是他设计了整个犯罪的计划，不管这个计划是多么愚蠢。是他借了犯罪用的自动手枪，是他领头劫持了 Eric Nesbitt，并且选择了一个荒僻的场所将之乱枪射死。他必须为自己的行为负责，接受死刑。

Daryl Atkins 立即向弗吉尼亚最高法院上诉，并被受理。于是，Evan Nelson 博士对他再次进行智商测试，结果还是轻度智障。但是，此时公诉人搬出了自己的心理学家 Stanton Samenow 博士对 Daryl Atkins 进行智商测试，结果显示他有正常智商。Stanton Samenow 博士在法庭作证说："我问他上个星期什么人死了，他说是小肯尼迪。我问他是怎么死的，他说是飞机失事。我追问他是否还有别人死了，他说还有他的妻子和一位朋友。我问他小肯尼迪的父亲是谁，他说是 JFK（美国人对肯尼迪总统的简称）。我问他 JFK 是谁，他说是总统。我问他是什么时候，他说是 1961 年。”应该说，这些并非很容易的问题，但 Daryl Atkins 几乎都准确无误地回答出来。结果，陪审团再次判处他死刑。

Daryl Atkins 再次向弗吉尼亚最高法院上诉，但是上诉被驳回。最后，案子一直上诉到联邦最高法院。2002 年，联邦最高法院以六比三的多数意见裁决：对智障者不能施以极刑，因为他们缺乏足够的智商。这影响了他们的行为、思维、谈话和对周围世界的理解。不过，最高法院让各州自己去定义什么才是智障。

弗吉尼亚议会针对最高法院的判决通过法案，把智商 70 分定为智障的标准。2005 年 1 月，Evan Nelson 博士又一次对 Daryl Atkins 进行智商测试。他声称，Daryl Atkins 也许比他第一次测试时的 59 分要表现好，因为那时他非常压抑，并有酗酒和吸毒的影响。但是，以他的智商水平，达到 70 分是不可能的。果然，结果是 64 分。他要获得死刑还不及格。

但是，两天以后，公诉人一方的心理学家 Stanton Samenow 博士对 Daryl Atkins 也进行了智商测试，结果是 76 分，明显过了 70 分的法定标准。这样，陪审团经过 13 小时的考量，认定他智商正常，又判处他死刑。[1]

Daryl Atkins 的律师处于绝望之中。但没有想到，案子在 2008 年节外生枝，出现了拐点。Daryl Atkins 的从犯 William Jones 的律师 Leslie P. Smith 突然指出公诉人在对 William Jones 的讯问中进行了诱导，把开枪的责任推给了 Daryl Atkins。此案的复杂性在于，两名罪犯都是吸毒、酗酒之后犯罪，而且 Daryl Atkins 被认为智商过低。他们的罪状，是根据银行取款机的现场摄像镜头和其他种种物证确定的。人们对此并没有太多疑义。但是，杀人时究竟谁开的枪，只有通过两人的招供来证实。法律上有严格规定，只能对开枪者施以死刑。这是一个典型的囚徒的困境。陷自己的同伙于不利就等于拯救了自己。在公诉人对 William Jones 询问时，Leslie P. Smith 作为其律师在场。当 William Jones 描述在最后杀人场面中每个人的位置时，他的描述和物证不符合。这时公诉人关掉了录音机，提醒他这些叙述和物证不符合，并引导他作出了对 Daryl Atkins 不利的确证词。这一过程，

---

[1] Murdoch, 159~170.

Daryl Atkins 的律师完全不知情。一旦 Daryl Atkins 扣动扳机的事实建立，William Jones 就成了从犯而免于死刑。作为 William Jones 的律师，Leslie P. Smith 受到法律界严格的伦理规范的束缚，他的责任是保护自己的被告人的利益，不能颠覆这一事实而使 William Jones 陷入开枪凶手的境地。

但是，他为此良心不安，一直向司法机关的权威人士进行伦理咨询，但被告知他别无选择。他必须为自己的被告服务。救了 Daryl Atkins 就等于陷 William Jones 于危境，而他是后者的律师而非前者的律师。直到 William Jones 被判终身监禁、免于被判死刑后，Leslie P. Smith 再次向有关部门咨询。此时他没有得到书面答复，但被电话告知：因为 William Jones 已经不可能被判死刑，Leslie P. Smith 可以说出真相。当他站出来后，法官立即把 Daryl Atkins 的死刑改判为终身监禁。[1]

此案是否就此了结，目前还不得而知。此案所涉及的美国司法制度的种种特征，也大有可论之处。美国的法律对被告人保护严密。特别是在重大刑事罪上，被告人的罪状必须被证明到没有任何理性的疑点时才能被定罪。Daryl Atkins 犯罪时年仅 18 岁，而且智商甚低。他的同伙则 26 岁，有正常的智商，很可能在“囚徒困境”的游戏中，把最重的罪往他身上推，使自己免于死刑。他的辩护律师一开始就抓住这一点，希望证明他不是直接凶手。最后 Leslie P. Smith 律师揭露出公诉人诱供的真相，自然使 Daryl Atkins 是否真是开枪的直接凶手这一点变得疑云重重。最后他逃开了死刑，也在情理之中。

不过，这些司法上的问题，完全超出了本书的主题。我们需要集中讨论的是这样一个惊人的事实：一个罪犯是死是活，居然要凭智商测试来决定。他能否被判死刑，居然要看他是否考试及格，即他是否有死的资格。而最后两次决定性的测试，他两天的成绩分别是 64 分和 76 分，可谓突飞猛进。这一事实，不仅对智商论的一些基本结论提出了种种挑战，也在智商是否能够提高、如何提高的问题上为我们提供了不少启发。

如上所述，智商论有几大基本结论：智商如同身高一样，先天因素有极大的

[1] Liptak, 2008, 1,19.

决定作用，而且到了16岁后就基本定型，无法人为地改变。智商测试有相当的准确性。事先的准备和操练固然可以提高测试的成绩，但不可能有质的提高。2005年Daryl Atkins接受两次智商测试，年龄已经到了27岁，超过智商定型的年龄11年。但是，两天之内其智商突飞猛进。有论者指出，智商测试经过精心准备和练习就能大幅度提高成绩。公诉人一方知道这一特点，就在辩护一方进行智商测试后两天立即进行自己的测试。此时，Daryl Atkins刚刚接受了一次测试，已经"热身"，马上再进行测试自然水平大增。

另一种看法是，Daryl Atkins从1998年第一次受审，到2005年接受两次智商测试，在法庭的第一线接受了7年之久的法律教育。而因为他是站在死刑线上为自己的性命而搏斗，接受这种教育就成了自觉自愿的过程，而不像在学校一样，缺乏学习目的，没有学习的动力。结果，他的智商增长是突飞猛进的。比如，在1999年时心理学家问他什么是作伪证，他回答是"撒谎"，说明他对法律的基本概念已经有了清晰的了解。他对宣誓作证的解释也很到家：证人讲述他一方的故事。他特别强调了这种证词是一面之词，对其客观性有所保留。这已经是观察世界非常复杂观念了。他甚至还理解司法系统如何运转。比如，他知道他有权在法庭上自己代表自己，但同时知道最好还是请律师。他理解法官的角色是指示陪审团考量案情的程序和要点，等等。

当然，最大的问题还是智商测试的准确性。Daryl Atkins即使不是直接杀人凶手，但在整个作案过程中有一套自己的计划和行动方案，理性地选择了杀人地点，完全知道自己在干什么。怎么一测智商就证明他不懂得自己在干什么呢？[1]

此案对智商理论提出的问题还有许多，但本书主要关注的是智商能否提高、怎样提高。应该说，Daryl Atkins案并没有推翻智商理论的基本结论：人的智商有着明显的差异。不管Daryl Atkins的智商在受审期间如何突飞猛进，他还是远达不到100的中等智商，也看不出有任何教育手段能够帮助他达到这个水平。不过，既然这么笨的人都可以如此大幅度地提高自己的智商，难道聪明得多的人就不可能吗？

[1] Murdoch, 165~180.

第十章 智商如何提高

Daryl Atkins 案戏剧性的贡献，是推翻了智商理论关于智商无法人为提高的结论。所谓智商无法提高，有浅层次和深层次两种意义。从浅层次上讲，智商论认为智商测试考的是脑力，而不是存在脑子里的死知识。事先的准备和练习，很难提高智商测试的成绩。以 SAT 为例，在 20 世纪很长的一段时间内，人们认为考前有针对性的突击和准备并无意义。因为知识可以增长，但脑子不可能变聪明。SAT 是一个衡量内在脑力的测验。但是，一个叫科普兰（Stanley Kaplan）的人，于 1946 年开始研究针对 SAT 的应试办法。考试的主持机构则告诉学生参加科普兰的课程纯属浪费钱。当他成功地提高了他的学生的 SAT 成绩后，联邦行业委员会（Federal Trade Commission）在 20 世纪 70 年代末决定对他展开调查。本来，调查的目的是看看他到处鼓吹他的课程能够提高 SAT 成绩是否属于假广告。但于 1979 年出版的调查报告等于给他的事业进行了他做梦也想不到的广告宣传。该调查报告指出，科普兰的系统能够提高 SAT 的语文和数学部分的成绩各 25 分（总分在 200~800 之间）。于是，立志上大学的高中生们纷纷拥入科普兰的课程中，让他生意兴隆。1984 年他将这笔生意以 4500 万美元卖给《华盛顿邮报》。如今，科普兰公司是《华盛顿邮报》集团中比《华盛顿邮报》本身身价还高的分支，并包括网上法学院等各种教育课程，年收入高达 23 亿美元。[1]

科普兰的业绩，比起中国的新东方来恐怕是小巫见大巫了，但足以粉碎智商测试无法通过事先准备而提高成绩的神话。如今智商论者们也承认，有针对性地准备能够提高 SAT 的成绩，只是在 200~800 的分数段内提高 25 分并没有太实质性的意义。不过，逼真模拟考试比有针对性的复习准备更能提高成绩。[2] 这被 Daryl Atkins 两天之内测两次智商、进而成绩大幅度提高所印证。这也是 SAT 的批评者一直抓住不放的问题：富裕家庭的子弟更有钱送孩子进各种补习班，他们

[1] Caldwell, 2009, 8, 30; Skapinker, 2009, 9, 1.
[2] Jensen, 46~48.

SAT 的成绩当然好。怎么能就此说他们智商高呢？更重要的是，有研究表明，父母领福利救济的穷学生，从小在家中使用的词汇仅为白领阶层子弟的 1/5。[1]SAT 一半的内容是语文，直接关系到词汇。因为家贫接触词汇少，考试分数自然低，这怎么能说明其内在脑力就低呢？实际上，美国大学的录取办公室对此很有意识。特别是在精英大学，富裕家庭的子弟必须考高得多的成绩才能和穷孩子竞争。

从更深的层次讲，智商论即使承认智商测试可以通过适当的准备来提高成绩，仍然坚持人固有的智力是无法人为改变的理论。虽然强有力的外在干预可以短期内提高人的智商，但当这种干预消除后，一切还将退回到原有状态。甚至在 SAT 测试时也出现这样的情况：上了强化班后必须立即考试。否则间隔时间一长，强化班的效果就迅速消退。[2] 这样的解释，虽然不无道理，但是，学者们观察到，在 20 世纪，特别是在发达国家，人们的智商水平有了普遍的提高。这种提高的速度是如此之高（按有的统计达到 30 年增长 20 分的速度），已经完全无法用生物进化来解释。1900 年普通智商水平的人，按今天的标准其智商仅为 70 左右，即智障的线。再依照 Daryl Atkins 一案所通过的立法，在许多州智商低过此线连被判死刑的资格都没有！这一荒唐的事实，挑战了智商测验的可靠性。同时也促使人们对智商分数的大幅度提高进行了种种解释。这些解释虽然都不充分，甚至彼此矛盾，但大多指示着一个方向：各种社会因素，如教育的普及（上学少的孩子智商分数明显低）、文化的变化（特别是影像媒体和科学的流行）、社会对智商测试的熟悉、营养的改善等，都可能提高了人们智商测试的分数。比如，你问兔子和狗有什么共同点，现代的受试者得益于科学知识的普及，很容易回答说："它们都是哺乳动物。"但 100 年前的人可能会说："你用狗来抓兔子。"这并不一定是现在的人聪明了，而是大家的知识结构和经验不同了。[3]

后面几章我们将反复讨论布鲁姆的教育理论。这里兹举其要义：现代的教育体系把几十个孩子放在一个大班中进行统一教学。这就好像让身高体重不同的人

---

[1] Murdoch, 168.

[2] Jensen, 48.

[3] 具体讨论参阅 Flynn.

穿一个号的衣服。如果你的体形正好适合这个号，你就会感觉很舒服。但是，如果你的体形不是这个尺寸，则处处别扭。布鲁姆特别指出，现代教育体制大大低估了孩子们学前教育的不同，简单地假设一些基本知识或词汇是五六岁的孩子们都知道的。其实许多孩子们根本不知道。这样，他们一上来就跟不上班。第一步跟不上，日后步步跟不上。这样造成的落后就会逐渐积累，造成他们和“正常”孩子的差距日益扩大。他总结了大量的实验和教学实际证明：如果将每个孩子分别对待，量体裁衣，从他们事先具有的知识出发教学，这样一来，过去所观察到的那些能力差距就基本消失了。[1]Daryl Atkins 被受审后，则有专门的律师给他提供司法服务。为了让他了解自己所面临的局面、取得他的配合，律师必须根据他的具体情况逐一解释复杂的法律过程中的种种要点，其实就是他的私人教师。这比让他到学校大班上课，自然有效得多。

Daryl Atkins 智商低于正常人并不假。但他第一次测智商只得 59 分，几年后就达到 64 分，再过两天则达到 76 分。他总分提高了 17 分，相当于该测试最高成绩的 15% 以上。而根据对 SAT 的调查，经过了有针对性的准备，即科普兰的课程，成绩在 200~800 之间共 600 分的分数段中也仅提高 25 分，即 4%。显然，他在智商定型并被关押期间的提高，无法用事先进行有针对性的准备来解释。他的律师固然会给他解释各种法律程序和用语，但不可能对他进行一般性的学校教育或者考试补习。他的智商测试内容，和法律本身也没有直接关系，在内容上甚至可以说毫不相关。所以，这种成绩说明他的智商恐怕确实有实质性的提高。

现在的问题是，除了律师无意中成了他的私人教师外，他是怎么提高的？我们需要提醒读者一下，律师的角色举足轻重。因为在关押期间，律师几乎是唯一可以为了他的利益和他进行正面沟通的人。不过，律师都非常繁忙，除了重要的案情和法律程序等需要和他沟通外，不可能一天到晚像家庭教师一样陪着他。他大多数时间还是蹲牢房，学习条件应该比在自由世界差不少。但是，显然一些学习奇迹在这个过程中发生了。了解这个过程，对我们一般人提高自己的智商显然

[1] 详见 Bloom, 1976.

应该有很大的帮助。

因为没有对他狱中学习过程的研究，我只能从一般的报道中作两点假设。一是他学习目的明确，有非常具体的针对性；一是他学习动机强烈。

常规的学校，主要是以课程为中心的教育：老师围绕着教学大纲维持班级的统一进度，孩子们按照语文、数学等既定科目跟着教程走。至于这些科目解决了他们生活中的什么问题，对他们的未来有什么意义，他们大多一知半解。至于像 Daryl Atkins 这样的笨学生，不仅从一开始就跟不上，而且更不可能理解所学的知识和自己的生活有什么关系，当然也就失去了兴趣。但是，他当了被告后，情况大变。他在律师的帮助下进行了将近十年的司法奋斗，目睹了自己案情一次又一次的戏剧性变化。他虽然智商很低，但在整个司法过程中学习的目的非常明确，即逃避死刑。律师会对他解释各种法律程序和术语的意义，然后他马上就在法庭上亲身观察这种程序如何展开、术语如何运用。真可谓是“学而时习之”了。另外，像他这种弱智的人，问题不仅是能力低，而且注意力也无法长期集中，很难持之以恒地学习任何东西。但是，法庭则不给他在“学业”上任何喘息机会。他的律师向他说明为他辩护的目的和战略后，他不仅目睹着这套战略的实施，而且眼睁睁地看到这套战略如何被公诉人所突破、自己一方的理由如何被驳倒，最后案情逆转，又必须重新设计新的战略。美国的法庭推论逻辑性非常强，而且不断受到对方贴身紧逼式的挑战，是锻炼智商的良好场所。Daryl Atkins 经过这样一轮一轮的逻辑推论的激战，没有当旁观者的余地，必须全身心地卷入，也必须在错误和挫折中进行思想修正。这简直就是良好的法学院教育，岂是一般中小学可比。

另一个因素就是动机。他在这种情况下理解法律，和应付学校的功课不可同日而语。他是要保全自己的性命！因此，他从在学校毫无动力地学习，演化到在监狱和法庭以求生的本能拼命学习。这种动机，使他全神贯注了将近十年。一旦人有了动机，就有意志突破自己的极限，取得出人意料的成绩。Daryl Atkins 的智商从 59 分到 76 分的巨变，恐怕也是在这种强烈的动机驱动下完成的。显然，Daryl Atkins 并不知道自己的智商测试分数越高对自己越不利。他的律师受职业规范的约束也不敢指使他故意考低分。在这种情况下，他对法律问题的苦苦思索，显然提高了他的全面智商，并反映在分数上。

Daryl Atkins 为智商可以提高的理论提供了一个活生生的案例。想想看，如果你智商在 120 左右，即人口中十里挑一的水平，你按说能够上中国的重点大学了。在这个基础上，如果你把自己的智商提高 10 分，虽然还远不到 Daryl Atkins 的 17 分的进步，但也足以使你成为人口中百分之二三的顶尖精英。这是质的变化。这种变化是可能的。

总之，智商理论揭示了智商对成功的关键性作用。但是，智商理论对基因等先天因素的强调，则大有可商榷之处。智商恐怕还是可以通过努力来提高的。另外，智商理论一向强调，智商对成功的预测虽然有种种不足之处，但到目前为止，智商比任何其他因素都更能预测人的成功。这也是美国各行各业要进行智商测试、上大学和研究院要考 SAT、GRE 等的原因。不过，这一说法最近也越来越受到心理学家们的挑战。他们发现了比智商更能决定事业成败的因素。所有这些，都是我们要在接下来的篇章中一个一个讨论的话题。

中卷

培养论：天才是怎么炼成的

第一章 天才的“十年寒窗”

本章开宗明义：天才从来不仅仅是天生的，更是培养出来的。再大的天才，也需要十年修炼成器。这一“十年定律”，于 1973 年由诺贝尔经济学奖得主、人工智能研究的开拓者赫伯特·西蒙（Herbert Simon）和威廉·蔡斯（William Chase）在研究国际象棋大师的成长时总结出来的。他们发现，几乎没有一个人能够不经过 10 年左右的训练而达到国际象棋大师的水平。根据他们的估算，一个国际象棋大师对象棋的知识大致相当于一个英语是母语的成人的英文词汇量。这大致需要 10 年的工夫才能掌握。那些幼小时候开始学棋的，达到国际大师级别的平均时间是 16.6 年。那些晚些开始的，因为起步时心智已经比较成熟，达到国际大师级别的时间缩短，但也要 11.7 年。整个 20 世纪只有绝少几个例外，如 Bobby Fischer 和 Salo Flohr，但他们也用了 9 年。另外，身材超过 7 英尺（合 2.13 米）高的篮球运动员，能够在 6 年左右的时间达到最高水平。这一来是因为篮球对身材提出了近乎绝对的要求，二来身高超过 7 英尺的人非常少，把绝大多数人都排除在竞争之外。当然，在一些缺乏成熟的国际竞争的活动中，达到世界水平需要的时间也可能远短于 10 年。理由不言自明。没有严格、激烈的国际竞争的世界水平，并不是真正的世界水平，不过是矮子里面拔将军而已。在有广泛参与的国际竞争中，10 年是达到“世界级”的经验下限。大部分“世界级”的人物，则奋斗了远远不止 10 年。中国人所谓的“十年寒窗无人问，一举成名天下知”，也是通过直觉和经验归纳了这一定律。在赫伯特·西蒙（Herbert Simon）和威廉·蔡斯（William Chase）之后，学者们又对其他领域的天才成长进行研究，印证了同样的规律。[1] 这是天才“培养说”最初步的证据。

那么，有没有显著的例外呢？有没有不需要这么长的培养时间的天才？如果

---

[1] Ericsson, Krampe, and Tesch~Römer, 366; Ericsson, in Ericsson et al, 689~690. 不过，体育可能是这一“十年定律”的例外。拳王阿里、泰森，乃至以欧文斯为代表的 1936 年奥运会的黑人金牌得主，都可能在明显短于十年的时间内达到了世界顶峰。

我们能够找到许多例外，“培养说”就通不过第一步的检验而不攻自破。

在这方面，人们也许首先想到的是莫扎特。天才早熟的例子在音乐上大概最多。你找不到一位10岁的历史学家。但是，10岁的钢琴家却能给人（特别是行外人）以“大师”的印象。莫扎特又是音乐家中的极端。他5岁就开始作曲，8岁就作为钢琴家和小提琴家登台演出，日后更是才如泉涌，创作了数百部传世之作。[1]即使在今天的著名音乐讲座中，权威的音乐史家仍然重复着这样的神话：莫扎特作曲时，一切都在脑子里完成，誊写到谱子上时不过是工工整整地抄下来而已，一个音符也不用改，就像印刷一样清晰准确。研究天才和创造力的权威人士R. J. Sternberg一针见血地指出：莫扎特作为一个孩子所取得的成就，是大多数音乐家一生也无法企及的，哪怕他们花的练习时间比孩提时代的莫扎特多上数倍。人的才能是不同的。在数学、科学、文学、音乐，以及其他领域，有些人永远也成不了专家，不管他们如何努力。大部分物理学家都成不了爱因斯坦，大部分作曲家也成不了莫扎特。[2]

这样的信念，又以不同的方式得到强化。比如，英国剧作家谢弗（Peter Shaffer）在其著名的戏剧、后来又被改编为奥斯卡获奖影片的《上帝的宠儿》中，讲述莫扎特这个奇才在他的音乐世界里如何享受着上帝的万般宠幸、创作永世流传的巨作，但又被皇家宫廷乐师萨拉瑞嫉妒、陷害致死的故事。记得二十多年前此戏在北京上演时，中国社会科学院外文所的朱虹教授对我进行了这么一番解读：“此戏在常人看来，是小人嫉妒和陷害天才的故事。但作者似乎把它写成了人与上帝抗争的悲剧。莫扎特被描述为一个没心没肺、玩乐放荡之士；萨拉瑞却是个聪明、勤奋、专一，把一生都献给音乐的人。但是，上帝却把天赋给了莫扎特，让他毫不费力地就创造出永恒的作品；萨拉瑞则不管是怎么奋斗、怎么献身，比起莫扎特来也还是平庸。他咽不下这口气，一定要和上帝抗争！这才是悲剧之所在。”朱教授独树一帜的解读是否能被大多数人接受倒也另当别论。但是，她的解读至少符合戏剧和影片所描绘的这两个人物的形象：莫扎特粗俗放纵，萨拉瑞努力敬

---

[1] Colvin, 25.

[2] Sternberg, in Ericsson ed. 1996, 350~353.

业。但伟大的作品是莫扎特这样的天才毫不费力地创造的，萨拉瑞怎么用功也没有用。[1]

莫扎特的音乐优美动人，但听起来全不费力，和充满了挣扎和奋斗的贝多芬成为鲜明的对比。特别是他生活充满了苦涩和不幸，但音乐则始终有着天使般的快乐。这就使人们感到似乎是上帝把自己的声音通过他来传到人间，他就是上帝的工具。乐迷们经常说“巴赫是神，莫扎特是天使，贝多芬是人”，也正是表达了这样的感受。这些，都强化了莫扎特是上帝的使者、是天才、是无法被人所模仿的神话。十几年前，这个神话登峰造极。人们不仅认为莫扎特是天才，甚至觉得他的音乐也如同奇妙的智力增长剂一样能够提高人的智商。“莫扎特效应”不胫而走。事情缘起是在 1993 年。卓有声誉的科学杂志《自然》发表了加州大学尔湾分校学者 Rauscher，Shaw，和 Ky 的一封仅一页纸的来信，简述了他们的实验成果：聆听莫扎特的音乐能够短时间内提高人的空间推理能力。他们的实验程序如下：让三组人同时解析空间推理（spatial reasoning）的标准试题。在他们开始以前，一组人聆听莫扎特为两个钢琴所写的奏鸣曲（Mozart’s Sonata for Two Pianos in D Major K. 448），一组人聆听重复性的放松音乐，一组人则不听任何东西。结果，聆听莫扎特音乐的一组人的成绩在换算成智商后要比后两组人高出八九个点。[2] 这一结果，很快被命名为“莫扎特效应”。

尽管研究者指出这个“莫扎特效应”仅能在受试者身上维持十几分钟，而且主要反映在空间智能推理上，和综合智商的关系并不清楚，但这一研究的公布立即在媒体上引起轰动。1997 年《波士顿环球报》的一篇文章还提及另一项研究，称三四岁的孩子上了 8 个月的私人钢琴课以后，在时空推理的测试中所反映出来的能力比那些上了 8 个月计算机课、声乐课，或没有上过任何课的同龄孩子要高出 34%。有位反应迅速的 Don Campbell 则于同年开始出版了一系列关于“莫扎特

---

[1] 也许正是为了体现作者的这一意图，好莱坞的导演让一个精通音乐的演员演萨拉瑞，最后该演员获得了奥斯卡金像奖。演莫扎特的演员，则不通音乐。这从两人的演技上能表现出来。这一观察，是著名作曲家、现密苏里大学堪萨斯分校音乐学院教授陈怡二十多年前在一个偶然的机会和笔者分享的，在此致谢。

[2] Rauscher, Shaw, Ky, 611.

效应”的畅销书。他的书是如此热销，乃至迅速发展成了一个公司，发行磁带、光盘等“莫扎特效应”的系列产品。

最有戏剧性的反应出现在佐治亚州。1998年1月13日，该州的州长Zell Miller向州议会提出了10万多美元的拨款请求，要给全州每一位新母亲一盘古典音乐的磁带或激光唱盘，并请求亚特兰大交响乐团的指挥选择具体的曲目。他声称：“没有人怀疑在婴幼儿期聆听古典音乐能够增强孩子的时空推理智能。而这种智能是数学、工程学，甚至象棋能力的基础。”他甚至当场给议员们放了一段贝多芬的《欢乐颂》，然后问大家：“难道你们现在不觉得自己更聪明了吗？”一位议员表示希望把自己喜爱的美国著名乡村歌手Charlie Daniels的音乐也加入其中，但在被告知古典音乐的效果更大后，他无奈地说：“既然我没有怎么研究过音乐，也只有听他们的了。”[1]

“莫扎特效应”在心理学上如今还远不是个定案。严肃的学者大致公认：“莫扎特效应”的媒体炒作多于科学。不过，越来越多的人相信：上帝给了莫扎特一种特别的东西。这种东西不仅使他成为天才，而且普通人只要沾上一点也会变得聪明起来。

莫扎特是举世罕见的天才。这到今天也并没有疑问。问题是，这样的天才，是否能突破“十年定律”呢？学者们经过仔细检视其生平事迹后给出了明确的否定答案：他的成就是学出来的，练出来的，不是上帝给的红包。

首先，莫扎特的父亲利奥波德·莫扎特本身就是个有名的作曲家和演奏家。他在莫扎特3岁的时候，就对之进行了严格的作曲和演奏训练。如果说这位利奥波德·莫扎特在作曲和演奏上还达不到大师级别的话，他在音乐教育上则有着突出的贡献。比如，他关于小提琴演奏的教科书，是当时的权威著作，影响持续了几十年。他自从一开始教莫扎特，就停止了自己的音乐创作，其对儿子教育之献身精神由此可见一斑。可以说，莫扎特从小享受着当时最优秀的音乐教师全天候的教育。根据专家的研究，他到6岁时已经和父亲一起训练了3，500小时。[2]

[1] Sack, 1998, 1, 15, A 12.
[2] Coyle, 52.

“莫扎特效应”在心理学上如今还远不是个定案。严肃的学者大致公认：“莫扎特效应”的媒体炒作多于科学。不过，越来越多的人相信：上帝给了莫扎特一种特别的东西。这种东西不仅使他成为天才，而且普通人只要沾上一点也会变得聪明起来。

更重要的是，莫扎特早期的作品并不是出自他自己之手，而是被父亲认真修改过。莫扎特的头四首钢琴协奏曲完成于 11 岁的时候，基本没有他个人的原创，只是把其他作曲家的东西拼凑一下而已。到 16 岁时，他又写了三部类似作品。可惜，这些作品还是平庸之作，更像是他的老师、大作曲家巴赫的小儿子（Johann Christian Bach）的风格。这些作品如今从来不被认为有多少价值，不过是其父亲让他照着其他作曲家的作品在那里“描红模子”的练习而已。[1] 莫扎特的第一部大师水平的作品，是他的第九钢琴协奏曲，创作年龄是 21 岁。到此时，他已经接受了 18 年在当时来说是最为艰苦、严格，也是水平最高的音乐训练。他那些被保存下来的乐谱也显示：他作曲时经常反复修改，绝非一挥而就。最近的学者还发明了“早熟指数”，以衡量天才比普通人究竟高出多少。比如，一般的孩子经过 6 年训练就可以达到公开演奏的水平，如果一个天才用 3 年就达到了这个水平，那么这个天才早熟指数就是 200%。按这个指数测量，莫扎特只达到了 130%，相当

[1] Weisberg, in Ericsson et al., 769~770.

出众但绝非神奇。20 世纪的天才，有达到 300% 甚至 500% 的。[1]

20 世纪最火爆的流行乐队之一披头士（The Battles）的业绩也证明了这一点。在披头士于 1963 年引起轰动时，其主要成员列农和 McCartney 已经一起合作了多年，花了数千小时。这还不包括他们在此之前各自的音乐训练。事实上，他们一开始主要是唱别人的歌，早期的创作也没有打响，如今多被忘记。最成功的作品主要是在 1965~1967 年产生。这距离他们 1957 年开始组合时正好有 10 年左右。[2] 我们不要忘记，他们在此之前就已经是能够演唱的音乐家了。迈克尔·杰克逊固然 5 岁就和家庭重唱组登台，并且在 1969 年他 11 岁时，这个重唱组引起了轰动。但是，他第一次作为成人音乐家独立录制唱片是在 1979 年，是 21 岁。这恰好和莫扎特写出第一部成熟的作品是同一岁！此时他在其父手下的残酷训练，也早已经超过 10 年。[3]

这些事实大致证明了 J. R. Hayes 于 1981 年作出的研究：作曲家从刚开始学习音乐到创作出第一部出色的作品的平均时间是 20 年。而 10 年则是最起码的时间。那些 6 岁以前开始的，一般到了 16.5 年以后才开始写出自己的优秀作品。那些 6 到 9 岁期间开始的，则要等到 22 年以后，10 岁后开始的则需要 21.5 年。[4]

那么其他领域如何呢？我们不妨看几个例子。

19 世纪英国著名作家勃朗特姐妹作为早熟文学天才的范本，早在 1857 年就被 Elizabeth Gaskell 的《夏洛蒂·勃朗特传》给确立了：在约克郡一个遥远的山庄，三个没有母亲、在粗暴专制的父亲的控制下的姐妹，神奇地为英国文学创造了几部最珍贵的经典：夏洛蒂的《简·爱》、艾米莉的《呼啸山庄》、安妮的《阿格尼斯·格雷》。Gaskell 写道：这些书不过是三个姐妹孩提时代写作的故事串成的。她甚至称她看到过这些孩子的“小书”，其中包括故事、戏剧、诗歌、浪漫小说等等，非常不可思议。她的故事也很难不让人相信。这三姐妹中，姐姐夏洛蒂 39 岁去

[1] Colvin, 25~27.

[2] Weisberg, in Ericsson et al., 770~771.

[3] Barnes, 2009, 6,25.

[4] Ericsson, Krampe, and Tesch-Römer, 366.

世，已经是寿命最长的了；老二艾米莉去世时仅 30 岁，小妹妹安妮只活了 29 岁。这么短的生命，留下了这么重的文学遗产，怎么能不相信她们是神童呢？于是，Gaskell 的文笔为后来的三姐妹的传记作家定了调子，甚至被拍成电影，改编成戏剧。

但是，1994 年，牛津训练的历史学家 Juliet Barker 以在全欧洲的档案搜索为基础写成《勃朗特》一书，揭破了这一神话。首先，勃朗特姐妹的家乡并不是偏远的山区，而是文化繁盛的政治和贸易枢纽，各种杂志、图书、玩具琳琅满目。她们的父亲不仅不专制粗暴，而且非常温和宽容。最重要的是，三姐妹小时候创作的“小书”，并非什么文学奇迹，而是她们对当时的杂志和图书大胆而幼稚的摹仿。通过这样寻常但持续的练习，她们终于用自己的文笔震惊了世界。[1] 当然我们更不应该忘记，三姐妹的主要作品出版时，都是在 30 岁左右的年龄。到这个时候，她们都有了足够的“训练小时”，早超过了“十年定律”所限定的时间。

毕加索也许是现代画家中最伟大的一位。他父亲就是位画家，也是位美术教师。他和莫扎特一样，从小就开始了专业训练。当然，除了家教外，他还进入美术学校学习。他第一幅成熟的作品问世，也是在他绘画生涯开始了 10 年以后。专家在分析他早期作品时指出，这些作品所达到的程度，和许多才能一般的画家在同样的训练阶段所达到的水平非常相似。他年轻时代的作品同样有不少幼稚粗糙的线条。[2] 在科学领域，如发明飞机的莱特兄弟，发明电灯的爱迪生，他们的业绩也都无法突破“十年定律”。[3] 学者们对在数学、游泳、长跑等领域的精英的研究，也都证明了“十年定律”之有效。一项对 120 名 19 世纪最重要的科学家和 123 名最著名的诗人和作家的研究表明，这些科学家发表他们第一个作品的平均年龄是 25.2 岁，诗人和作家是 24.2 岁。而这些科学家发表自己最重要的研究的平均年龄是 35.4 岁，诗人和作家们发表自己最好的作品的平均年龄是 34.3 岁。一般科学家多是在青少年时期决定投入于自己的事业。诗人和作家也许更早些。这样算来，

[1] Coyle, 55~58.

[2] Ericsson, Krampe, and Tesch—Römer, 370.

[3] Weisberg, in Ericsson et al.., 772~773; 776~780.

这些人从立志献身到发表第一个作品大致是10年。从第一个发表作品到最好的作品又是10年。[1]一系列研究表明，在文学、音乐、美术、科学，以及其他领域，天才成功多在快30或三十几岁之时，16岁以前就成为世界级的非常罕见。[2]天才是需要时间磨炼的。

现在，我们不妨把检视的目光从莫扎特、毕加索这样的个体转向群体。Ericsson，Krampe，和Tesch—Römer在1993年发表了他们对西伯林音乐学院的调查和研究。[3]这一学院培养的毕业生，许多进入交响乐团或成为职业的独奏音乐家。在这个研究中，教授们被要求推荐一组最杰出的小提琴手，再推荐一组次优的小提琴手，另外，该校还通过相对较低的录取标准，招收一些准备当音乐老师的小提琴手。这样，研究者就有了三组研究对象：一流，二流，和三流。他们的年纪都在二十出头，性别搭配也很平均。接下来，研究者就收集所有这些研究对象的背景材料，然后根据严格的规范对每个人进行访谈，以保证对每一个人都有尽可能客观完整的了解。

从由此获得的大量材料分析，研究者发现：这三组人在许多方面都很接近。比如，他们大多8岁开始学习小提琴，15岁左右想当音乐家，到此时已经至少学习了10年。他们平时进行音乐训练的时间大体都在一周51小时左右。另外，这些小提琴手都知道在整个的学习过程（这一周51小时）中什么是最重要的部分：自已单独练习。不过，大家也都一致认为，单独练习是最苦最枯燥的。而正是在这一点上，他们之间有着不同：一流和二流的学生，每周单独练习24小时。三流学生则仅仅练习9小时。另外，一流和二流的学生单独练习的时间多在上午后半段和下午前半段精力最旺盛的时刻，三流学生则在下午快结束的时间练习。最后，一流和二流的学生晚上睡得多，下午也更经常小睡，说明单独练习非常消耗精力，需要更多的休息才能恢复。

但是，既然一流和二流学生的练习时间一样多，又是什么因素把他们区分开

[1] Liptak，2008.1.19.

[2] Ericsson, Krampe, and Tesch~Römer, 366.

[3] Ericsson, Krampe, and Tesch~Römer, 370.

许多个体的和群体的例证都指向了一个事实：寻常的人经过高水平的职业化训练后，所获得的才能在那些没有经过这种训练的人眼里就是天才式的才能。更重要的是，这种才能，已经是在现代社会成功之必需。比如，在美国无论是媒体上还是日常生活中，人们挂在嘴边上的话就是 professional（职业的，精湛的）或 professionalism（职业精神）。

来了呢？这一问题从学生的个人历史中得到了回答。一流的学生小时候训练的时间长，到他们 18 岁时，每人已经平均练了 7,410 小时；而二流学生则仅练了 5,301 小时。这两千多小时把两组人分开。至于三流的学生，到 18 岁时仅仅练习了 3,420 小时。如果此时一个三流学生决定要成为小提琴大师、奋起苦练的话，摆在面前的冷酷现实是：那么多一流的学生已经比他多练了一倍以上的时间，有 4000 小时要追回来。那些人不会从此就睡大觉让他追赶，他们每周仍然练习 24 小时，这等于在周末不休息的情况下一天练三个多小时。除此以外，这么练需要长时间休息恢复，需要上课、演奏，还有吃饭、社交等等日常的生活，你几乎没有比他们练得更多的余地。所以，这些你不可能超越的天才，其真正的本钱是他们的童子功。他们并不比你聪明，但他们练得比你多得多。[1]

以上个体的和群体的例证都指向了一个事实：寻常的人经过高水平的职业化训练后，所获得的才能在那些没有经过这种训练的人眼里就是天才式的才能。更重要的是，这种才能，已经是在现代社会成功之必需。比如，在美国无论是媒体上还是日常生活中，人们挂在嘴边上的话就是 professional（职业的，精湛的）或 professionalism（职业精神）。你无论请人装修房子还是设计公司的计算机系统，对方总是许诺或者夸耀将给你提供“职业化的服务”。甚至一个给你运送邮购商品的人，如果通过不正当的方法要小费，人们的评价就是他太“不够职业”。究其原因，还在于现代社会是个高度职业化的社会，理想是把绝大多数劳动力作为“专家”而组织起来，以他们精湛的技能创造和提供最高水平的产品和服务。当一般人的技能越来越高时，你没有专家式的、天才式的能力，就很难成功，甚至可能像现在许多找不到工作的大学生一样，感到走投无路。

现在让我们看看上述这番“培养论”的分析是否能驳倒“天才论”的基本观点。如上所述，现代“天才论”的鼻祖，是达尔文的表弟、优生学的创建人高尔顿（Francis Galton）。他在那本著名的《遗传的天才》一书中，以辛辣的、无可置疑的笔调写道：

我当然承认教育和社会的影响对发展人的智力的作用，就像我承认铁匠的肌肉因为其职业而特别发达一样。但是，一个铁匠不管怎么努力，他终于会发现有些事情是他力所不支的；而一个有着赫拉克勒斯（希腊神话中的大力神）体魄的人，即使长期处于久坐而不运动的生活方式中，也很容易对付这些（让铁匠力所不支的事情）……每个人在体育训练时都会发现自己的肌肉会迅速增长……初练者似乎觉得自己肌肉的增长是没有限度的。但他很快发现：每日的增长会越来越缓慢，

[1] Colvin, 57~60; Ericsson, Krampe, and Tesch~Römer, 373~380.

终于有一天会停止。他所能达到的最高水平是有上限的……学生发展其智能也是如此。一个跃跃欲试的男孩儿，刚进学校并面对知识的挑战时，会被自己的进步所震惊。他会为自己的掌握和运用知识的能力而荣耀，幻想着有一天也能成为在世界史上留下印迹的英雄之一。他在学校和大学不断地参加考试和竞争，经过多年后就发现了自己在同学中的地位：有些根本不是他的对手，有些和他平起平坐，有些人的知识水平则是他无法企及的。但他也许仍然被自己的虚荣所诱惑，偷偷地对自己说：古典学术、数学，乃至其他大学教授的内容，不过都是些学术专业，无法衡量一些更重要的智能水平。他会注意到许多年轻时和同伴竞争失败的人，最终成为同代人中最伟大的一位。于是，他怀抱着这些新的希望和22岁的野心离开了大学，在更广阔的领域中进行竞争。但是，等待着他的是同样的经验：机会来了，机会对所有人都是开放的。但他却抓不住这样的机会。他不断努力，在不同的领域进行了各种尝试。但是，没过几年，如果他不是被自己的虚荣所欺骗的话，他就能很准确地知道自己能够干什么，什么是自己力所不能及的。当他成熟起来后，他只在有限的领域内才对自己充满信心。他对自己的了解和社会对他的判断基本一致。他了解自己无可置疑的弱点和特长。他不再为那些被自我膨胀和虚荣所驱动的毫无希望的努力所折磨，而是把自己的事业界定在自己的能力极限之下。这样，他终于获得了一种真正的道德安宁，觉得此生从事着自然法则所赋予他的工作。[1]

高尔顿（Francis Galton）的论断，似乎有着不可抵御的力量。比如，如果有人对我这么一个体重仅60公斤的人说："只要你好好训练，有朝一日你会在拳击比赛中击败阿里或泰森！"我想，那肯定是让我去送死，认为这样的激励纯粹是昏了头。不过，我的刻苦训练是否能使我难以置信地击败一些大个子？当然可能。

[1] Galton, 21~22.

十几年前我在耶鲁健身房进行卧推杠铃的练习，当我轻松地完成了12次70公斤的卧推后，一位身材强健粗大的欧洲青年问他是否能和我分享这一个器械，我说当然可以。不过，当我知道他是第一次做时，就问他是否需要把杠铃片卸掉些。他断然说不必。想想也很自然，他体重至少比我重40公斤，看上去年轻十来岁，当然不能比我推的还轻。但是，不知深浅的他一举起杠玲脸就白了，紧张地要我帮助把杠玲放回去。这个“有赫拉克勒斯体魄的人”不经过训练并不能战胜我这个弱不经风但坚持锻炼的书生。高尔顿（Francis Galton）如果当时在健身房里，他是否会承认自己看走了眼呢？

当然，不出两个月，我就看到这个每天都露面的年轻人和我用一样的重量练习。不久他肯定还会超过我。从长时段看，“天才论”还会压倒“培养论”。不过，人的才能非常复杂，并不可能像体育上的能力那么一目了然。如果把自己的事业如同高尔顿（Francis Galton）所教诲的那样限制在想象中的“能力极限之下”，你会不会因为低估了自己的能力极限而浪费了才能呢？要知道，即使在你试图突破自己的能力极限时，也未必知道这个极限是什么。如同后面将讨论的，你经过努力而没有成为天才，往往是努力不得法，而未必是能力不足。如果努力都不努力，所谓能力极限只能是自己的想象。高尔顿（Francis Galton）在他那个时代想不到的事情太多了。我们不可能回到他的时代去生活。

其实，即使在体育这一似乎是最一目了然的领域，低估能力极限也是家常便饭。我不妨举个直观的例子。如果高尔顿看到我这么一个从小被同伴讥笑的弱书生，肯定会觉得我不适合运动，甚至会觉得激烈的运动对我生命有威胁。他绝对不会让我去跑马拉松。其实他是否相信马拉松在人类的能力极限之内也很难说。不过，在他的书出版后不到30年，第一届现代奥林匹克运动会于1896年在希腊的雅典举行。希腊人Spyridon Louis为东道主赢得了唯一的金牌，即马拉松比赛的冠军，顿时成为希腊的民族英雄。拿世界冠军的人，当然是天才了，是你我之辈不可企及的。对此高尔顿肯定会说，我等凡人除非被自己的虚荣心冲昏了头，最好断了和世界冠军竞争的念头。可是，检视一下Spyridon Louis的成绩：他居然跑了将近三小时（2：58：50），而当时马拉松的比赛距离不过是40公里，比现在的短 2 公里。另外，为准备这届奥运会，希腊还特地进行了马拉松选拔赛，第一次选拔的冠军的成绩才 3 小时 18 分，算是第一个现代马拉松纪录了。这在高尔顿看来无疑也是“赫拉克勒斯式”的业绩。但是我看到这样的成绩，则只有感叹自己生不逢时了。因为 3 小时 18 分（40 公里）的成绩，我现在这个没有正规训练、快 50 岁的人也有实力跑出来。如果我精心准备，一年后在首届奥林匹克那种水平的运动会上就有争夺马拉松冠军的实力！你问问当今在马路上碰到的水平稍微高的长跑爱好者，大多都能达到这个水平。[1] 事实上，当时的奥运冠军的成绩基本上就是现在有相当的“群众性”的波士顿马拉松比赛的报名标准。[2] 如果你作为冠军被当时的希腊选拔为奥运马拉松选手，你的成绩（3 小时 18 分）怕是连作为业余爱好者参加波士顿马拉松的资格也没有。

为什么会如此？因为当刚开始举办马拉松比赛时，很少有人进行职业训练，甚至还不如我这种一周仅跑两三次的人。但在当今的职业化社会，人们业余玩儿玩儿也很“职业”。1908 年奥运会二百米冠军的成绩是 22”06，现在的高中纪录也要比这快 2 秒。这意味着当年的奥运冠军几乎没有资格参加现代最高水平的高中比赛。有人说现代人身高的增长导致了运动成绩的提高。但是，根据哥本哈根大学的一项研究，身高并不会在跑步中给人提供优势。按说，体操最适合身材矮小的人。但是在 1924 年，体操中的两周翻几乎被奥林匹克委员会禁止，理由是太危险。如今尽管人的身高增加了、翻筋斗更难了，但这个动作却已经成了业余爱好者也

[1] 我 35 岁左右时，曾经准备参加马拉松比赛，但并没有进行过系统的训练。当时 10000 米的成绩是 38 分。美国有个通行的换算方式，帮助你根据自己的 10000 米成绩预测你的马拉松成绩。根据这一换算方式，我以 10000 米 38 分为基础，马拉松应该能以两小时五十八分多完成。如果用第一届奥运会 40 公里的长度计算，我则应该以 2 小时 48 分完成。因为我速度不足、耐力较好，越长距离越适合我的特点，所以当时觉得突破 3 小时大关而获得参加波士顿马拉松的资格不成问题。但当时因为自己没有车，本地又无马拉松比赛，没能参加，而且不久因腿伤而中断跑步。如今刚刚恢复跑步，万米恢复到 40 分的水平。以此标准预测马拉松的成绩，应该是 3 小时零八分；如果按照 40 公里的长度，则大致为 2 小时 57 分，在 1896 年能拿奥运会冠军。事实上，现在的长跑爱好者中，在五六十岁仍维持这种水平的人有很多。当今四十八九岁年龄组运动员的马拉松纪录，大致是 2 小时 20 分。100 年前没有人会相信人类能够跑出这样的成绩，不管是什么年龄。而第一个奥运会马拉松冠军的成绩，大致相当于现在七十多岁的人所创造的世界纪录（这还不算当时比赛距离短的因素）。2004 年一位 74 岁的老将创造了 2’54”44 的马拉松记录。Colvin, 183.

[2] Ericsson, Krampe, and Tesch~Römer, 366.

能完成的日常游戏。在13世纪，著名学者Roger Bacon宣称一个人要掌握当时的数学知识需要三四十年时间。如今，他所指的那个前微积分时代的数学是千百万高中生的日常作业。1878年，柴可夫斯基完成了他著名的小提琴协奏曲，但当他要求当时最著名的两位小提琴家（其中包括Leopold Auer）演奏时，都被对方拒绝，理由是太难。如今，每个从像样的音乐学院毕业的小提琴手都能演奏。现在的演奏水平是如此之高，乃至有人说当年闻名世界的小提琴大师帕格尼尼如果参加今天的小提琴比赛将显得“很惨”。更有学者用计算机对从19世纪至今的国际象棋比赛进行分析，发现当年的世界冠军还达不到今天的普通大师级别。总之，在现代社会，各行各业都在迅速职业化，对技能和才干的“准入”要求也提高了许多。这也是我们生活质量改善的基础。三四十年前的汽车跑5万英里差不多就寿终正寝了，如今的车跑20万英里也并不新鲜。我们也将不断地用更少的钱购买效能更高的计算机。[1]人在素质上的进步如果跟不上这些，就会被淘汰。这也使“天才训练”成为普通人的必需。如果你按照高尔顿的教训为自己画地为牢，你在当今的社会就可能一事无成。

让我来总结一下，天才成长的“十年定律”是由经济学和心理学两栖学者、诺奖得主西蒙最先提出来的，也有着中国的“十年寒窗”这种传统智慧作为支持，更被后来的学者对众多领域成功人士的研究所证实。对于天才是否能被训练出来的问题，这一定律并不能回答。但这一定律至少说明：天才不经过严格的训练肯定是无法成器的。这种训练，需要至少10年的工夫。许多天才，在起步时都相当幼稚，摹仿、拼凑别人的作品几乎都是练习的一部分。大概音乐神童是最能吓人的。如今通讯技术发达了，借助Youtube可以看到许多这种神童的表演。但略懂音乐的人都能看出来，十二三岁的孩子钢琴无论弹得怎么惊天动地，也无法和成人的职业音乐家比。被他们吓住的，多半是门外汉。所谓普通人用一生之努力也赶不上一个十二三岁的天才的水平之说，显然是一种神话。相反，现代社会往往要求普通人经过长期严格的训练而达到或超越过去的天才水平。

[1] Colvin, 8~10; Ericsson, Krampe, and Tesch~Römer, 366.

不过，是不是只要像天才那样刻苦训练就会成为天才呢？当然不是。天才有其独特的训练方法。这个方法是什么？这是我们需要回答的第二个问题。这也是下一章的使命。

第二章 天才是怎么训练的

在前一章中，我们建立了天才“十年寒窗”的训练量。少于10年的修炼，少于一万“训练小时”，你几乎不可能获得天才的成就。但是，我们也必须注意到，许多人都进行了这样的努力，但他们当中的绝大部分都没有成为天才。

经验陷阱

一万小时听起来是个很可怕的数字。但是我们要知道，在美国和其他发达国家，大多数人要读10到16年的书（美国仅中小学就是12年制），每年在校时间是1200个小时。当你从大学毕业时，受教育的时间已经达到了1.2万至2万小时，远远超过了一万小时大关。[1] 如果一个人一生专攻一个领域，在大学毕业二三十年后获得资深职位时，其专业领域的训练和工作量恐怕要数倍于一万小时。

这样努力和专精的结果，是否使这些人成为了天才呢？显然不是。众多的研究揭示出，大多数人在他们所从事的职业中并无优异表现，不管他们花了多少时间、有了多少年的经验。他们在资深地位时的技艺并不比他们刚刚“出道儿”时要高。比如，一个有多年经验的审计员，在发现企业的财政欺诈方面并不会比一个初出茅庐的同事更敏锐。一个临床心理医生在诊断病人时，经验对他的帮助几乎是零。一个外科医生的一些关键判断也并不比一个实习医生强。经验丰富的计算机程序设计师比起年轻的同行来可以说毫无优势。甚至伯克利的物理学教授在对基本的物理问题的把握上未必赶得上自己的学生。美国和法国的两个著名商学院对企业经理的研究还揭示了一个“经验陷阱”：虽然大部分公司特别强调工作经验，但有丰富经验的经理并无更好的表现。有时，经验反而使人的能力退化。比如，在医学知识的测试中，经验多的医生反而赶不上经验少的医生。一系列研

[1] Bloom, 18.

究证明，训练量固然是必要的，但单纯的训练本身并不能使你成功。[1]

那么，如何解释这个“经验陷阱”？根据上一节所引用的高尔顿（Francis Galton）的“天才论”，一般人学习任何新东西，开始时期都进步很快，但马上就会达到自己能力的极限。这种“走到头儿了”的现象非常正常。但是，20世纪的心理学家们则超越了这种直觉判断，提出了更复杂的解释。他们把学习过程分为三段。第一阶段是“认知期”（cognitive phase），或称“宣明期”（declarative phase）。在这个阶段，学习是向学生明确地宣布具体的“学习任务”，学生则将这一“任务”进行解析：这是个什么性质的问题和挑战？应该怎么应对？自己所掌握的哪些技能可以用于解决这一问题？哪些是需要新学的东西？这样的解析过程，直接刺激出学生具体的应对行为。你的大脑此时就像一支军队，突然遇到敌军，必须立即估价敌人有多少、战斗力如何、什么是最有效的打击方法、全军应该保持什么样的阵形防守、以什么阵形出击、每个士兵应该接受什么任务，等等。或用个更日常的例子作比喻，这就像是你刚学开车，要知道驱动车前进这一“学习任务”的完成必须要靠踩油门，刹车这一“任务”的完成要靠踩刹车，此外还有信号灯、方向盘，等等。总之，学习的任务向你宣明，你经过大脑的解析阶段，思索出完成这些任务的方法，并且试着运用这些方法，踩油门将车启动、刹闸停车。这是最忙乱、最有挑战性的时刻。学生往往全神贯注，生怕自己对任务的解析有错误，或执行起来力不从心。这也是学习过程中压力最大、进步最快的阶段。

第二阶段是“贯通期”（associative phase），或者“知识编成期”（knowledge compilation phase）。此时，初学者已经理解了任务的性质，以及用什么方法和技能来完成某个具体的任务细节。比如，他知道踩多大的油门会把车速提高到什么程度、怎么操纵方向盘来进行转弯等等。这样，他就跳过了对任务的解析过程，直接把针对不同任务细节的各种技艺融会贯通地使用，通过磨炼做到熟能生巧。初学时的突飞猛进已经放缓，但水平还是在稳定提高，所犯的错误大大减少。

到了第三阶段则是“自动期”（autonomous phase），或称“程序期”（procedure

[1] Colvin, 3~4; Ericsson, Krampe, and Tesch~Römer, 365; Ericsson, in Ericsson et al., 2006, 686.

phase)。所谓 autonomous，在英文中的本义是“自主”、“自治”。但在生理学上则引申为“受植物性神经系统控制的、不受意志支配”的意思。用我们通俗的语言来表达，那就是凭借本能而非来自大脑的处心积虑的指令，所以我将之翻译为“自动”。学生在这个阶段早已经不是初学者了，而是个“老油条”。他不仅跳过了对任务的解析和认知，而且把用哪一部分的技艺对付什么样的任务细节也进行了反复练习，对于如何处理不同的情况建立了有针对性的“程序”(procedure)，可以凭本能遵守，几乎不用心思就能操作，甚至到了想错也错不了的地步。这时他们的技艺就进入了“自动化”(automatization)或“日常化”(routinization)的阶段。此一阶段的技艺，往往被认为是技艺的精湛阶段。任何天才都必须拥有大量的“自动化”技艺。[1] 其实，《庄子》中的名篇《庖丁解牛》就非常生动地展示了这一过程：

庖丁为文惠君解牛，手之所触，肩之所倚，足之所履，膝之所踦，砉然向然，奏刀騞然，莫不中音，合于桑林之舞，乃中经首之会。文惠君曰：“善哉！技盖至此乎？”庖丁释刀对曰：“臣之所好者道也，进乎技矣。始臣之解牛之时，所见无非全牛者。三年之后，未尝见全牛也。方今之时，臣以神遇而不以目视，官知止而神欲行。依乎天理，批大郤，导大窾，因其固然；技经肯綮之未尝，而况大軱乎！良庖岁更刀，割也；族庖月更刀，折也。今臣之刀十九年矣，所解数千牛矣，而刀刃若新发于硎。彼节者有闲，而刀刃者无厚。以无厚入有闲，恢恢乎其于游刃必有余地矣，是以十九年而刀刃若新发于硎。虽然，每至于族，吾见其难为，怵然为戒，视为止，行为迟，动刀甚微。謋然已解，牛不知其死也，如土委地。提刀而立，为之四顾，为之踌躇满志，善刀而藏之。”

为方便读者的阅读，我不妨将陈鼓应先生的翻译抄录如下：

[1] Proctor & Vu, in Ericsson et al., 2006, 266~267.

庖丁替文惠君宰牛，手所触及的，肩所倚着的，足所踩到的，膝所抵住的，划然响声，进刀割解发出哗啦响声，没有不合于音节的；合于《桑林》乐章的舞步，合于《经首》乐章的韵律。文惠君说："啊！好极了！技术怎能到达这般的地步？"庖丁放下屠刀回答说："我所爱好的是道，已经超过技术了。我开始宰牛的时候，所见不过是浑沦一牛。三年以后，就未尝看见浑沦的整只牛了。到了现在，我只用心神来领会而不用眼睛去观看，器官的作用停止而只是心神在运用。顺着牛的身上自然的纹理，劈开筋肉的间隙，导向骨节的空隙，顺着牛的自然结构去用刀，即连经络相连的地方都没有一点妨碍，何况那大骨头呢？好的厨子一年换一把刀，他们是用刀去割筋肉；普通的厨子一个月换一把刀，他们是用刀砍骨头。现在我这把刀已经用了十九年了，我解的牛有几千头了，可是刀口还是像在磨刀石上新磨的一样锋利。因为牛骨节是有间隙的，而刀刃是没有厚度的；以没有厚度的刀刃切入有间隙的骨节，当然是游刃恢恢而宽大有余了。所以这把刀用了十九年还是像新磨的一样。虽然这样，可是每遇到筋骨盘结的地方，我知道不容易下手，小心谨慎，眼神专注，手脚缓慢，刀子稍微一动，牛就哗啦解体了，如同泥土溃散落地一般，牛还不知道自己已经死了呢！这时我提刀站立，张望四方，感到心满意足，把刀子揩干净收藏起来。"[1]

庖丁之所以能够"以神遇而不以目视，官知止而神欲行"、几乎到了闭着眼睛也能操作的地步，用心理学的分析就是他已经达到了"自动化"的技艺阶段。结果是轻松自如，甚至刀也不伤，"十九年而刀刃若新发于硎"。"自动化"的技艺往往就是大师的技艺。

不过，这种"游刃有余"的境界，并非《庖丁解牛》唯一的要点。大多数读者都记住了" 游刃有余"，却忘了如此精湛的庖丁，还要特别强调："虽然，每至

[1] 陈鼓应，95~100.

于族，吾见其难为，怵然为戒，视为止，行为迟……”他见到复杂的筋络骨节，一下子提高了警觉，注意力特别集中，行为缓慢而小心。这其实已经不再是“自动化”的技艺，而是对“自动化”的突破。心理学的研究证明，在“自动化”阶段，由于如此地驾轻就熟，长时期不用心会导致技能的略微的退化，虽然这对一般人来说大致也无伤大雅。天才在第一阶段也许和其他人的进步速度差不多，但是到了第二特别是第三阶段，则显示了不同的素质。他们和我们这些平常之辈最大的分别是，我们到了技艺精湛自动期，大致就到了顶，不再挣扎，也不再提高，我们开始安心享受自己的技艺了。天才则能能像庖丁那样警觉起来、慢下来，避免在高水平的“自动化”或“日常化”上止步，不停留在享受技艺上，而是又为自己创造许多障碍、不断挣扎着适应新的要求，进而突破了“经验陷阱”，使其技艺继续与日俱增。[1] 我们到后面还将论述，对运动员的研究证明，一流和二流的一个重大区别是：二流运动员总喜欢上演自己的“拿手好戏”，一流运动员则不爱这么重复，而特别愿意尝试自己不太行的动作。

为什么天才取决于训练而不是遗传呢？平心而论，高尔顿（Francis Galton）的遗传说并非没有实证研究的基础。他确实证明了欧洲若干家族特别盛产人才。不过，那时欧洲并不是一个平等的社会，少数家族垄断着过多的政治、经济和文化资源。这不仅意味着他们有钱送孩子读书，而且还有足够的社会关系和家庭教育传统。如今社会日益平等，这种几大家族垄断人才的情况就越来越少了。同时，我们还应该看到，当今世界上有几个特别引入注目的人才培养基地。比如，在莫斯科的一个叫斯巴达克的网球俱乐部（Spartak Tennis Club），设施十分简陋，只有一个室内网球场，但所培养的世界前 20 名女子网球选手（2005~2007 年期间）比充满了昂贵体育设施的整个美国还多，并且还培养了赢得 2006 年戴维斯杯的半个男子队。德克萨斯州达拉斯市一个不起眼的音乐学校，培养了 Jessica Simpson、Demi Lovato 等一批流行音乐家。韩国的女子高尔夫选手在 1998 年才开始赢得世界女子职业高尔夫比赛。如今，世界前 20 位身价最高的女子高尔夫选手中，竟有

[1] Ericsson, in Ericsson et al., 2006, 683~686.

8 位是韩国人……[1] 你可以不停地这样找下去，会发现许多“人才特产”集中在某个地区或国家，或者某个俱乐部、学校。这不可能用遗传来解释。更合情合理的解释是，这些人才产地用了某种特别的训练方法，或者那里的文化鼓励人们使用某种方法训练。

深练：天才训练法

这种训练是什么？天才研究的权威人士 Ericsson 教授提出了“处心积虑的训练”（deliberate practice）的概念，试图解释天才训练的特点。靠写获得七届环法自行车赛冠军阿姆斯特朗传记而成名的作家 Daniel Coyle，则亲身走访调查了世界九大培养各种人才的超级基地，试图在实际生活中检验 Ericsson 等学者的理论。他把“处心积虑的训练”简化为“深练”（deep practice），意思是一般人练得浅，水平自然平庸。天才则练得“深”，能超出凡人之上。这些概念的理论内涵，我们不妨留在后面解释。现在我摹仿 Daniel Coyle 给出一个练习，来形象地说明什么是“深练”。

我在下面的表格中给出两栏词汇，你花几秒钟速读一遍，尽可能在每组词汇上花同样的时间。

A	B
叶子 / 树木	皮鞋 / __ 子
甜 / 酸	音乐 / __ 律
演员 / 电影	软件 / __ __ 机
高中 / 大学	铅笔 / __ 张
沙发 / 椅子	葡萄酒 / __ 乐
水果 / 蔬菜	啤酒 / __ 啡
大海 / 港口	铁路 / __ 车站
强壮 / 弱小	杰出 / __ 庸
老师 / 学生	家长 / __ 子
城市 / 住宅	国家 / __ 府

[1] Coyle, 1～2, 82.

现在你把这个表格放在一边，不要再看，检查一下你从A栏和B栏各能记住多少组词汇。如果你像大多数人一样的话，你肯定会记住更多B栏的词汇。有研究显示，一般人对B栏的记忆，会比A栏多3倍。[1]

为什么会如此呢？我们不妨把两栏的词汇性质总结一下。其实两栏都是普通的中文日常词汇，你能够不费吹灰之力读下来。但是，读B栏是要费些周折，因为每组的第二个词中头一个或两个字是空格，你必须稍微动一下脑筋填空，就像做有些高考题目一样。比如，葡萄酒／__乐，你想一下才能填上“可乐”；家长／__子，你可以填为“孩子”或者“儿子”，两者都算对。这样会造成什么效果呢？按照前述心理学家的理论，作为一般的成人，你对这些词汇非常熟悉，读A栏时没有任何障碍，你读的时候脑子不受到任何挑战，思维过程“自动化”、“日常化”，几乎就是凭本能；虽然读完了，却“不过脑子”。你的思维其实还处于半休眠状态。B栏则用一些空格设置的障碍把你唤醒了，逼着你停顿，开动脑筋，甚至挣扎着猜想字义，不得不从记忆中呼唤出一些储蓄的知识来完成这个过程。这样，你在学习过程中就回避了一般人在第三阶段出现的“自动化”和“日常化”。你练习得就更“深”些。再简单一点地说，我们普通人的学习经验更像是读A栏的过程，天才的学习则更像是读B栏的过程。天才比我们的效率高300%。日久天长，他们当然就成了超人。

Daniel Coyle对世界九大盛产特殊人才的超级基地的调查，无不证明了这一理论。下面我们不妨举一个中国人特别熟悉的例子：巴西足球。

巴西人的足球天赋是人所共知的：五届世界杯，每年九百多巴西足球运动员加盟欧洲俱乐部，贝利、济科、苏格拉底、罗马里奥、罗纳尔多、小罗、卡卡……你就数吧，巴西能当世界足球先生的名将，肯定是世界第一。但是，几十年来，对于巴西足球为什么如此优异，一直没人能给出令人信服的解释。

传统的解释大多综合了基因和环境因素：巴西气候宜人，适合踢足球，并有着将近2亿的多种族人口。这么庞大的人口不仅疯狂地热爱足球，而且有40%异

[1] Coyle, 16~17.　需要注意的是，Coyle给出的全是英文词汇。我为了让中国读者能够进行这一试验，模仿他的方式给出了中文词汇。因为语言之不同，试验结果可能略有出入，但基本精神是一致的。

常贫困，希望靠足球逃离这种令人绝望的生活。

但是，在20世纪40和50年代，这些因素都存在，巴西足球却表现得没有这么神奇。当时从来没有拿过世界杯的巴西队，在试图击败世界劲旅匈牙利队时，竟四次都没有成功。直到1958年的世界杯，有17岁的贝利加盟的巴西队才令人眼睛一亮，自此以后就成了世界霸主。为什么50年代末成为巴西足球的转折点？其秘密在于：30年代末巴西人逐渐开始了一种新的训练方法，到了四五十年代日益普及，开始培养特异的人才。按照一般的人才成长周期，1958年不过是这一“秘方”开花结果的时候。

这种“秘方”，就是室内足球。室内足球顾名思义是在室内踢的，球场如篮球场大小，多为木地板，每方5到6名队员。球本身只有常规足球的一半那么大，但要重一倍，比赛起来更像是冰球或篮球。室内足球于1930年被一位乌拉圭教练所发明，巴西人迅速接受，于1936年制定了第一套规则，并在巴西拥挤的城市中迅速蔓延开来。其他国家也有室内足球。但是巴西人对之最痴迷，赢得了38次国际比赛中的35次冠军。一般7到12岁的巴西球童，每周有三天进行室内足球的训练。自贝利以来，几乎所有巴西著名足球选手都是踢室内足球出来的。比如小儒尼尼奥（Juninho）在14岁以前就没有碰过常规的足球。在12岁以前，罗比尼奥（Robinho）一半的时间在进行室内足球的训练。2002年世界杯罗纳尔多在决赛中对德国队的捅射，就是典型的室内足球的技巧。如今在网上有许多小罗的动作集锦，与之将室内足球的精彩镜头集锦相比，一眼就能看出两者的渊源。

英国利兹市的一位教练Simon Clifford看到室内足球后喜不自禁，立即开办了一个巴西足球学校，训练中小学生队员室内足球。结果，他率领的14岁以下的利兹队战胜了同年龄组的苏格兰国家队和爱尔兰国家队，并为英格兰国家队输送了一名防守队员：Micah Richards。如今，他的巴西足球学校已经扩张到了十几个国家。可见室内足球的有效性已经超越了国界。

根据利物浦大学的研究，在室内足球中队员每分钟触球次数要比在常规足球中多6倍。更小更重的球要求更精确的控制，狭小的空间要求细腻的技术动作，急传的配合也是必须的。触球多600%的室内足球运动员自然比在宽阔、舒适的室外空间中练习的普通足球运动员学习得要快。你看看一般的足球比赛就知道。虽然场上情况瞬息万变，但在许多时候比赛节奏松弛，队员在中场不知所措时就把球回传给组织进攻的核心队员。略微平庸的比赛，更是套路僵死，队员重复着平时反复演练的配合和阵型。到了室内狭小的场地上则一切都变了：你没有时间和空间重复事先练习好的套路，贴身的对手一下子就把你预想的一切给破坏了。你的球被对方截获的机会多，抢断对方的机会也多，攻防转换频繁，要不停地重新开始、随机应变。这使你每秒钟都在寻求新的角度、新的空当，使用新的动作。打个比方说，这就好像在前表读B栏单词时出现的空格一样，你和队友之间的连接随时都在被对手切断，你必须想办法再接上去。这样不停地修修补补，你就不可能因循，不可能机械地重复事先想好的计划，处理每一个球都要全神贯注。你犯错误的机会多，改正错误的机会也多。这样不断重复，你就变得更有创造力。用圣保罗大学足球教授 Emilio Miranda 的话来说："没有时间和空间就意味着更好的技术。室内足球是我们国家即兴动作的实验室。"经常看足球的球迷大致都能发现：欧洲队组织严密，有许多套路，但比较死板。巴西队则是即兴发挥，不落俗套，最不可预测。[1]

现在让我们回到 Ericsson 的理论，总结一下"深练"或者说是"处心积虑的训练"究竟是什么。在 Ericsson 看来，我们生活中的大部分技能都是从社会和家庭的人际互动中自然学会的，很少需要特别地教。但是，读、写、算数等技能，则需要有老师教、在学校里学。再深一些的东西，则要进大学或研究院去学。那些无师自通的日常技艺，当然不属于天才的专业范围。天才专攻的东西更像是我们要在学校、大学、研究院向老师特别学习的内容。天才必须投入为学习而学习的活动，而不是像在其他活动中那样，学习仅仅是一个间接的或者意外的收获。

这种为学习而学习的活动，要发挥其有效性就必须满足三个基本条件：第一，学生有足够的动力；第二，学生对所学的内容有适当的知识准备；第三，学生对自己的学习结果不断能够接到反馈。[2] 在满足这些条件后，学习过程就要向精度

[1] Coyle, 25~29.

[2] 这大致是布鲁姆所总结的教育理论。参见 Bloom, 1976.

化发展，通过不断重复而达到熟练，等等。所谓“深练”或者说是“处心积虑的训练”，也正是在这个层次上发展出来的。这种训练有着严格的结构设计，和我们日常的技能培养有本质的不同。

首先，这种“深练”把所练习的内容分解成精微的细节，也就是“分块”（chunk it up），把部分从整体中切割下来，然后精熟地掌握部分。这样，每个练习都有非常具体的针对性，都能完善哪怕是最小的细节，以求获得突破极限式的提高。十几年前报纸上讲到一个美国的游泳运动员，他拿了世界冠军后还要寻求突破，但似乎已经到了体能的极限。教练根据录像画面的分析，指出他一只胳膊划水距离身体太远，需要收回几厘米，经过计算机分析，从运动力学的角度证明这样可以提高速度几分之几秒。于是，教练组针对这一小细节设计了矫正方法，进行针对性的练习，最后他终于破了世界纪录。世界高尔夫之王泰格·伍兹则会把一个高尔夫球扔在沙坑里，在上面用脚踩一下，然后在这个不可思议的困境中练习。也就是说，他把这一在一个赛季中仅出现两三次的难局从整个比赛中摘离出来，集中精力发展解决这一细节问题的能力。[1]

Daniel Coyle 深入世界几大人才培养基地调查，发现不管是体育还是音乐，这种“分块”练习法几乎是常规。在莫斯科的斯巴达克网球俱乐部，初学者击球几乎全是教授手把手的慢动作，在击球前的整个手臂运动都要分解地做、分解地矫正，没有一个学生在头三年被准许参加任何比赛。类似的事情，我从中国乒乓球运动员那里也听说过：击球动作必须准确。训练时哪怕击不到球，动作也不能走形。不惜一切代价击球是比赛中的事情。训练中要打破这种连贯性，一个细节一个细节地处理。在纽约州的 Meadowmount 音乐学校能看到更典型的例子。这一学校在从曼哈顿开车北行 5 小时的深山中，由著名的小提琴教育家 Ivan Galamian 设立。这个地区，也是纽约州建造监狱的地方：偏远、便宜，异常宁静。据说，原来的学校设在附近的伊利莎白镇，但创建者 Ivan Galamian 嫌该镇的女孩子太漂亮，容易让学生分心，而他自己则娶了一位该镇的女孩儿。不用说，这里是个类

[1] Colvin, 68~69.

似监狱式的音乐集中营，开始时甚至没有电，没有自来水，没有电视、电话，至今的变化也很少。校友则包括马友友、帕尔曼等大师。这个学校的核心是七周的暑期课程，学生在这里封闭训练，完成一般音乐课程一年的教育量。也就是说，这里的学习进度比一般的高水平音乐教育还快500%。最有意思的是，这里的学生要把乐谱儿按行剪成许多小细条儿，甚至把这些小细条再剪断，最后每个小纸条上仅有一个小片段。然后学生随意抽出一个纸条，把上面的乐句练得精熟。最后再把这些破碎的细节联系起来。在这种联系中，开始要非常慢，以注意每一个细节。[1]

另外，这种瞄准每一个细节的练习要不断重复。美国最著名的一位棒球手Ted Williams练习击球竟要练到手出血为止。不过，这不是机械盲目的重复，而是在不断的即时反馈中的重复，每次重复都意味着对前一次的修正。这样才能精益求精。前高盛的一位高管和发展领导力的专家Steve Kerr曾说，没有反馈的练习如同在垂过膝盖的窗帘之间打保龄球，你可以一直重复下去，但不知道结果如何。久而久之，你不仅无法提高，而且变得不再在乎。能提供这种关键的反馈的，是高水平的老师。也许你觉得你刚刚拉的一首小提琴协奏曲很不错。但是，经过专家一指点，你会羞愧万分。你找工作时，面试的自我感觉可能不错，但就是没有人要你。在高水平的领域，你不能完全相信自己的判断，必须经过高手点拨才能提高。当然，这种练习在精神和体力上都非常有挑战性，甚至很伤神，需要充分的休息恢复，而且经常是非常枯燥乏味，容易产生心理疲惫。[2]

问题还不止于此。心理学实验室的研究表明，即使是高强度的训练，练习时间并不能换来水平的提高。比如，在练习数字记忆时，单调的重复练习会使进步停止，而善于创造性地把数字记忆和自己过去的相关知识、经验联系起来的学生，则会突飞猛进。20世纪初对打字的研究也证明，以一种方法勤学苦练的打字员很快达到了水平的极限。但是，那些能够不断改变和创造新训练技术的人则不断提高。总之，一种方法使用多了、熟悉了，学习过程就变得“自动化”了。也正是

[1] Coyle, 79~87.
[2] Colvin, 66~72.

在这个时候，学习的效率开始降低。这时，学习者就需要老师或教练给自己设计特别有针对性的练习，不仅能够分析性地进行细节上的改进，而且可以避免机械重复，突破“自动化”所带来的“经验陷阱”。[1]

加州大学洛杉矶分校的心理学系主任 Robert Bjork 对此有一番独特的解释。我们都知道孔子那段著名的话：“吾十五而有志于学，三十而立，四十而不惑，五十而知天命，六十而耳顺，七十而从心随欲不逾矩。”这里，“从心随欲不逾矩”是最高的境界，比“知天命”还厉害。不过从心理学的角度解释，这就是学习过程的第三个阶段：自动化（automatization）。你已经熟能生巧到了如此的地步，乃至不动脑子仅凭本能就会把事情做好，甚至想错也错不了。我们在欣赏运动员做高难度动作时每每惊叹其不费吹灰之力的熟练，我们在观看艺术大师表演时也不断被其游刃有余的忘我境界所感动。但 Robert Bjork 教授认为，这种如闲庭信步式的表现，在比赛、表演，甚至工作中都是理想的境界，证明了你大师般的水平，但作为学习的方式则非常糟糕。在他看来，学习过程不应该这样流畅，必须针对自己的具体问题或毛病，找出进步中的障碍。从长远看，这些障碍是非常有益的，它们会刺激你新的创造。你要在针对你的弱点而设定的练习程序中挣扎，在自己能力的极限上操作，不停地犯错误，体会不得不放慢节奏、纠正错误的过程，这样才能进步。华盛顿大学心理学家 Henry Roediger 曾经进行了一个试验：他让两组学生研究一段自然历史的文本。A 组学生研读四节课，B 组学生则仅研读一节课，但在学习过程中要进行三次测验。一周后的考试显示，B 组学生得分比 A 组高 50%，尽管 B 组花的时间仅仅是 A 组的四分之一！道理在哪里？在于那三次测验是及时的反馈，向学生们指出自己没有意识到的问题和障碍，帮助学生通过克服这些障碍而提高学习效率。A 组的学生则学得太舒服，自以为懂了，没有超越障碍的经验。Robert Bjork 解释说：我们总把记忆看成是录音机一样的东西。错了。记忆是一种活着的结构，是个能够无限发展的脚手架。通过遭遇和克服障碍所刺激出来的神经冲动越多，这个脚手架就越大，我们学习得就越快。[2] 密西根大学

[1] Ericsson, Krampe, and Tesch~Römer, 367~368.
[2] Coyle, 18~19.

华盛顿大学心理学家Henry Roediger曾经进行了一个试验：他让两组学生研究一段自然历史的文本。A组学生研读四节课，B组学生则仅研读一节课，但在学习过程中要进行三次测验。一周后的考试显示，B组学生得分比A组高50%，尽管B组花的时间仅仅是A组的四分之一！道理在哪里？

商学院教授、前通用电气的管理发展中心主任 Noel Tichy 则画了三个同心圆：一个是舒适区，一个是学习区，一个是恐慌区。我们无论是生活还是工作，都喜欢待在舒适区：车会开就可以了，工作不出大错误就行了。但是，技艺的增长，必须在学习区完成：你要走出舒适区，在自己能力的外围试探征服新的领地。但不能走到自己毫无所知的恐慌区去。[1]

我二十多年前采访画家吴冠中时，也听到类似的见解。他对当时许多书画家的现场表演深恶痛绝："那是表现丑！艺术能这么容易地一挥而就吗？我画张画多痛苦呀！除去大量写生不算，还经常在画室里苦熬，呕心沥血，闹得精疲力尽。伟大作品哪个不是用生命熬出来的？"当时那些书画家在众人的围观和摄像机前，几分钟就在宣纸上变出了花花鸟鸟，似乎非常有神通。其实，他们不过是把机械重复的技艺"自动化"了，乃至不睁眼也能画。但是这些作品几乎毫无艺术价值。后来看学者对毕加索的反法西斯名作《格尔尼卡》的研究，也印证了吴老的话。毕加索为这幅巨作创作的草稿就有 45 幅之多！[2] 这些大师们的创作并不像我们想象得那么顺畅。他们不断试图在超越自己的极限：眼看快攀上一块岩石，但手一抓空、脚下一滑就摔下来，痛定思痛后再开始下一次的攀登，从来没有止境。最流畅的巴西足球，正是在最不流畅、最磕磕绊绊的室内足球中训练出来的，因为在那里你有着最多被抢断的机会、最多犯错误的机会。"从心随欲不逾矩"、游刃有余等所体现的精湛自如，表现了技艺的顶峰，却是学习的敌人。记住，到了顶峰就是到了头了，就如高尔顿（Francis Galton）所说的那样，你撞上了自己的极限。

Ericsson 把这种"深练"和表演、工作，以及娱乐进行对比，以说明其意义。你在表演时是要把你现有的水平最大限度地、尽可能不犯错误地发挥出来，而不是专注于改进或改正自己的某几个弱点和错误。比如，没有钢琴家在公开演奏时把弹得不满意的地方反复几遍，直到满意为止。相反，他们上场时都知道，犯了错误要尽可能掩饰，装作什么也没有发生。当你受雇于人、为了工作而展示自己的技艺时，你的目标是顺利地把工作完成，保证基本的质量，而不是在那里冒着

[1] Colvin, 68~69.

[2] Weisberg, in Ericsson et al.,772.

不停出错的危险来实验新的想法。你要操心的是自己的饭碗。娱乐活动没有这么实际，但其目的是开心。你抱着吉他在月下和情人唱歌，不会因为弹错一个音而停下来反复练习，也没有参加国际钢琴比赛那种紧张的竞争心理。你是在享受技艺给你带来的果实，而不是在提高技艺。

"深练"则不同。它不是像演出那样要对别人展示你有多么了不起，甚至陶醉在自己的精湛技艺之中，而是首先暴露你的弱点，然后再加以改进。它也不是像工作那样有工资等直接的奖赏。它的奖赏从来都是间接的，即帮助你工作得更有效率、演出得更成功。它更不像月下对着情人弹吉他那样愉快。恰恰相反，它因为要面对自己最大的弱点、自己和自己过不去，为突破自己的极限而在没有直接奖励的情况下反复地"和自己过不去"，因而是最枯燥乏味的。还有，这种练习对精力的要求最高，不能持续太长，需要充分的休息和恢复。不过，也正是这一最不愉快、最伤神的过程，提高了你的技艺。

动机与努力：天才对局限的突破

天才的这种训练过程，并不是从一开始就启动的。学者们大致把天才的成长分为三个阶段。第一是入门期：孩提时（经常是在3岁到8岁期间）以游戏的方式参加有关的活动，如音乐、体育等，当周围至少有一个非常亲近的人（往往是家长）认定这个孩子在某一领域有天赋时，正规训练就可能开始。第二是准备期：孩子开始进行漫长的正规训练，时间经常是达到10年左右。在这一时期的终端，孩子决定一生投身于这一领域。第三是职业期：此时孩子基本已经成人，开始了在特定领域从事全职的训练和工作。对于真正的天才，还应该有第四期，那就是大师期。此时这位天才在本领域的技能已经远远超出了老师，能够创造性地对本领域作出突出的贡献。在这几个阶段中，"深练"从准备期才开始，强度不断增加。孩子的青春期基本就在这一阶段中度过。比如在音乐上，准备期基本就是技术培养期。青春期的天才演奏家有少数能够在技术上达到炉火纯青之境地。但是，在对音乐的解释和感情的表达上，他们还是孩子，很少能和成熟的大师相比。而恰恰是后面这些品质，才体现了演奏家对音乐的贡献，一般都是在职业期特别是大师期完成。

在这一过程中的天才训练，又受到多种限制。其中最突出的是“资源限制”（resource constraint）、“努力限制”（effort constraint）和“动机限制”（motivational constraint）。所谓“资源限制”，主要是家长的经济资源和精力上的局限。送孩子进行专业训练，需要家庭作出巨大牺牲，一个家长的整个时间几乎都要赔进去。有的家庭甚至为了这个孩子搬到离有关设施或学校近的地方。根据有关学者在1988年的估计，在美国培养一个游泳运动员，孩提时代仅家长陪送所付出的代价，一年就达5000美元，而当时美国的中等家庭收入仅为3万美元。这是一个家庭将近1/6的收入。布鲁姆等人的研究进一步揭示，这些被认定的天才，其实此时大多数并没有天才的迹象。可是一旦想当然的家长这么认定了，他们的机会就来了。这也是为什么一个家庭往往只有一个孩子被认定为天才的原因。按遗传的理论，一个天才的兄弟姐妹更有成为天才的可能。但在这里所体现的则是赤裸裸的经济现实：考虑到一个家庭为培养天才所付出的牺牲，几乎没有家庭有余力把两个孩子认定为天才。由此我们也可以解释莫扎特成功的秘密。他父亲是最好的音乐教师，自己身为作曲家，为了教育他居然放弃了作曲。他姐姐也是位很有成就的音乐家，但其作用基本就是长跑比赛中的领跑者，如今已经没有人知道。家里一切都围着莫扎特转。这种条件，哪个音乐天才具备呢？郎朗的故事大家更熟悉。他父亲认定他是天才后，自己为了教他学钢琴，甚至辞掉工作，离开妻子和郎朗搬到大城市求学。父母如此突出的牺牲，和他才能的出众几乎不相上下。

“努力限制”则是指人在精力上的局限。“深练”非常枯燥，对身心的消耗也非常大。人对这种训练的承受能力是有限的。特别是孩子，在开始时，每天的训练时间一般不能超过1小时。有一系列研究对每天训练1到8小时的效果进行调查，发现超过4小时后的练习就再无效果，超过2小时的练习则效果递减。我们在女儿的钢琴老师那里曾碰到过一位中国母亲，她出身音乐世家，小时候每天练习4小时，目标是上海音乐学院。但是，她练得对音乐是如此厌恶，不仅音乐学院没有考上，日后也再不要碰钢琴了。这种经历，在西方的许多研究中也得到了证明。所以，即使要成为国际级的演奏家，专家们建议孩子开始时最好把练习分成 10 到 20 分钟的小节，然后循序渐进地增加强度。

"动机限制"是指人在内在欲望上的限制。前面已经讲过，"深练"是一项非常枯燥的活动，本身不会带来直接的奖励：既没有物质的奖赏，也没有精神的奖赏。"深练"的目的不是让人显示自己最精彩的东西、通过享受自己的优异而愉悦，而是要暴露自己的问题，要在自己最别扭、最有挫折感的地方反复，或者说就是让自己难受、自己和自己过不去。没有人喜欢这种练习。他们之所以练，是因为外在的而非内在的奖励。比如，他们知道这样的练习能够提高自己的水平，导致比赛的优胜或演出成功，或者在这个行业找到工作。

我观察女儿学钢琴就是如此：她喜欢演奏，能展示自己、出足了风头；她甚至可以上 1 小时严格的钢琴课而一丝不苟、兴致盎然；但是，她从来不愿意在家里练习。她有时野心很大，希望弹一首完整的奏鸣曲，不管这是多么不实际。因为完成这么一个大作品，让她有成就感。但是，老师让她进行音节练习，特别是在看似简单的地方不断重复、以改正非常细微的问题时，她就产生了逃避心理。这也是为什么不停的演奏会能够给孩子提供许多短期的刺激致使其多练。长年不间断的比赛，则刺激运动员进行最为艰苦枯燥的训练。如前章所述，首届奥运会马拉松的水平之所以那么低，就是因为那些先驱者在此之前没有比赛的机会，也没有"深练"的动力。我这个快 50 岁的人之所以有实力和他们较量，不仅因为参加过一两次比赛，还在于现在各年龄组、各种类型的运动员的有关成绩现在都是公开的，我甚至可以在意念上为了达到某个锁定的成绩而训练。[1] 这也是现代社会的体制为什么能够使人的各种技能大幅度提高的原因之一。

在分析了这三种限制后，我们就可以总结一下天才训练的要旨。"资源限制"基本属于经济条件的问题，这里暂且略去，以集中讨论教育的内在问题，即怎么突破"努力限制"和"动机限制"，尽可能延长有效的"深练"时间。这才是成功的关键。

---

[1] 以上叙述，根据 Ericsson, Krampe, and Tesch-Römer, 367~372.

先谈对“动机限制”的突破。我们都了解一个简单的道理：“要我练”和“我要练”这两种态度，对练习的质量和数量都有着决定性的影响。任何人在一个领域要有超人的成就，首先的条件是喜欢、热爱，甚至疯狂。许多过度操心的家长总要给孩子施加压力，让他们选择自己不喜欢的专业，最后反而影响了孩子的发展。教育本身有着知识和感情的两个面向。中国的教育总是强调前者而忽视后者。在这里，我不妨引述布鲁姆的研究作一番阐述。布鲁姆衡量教学质量（quality of instruction）时，总要分析和比较学习过程（learning task）的输入和输出。在输入一头，要看学生的认知条件（cognitive entry behaviors）和感情条件（affective entry characteristics）。所谓认知条件，主要是学生在学习既定课程时的知识准备；感情条件则指学生对所学内容的兴趣，学习的动力、态度，等等。在输出一头，也就是教学的结果，要看学生的认知结果，这包括学业的水平（level and types of achievement）和学习速度（rate of learning），但同时还要衡量感情后果（affective outcomes），也就是学生对所学内容的兴趣是高了还是低了，是更好学了还是更厌学了，等等。认知和感情过程的平衡，是有效教育之必需。[1] 比如，一个对音乐没有兴趣的孩子，通过几堂课开始对音乐感兴趣了，那么他虽然学到的实际音乐知识和技能很少，但这些课程则应该说非常成功。相反，一个对音乐有兴趣的孩子，上了几堂课后学到了许多知识和技能，但是对音乐的兴趣却降低了，这些课可能就是失败的。因为从长远来看，保持孩子的兴趣，是突破“动机限制”的关键。孩子无法突破这一限制，就无法长时期地“深练”，就成不了天才。

在处理得好的时候，学习动机和技能的进步是相辅相成的。技艺的提高，可以给孩子提供学习的内在动机和外在动机。比如，一个孩子通过练习能够演奏一个钢琴曲目，他就会突然有一种成就感，希望能弹更大的作品。他知道掌握更复杂的技艺是弹出更优美的曲子的条件，因此愿意多练来掌握这种技艺，这就是内在动机的增加。除此以外，他可以参加各种音乐会演出、钢琴比赛，赢得观众的掌声，甚至获奖，出足风头，感受到自己对社会的价值。这种来自别人的外在

[1] Bloom, 18.

动机，也会促使他心甘情愿地多练。但是，如果掌握不好尺度，练习过度，就越练越厌烦。那么在技艺增长的同时就会出现动机减退，动机减退则会导致练习质量和数量的降低，最终的结果自然是技艺停止增长甚至减退。天才就这样夭折了。这种现象，在儿童身上最容易出现。我曾就女儿的音乐教育请教过耶鲁音乐学院的音乐理论、作曲和钢琴教授弗莱德曼（Michael Friedmann）。他特别强调："千万不要满足孩子对音乐的兴趣。你要多带她听音乐会，但不要超过 1 小时。她的音乐教育要适可而止，绝对不能超时。"他所谓"不要满足孩子的音乐兴趣"的意思，无非是要吊着孩子的胃口，让孩子"吃不饱"，于是自己急着"要吃"，最后走到"我要练"的地步。可见，这么一位有着丰富音乐教育经验的专家，最强调的还是培养孩子的"感情条件"以及教育的"感情后果"。相比之下，中国应试教育中那套死记硬背的方式，最糟糕的后果属于"感情后果"，几乎打消了孩子的兴趣，强化了学习的"动机限制"。

突破"努力限制"和突破"动机限制"密不可分。学生的动机一旦丧失，在学习上的一点小努力也变成了难以承受的大努力。动机强的学生，则可以废寝忘食，甚至付出超出其体力极限的努力。这方面的道理不言自明，暂且按下不提。我需要讨论的是，即使在动机强烈的情况下，也有"努力限制"的问题。一是"深练"对身心消耗很大，必须有充分的休息和恢复。一是"深练"需要不断打破常规，创造性地运用新的训练方法。因为即使对于一个动机充分的学生，在练习时如果总重复老一套，他的精神就会懈怠，会进入"自动化"的过程、一切凭本能机械地重复。所以，"深练"在方法上的翻新能力非常重要。在这方面，一个好老师就变得非常关键。

总之，如果能够在感情和认知的发展上保持良好的平衡，并且在"深练"中创造性地翻新，那么突破动机与努力上的限制的成功率就比较高，"深练"的质和量就比较能够保障。天才就是顺着这样的阶梯不断提升自己的。

从这个角度来分析，我们不难看出巴西的室内足球为什么成为如此有效的训练办法。首先，这是一种非常有具体针对性的练习，训练你在狭小的空间和高速度中控球的能力。这种练习像其他"深练"一样，不断地重复。室内足球因为场地小，你稍微不留意球就被对手抢断，你有着更多的丢球、失败的机会，你的弱点被充分暴露出来。不过，也同样是因为空间小，你把球抢回来的机会也多。也就是说，你在控球、过人失败后马上能重新再练一遍。这样不断反复，最终到达炉火纯青之境地。再有，这种“深练”和其他枯燥乏味的“深练”不同，本身是一种游戏，不停地创造刺激，不仅没有练多了损伤兴趣的后顾之忧，而且大家越练越爱练，技艺越高越上瘾。这样，所谓“动机限制”就不攻自破。只可惜的是，这种方法，并不能在每个行当中重复。

本章的分析无非是想证明：天才之难得，并不仅仅在于其天生的禀赋。许多天才是否在基因上优于别人，我们没有证据。但是，天才的培养，则是个非常独特、难得的过程。人要赶上许多机缘、运气，才会获得天才训练的机会。如果把天赋当成上天的礼物的话，这种礼物恐怕就是操作成功的“深练”。

第三章 天才的“肌肉”：技艺与大脑的形成

人类对天才的认识，开始是靠直觉。我们现在还说“这个人的脑子好使，那个人脑筋慢”等，依据的就是日常的经验观察。进入现代社会以后，对天才讨论渐渐学术化，由心理学和教育学唱主角。这些学科，把对天才所进行的观察量化、精确化，把天才素质中包含的各种变量孤立、分解以研究其功能，使得我们对天才的认识有了极大的深化。但是，当我们说一个人脑子好使或不好使时，大多还只能衡量大脑的输入（所学的内容）和输出（所掌握或创造的知识和技能），以及学习的过程和速度。在观察一个运动员的成长时，我们可以看到他的肌肉是如何一天一天地饱满起来的。但是，一个人的知识增长所引起的生理变化，从外面则一点也看不出来。爱因斯坦的大脑固然被保存下来，并经过了反复研究。但那毕竟是一个已经没有生命的大脑，也许能够揭示天才大脑的基本结构，却不能展现这样的大脑是怎么形成、运作的。我们难以钻进活人的大脑中看看那里究竟发生了什么。

最近几十年，在天才研究领域崛起一股新势力，那就是脑神经学。美国国会把20世纪90年代命名为“大脑年”，有人则称整个21世纪都应该是“大脑世纪”。理解大脑成了人类知识的新边疆。[1] 大脑引起人们如此的关注，首先要归功于脑电图等现代医学技术的发展。这些技术的日新月异，使我们能够越来越多地看到大脑的发育和运转情况，为我们理解如何打造天才提供了非常可贵的线索。

大脑的工作过程：自动处理与控制处理

本节的起点，是前节所介绍“深练”对塑造大脑的作用，其中特别要进一步讨论学习过程中的“自动化”（automatization）或“日常化”（routinization）问题。

[1] Dowling, 1.

如上章所述，“深练”是对“自动化”技艺的突破。但是，从大脑的角度看，“自动化”的形成和对“自动化”的突破是个非常复杂的辩证过程。“深练”的目标，既是对“自动化”的突破，也是“自动化”的形成。天才对一些超出常人能力之外的高难度的技艺进行反复演练，达到了“从心随欲不逾矩”的境地，不需要再投入精力就可以完成。这样，他在从事复杂工作时所付出的努力就减低了，就更容易突破“努力限制”，可以把节省下来的精力用于新的突破、掌握更难的技艺。在这个意义上，“自动化”是技艺高的标志，甚至是天才的标志。[1] 文艺复兴时代的意大利哲学家 Baldassare Castiglione 还专门用 sprezzatura 一词，形容那种能够以游刃有余的从容完成高难度的任务的技艺。乃至此词在西方语言中成了一个描述举重若轻的技艺境界的专用语。[2] 但是，往往也是在这个关头，天才需要有选择地突破某些已经“自动化”的成规，以超越自己的极限。就这样，他不断把自己能力之外的技能训练成可以“从心随欲不逾矩”地掌握的“自动化”技能，然后通过破除某些“自动化”的习惯而突入新的边疆。再借用前章引用的密西根大学商学院教授 Noel Tichy 所画的舒适区、学习区、恐慌区这三个同心圆区域来比喻，天才必须不断把学习区里的东西收揽到舒适区内，把恐慌区的东西容纳到学习区来。这样，才能的疆域就会不断扩大。[3]

大脑的研究是否能够展示这个过程？让我们来看一个实验。研究者让受试者学习一种简单的跟踪游戏，然后进行两方面的观察。一是行为观察，看看受试者是否在训练过程中熟能生巧、掌握了这种游戏；一是用脑电图观察其大脑的活动情况，看看受试者在学习和掌握这一技艺的全过程中，大脑的活动状况有什么变化。在脑电图上，那些被活化的脑神经、脑细胞，会闪亮起来，呈现为白色；那些没有被激活的神经和细胞，则仍然保持着暗色。

结果发现，在学习这一游戏的头 20 分钟，大脑处于总动员的状态，到处出现亮点，说明大脑处于相当的活跃状态。在此之后，每隔 10 分钟大脑的活动都显

[1] 传统学说经常把“自动化”视为大师技艺的标志。见 Protector & Vu, in Ericsson et al., 266~268.
[2] Baldassare Castiglione.
[3] Colvin, 68~69.

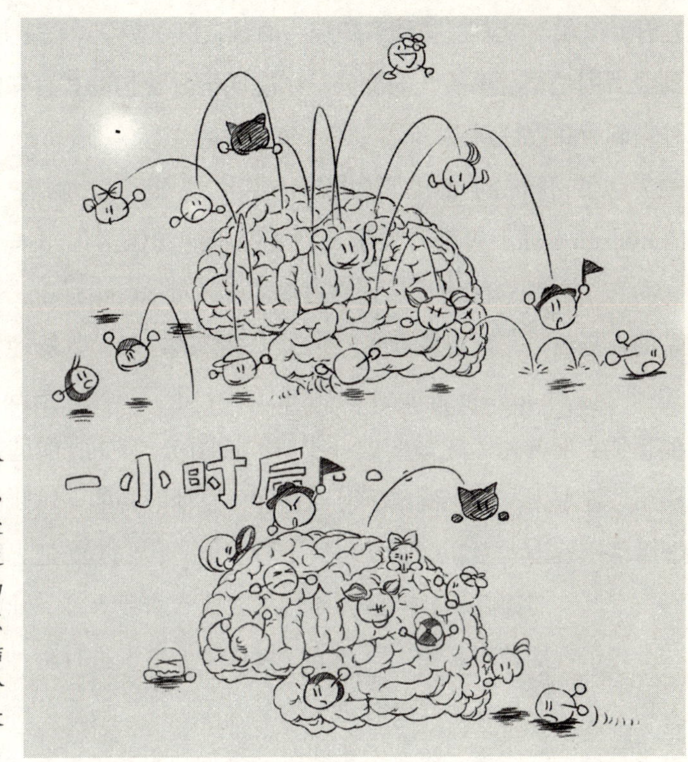

在学习游戏的头20分钟，大脑处于总动员的状态，到处出现亮点，说明大脑处于相当的活跃状态。在此之后，每隔10分钟大脑的活动都显示出明显的减弱，亮点越来越小。到了第一小时结束时，刚开始亮起来的部分有85%都暗了下去，说明大脑的活动急剧降低。

示出明显的减弱，亮点越来越小。到了第一小时结束时，刚开始亮起来的部分有85%都暗了下去，说明大脑的活动急剧降低。与此同时，受试者对游戏的掌握则越来越好：跟踪的错误减少，反应时间加快，最后达到驾驭自如、毫不费力的地步。也就是说，大脑活动的降低，和技艺的增加相伴随。用句通俗的话来说，大脑在变聪明的同时也变懒了。

更有意思的是，在整个过程中，大脑活动的降低在不同的区域分布并不均匀。前脑活动的降低速度最快，到最后几乎停止，在脑电图上整个区域似乎都“关灯”了。这部分的功能主要在于“职责控制”和“工作记忆”，也就是对“部下”发号施令、分配工作，并管理自己的“军火库”、决定在什么情况下使用什么“武器”。后脑的活动也大幅度降低，最后仅有若干亮点。这部分的功能主要在于注意力控制，也就是就新遇到的变化和挑战发出警报，提请指挥中心的注意。中脑在开始时虽然没有前脑和后脑那么活跃，但在整个过程中其活动降低的速度最慢，到最后则是相对最活跃的部分。中脑属于分管运动和感知的区域，其职能是接受外来刺激并进行回应。

这些不同的变化说明了什么？说明了大脑在学习中的“自动化”（automatization）过程。大脑是一个以功能等级组织起来的复杂机体，有 500 到 1000 个有特殊职能的信号处理区域（specialized processing region）。要处理一个复杂的视觉信号，就可能卷入三十多个这样的区域。大脑还包含着一系列“区域总控制中心”（domain general control area），主要分布在前脑和后脑。这些中心的功能也许有所分化（还需要进一步研究证明），但一般都是彼此配合行动，掌握着决策、注意力、目标确定、协调管理、感情等功能。这些中心在学习过程开始时非常活跃，为学习新东西搭起一个脚手架。我们不妨把大脑理解为一个团队或者一支军队。当面临着新问题、新挑战，或者新敌人时，开始时期比较忙的总是那些发现情况的警报系统，以及为应付这一新情况进行种种安排的指挥中心。这就好像一个将军在战役开始时进行战略决策、确立目标、排列阵形、分配任务、确立各部门的联络等，为全军布置了一个行动的平台。等下属们各就各位后，警报和指挥中心的活动减少，最后干脆退出。托尔斯泰在《战争与和平》中曾绘声绘色地描述了这种情况：战役一旦打响，指挥的将军作用就非常有限。他可以对某一部分的军队下令“顶住！”其实命令传达到那里时不过是个“马后炮”，士兵早已经在坚守阵地了。在整个战役的中后程，你必须依靠勇猛而训练有素的将士完成其既定的使命。在大脑中，这些第一线的将士就是充满了感知运动神经的中脑。这部分在开始时期并非最忙，但必须自始至终地运转，按照控制中心的安排例行地完成自己的任务。

为了方便理解，学者们把这一复杂的过程分为“控制处理过程”（controlled processing）和“自动处理过程”（automatic processing）。“控制处理过程”一般出现在学习新东西的开始时刻，各种“控制中心”对外界的刺激信号进行比较分析，确立目标，在记忆库中提取相关的信息以规划达到目标的战略，调动大脑的有关部分参与工作，组织协调，纠正错误，等等。当一切安排妥当，大脑的“有关部门”

有章可循、有规可依时，就进入了“自动处理过程”，由相应的感知运动区域执行熟悉的、不断重复的任务，控制中心也自动关闭。这就好像大型国际航班的运作：在起飞阶段，飞行员要进行非常紧张复杂的操作，不停和地面指挥部协调联络，处于“控制处理过程”中。但一旦升空进入固定航线，就可以由计算机按照事先确定的程序接管，进入自动导航飞行阶段，甚至飞行员短时间内会打盹儿。这就是“自动处理过程”。

这两个过程各有利弊，互相补充。“控制处理过程”对大脑进行了“总动员”，使得掌握新技能、学习新知识格外迅速，可以非常容易地改变程序、修正记忆。但是，这一过程在执行使命时动作缓慢（初学者进步虽快，但做事要比老手还是慢得多），又非常吃力。长时间陷于“控制过程”可能导致身心交瘁。与此相对，“自动处理过程”只是重复执行既定使命，学习新东西很慢，甚至完全不吸收新东西，不会修正记忆，很难改变既定程序，但因为一切照章办事，处理既定的任务非常迅速准确，甚至不费吹灰之力，进而能够承担更大的工作量。[1]

以上对大脑的研究，基本上印证了我前面所讲的问题。一方面，“自动处理过程”无论是对普通人还是天才，都是一个学习的高级阶段，是成就的标志。我们能把越多的技艺和知识纳入我们的“舒适区”、能够“从心随欲不逾矩”地掌握运用，我们就越有精力攻克“学习区”中的难题。事实上，这已经成为我们生活的基本必需。比如，“自动理论”在20世纪70年代对我们的阅读活动提供了非常有洞见的解释。我们语言中的大多数字或用词都有其内在逻辑，在理论上可以根据字根、字头、字尾和基本的发音规律（在中文中可以根据偏旁部首等结构）分析、解读出来，不必死记硬背。但是，如果我们在阅读中要一个字一个字地这样从头开始解读，即使半分钟就能成功地解读一个字的意义，阅读速度也会慢到读不下去的程度。但是，如果我们把基本的词汇事先记住，那么在阅读时就可以毫不费力地“自动识别”，速度就快得多。这时，我们如果真碰到一个难词，通过分析或查字典也很容易理解其意思，并且记住。我们把识别大部分词汇的活动

[1] 以上叙述主要根据的是 Hill & Schneider 的综述。Hill & Schneider, in Ericsson, et al., 653~675.

纳入“自动处理过程”，针对个别难字运用“控制处理过程”进行攻克，我们的词汇量就会越来越大，阅读也越来越有效率。相反，如果所有词都必须通过“控制处理过程”解决，我们连容易的词也认不过来，难词就更不可能认了。[1]一个语言天才,其记忆里的词汇可能比我们大 10 倍,阅读速度也快得多。他能通过“自动处理过程”对付 10 倍多的词汇，就更有精力解决语言学或阅读中更难的问题。

这些道理，适用于所有的人。但是，到了学习过程的某一个点上，天才和我们普通人就有了区别。我们普通人一生中也在不停地学习。有时是为了工作去学习具体的技艺，有时则是因为业余爱好打打球、弹弹琴。在做这些事情时，我们也出于本能喜欢精益求精，好胜心也驱使着我们要出人头地，物质回报更激发了我们的“动物本能”而拼命。结果是，我们的技艺越来越熟练，大脑进入“自动处理过程”。这一下子使我们觉得轻松了许多，开始享受技艺给我们带来的愉悦。于是，我们就在这里停止了。停止的原因有多种。一个可能是自满，一个可能是不知道怎么打破训练常规。比如，前面讲到我练长跑的故事。如果坚持有规律的训练，大致能够达到首届奥运会冠军的水平（这在今天是个平庸的业余水平）。如果我不进行特殊的速度训练（如变速跑、间歇跑等）的话，就无法再提高。我的身体很快就适应了日常的训练课程，达到了这个课程的极限。这当然是个低水平的极限，而非天才的极限。再举一个更形象的例子。有位朋友学习游泳，一个夏天就学会了，能游 2000 米。完成第一个 2000 米时，他累得几乎崩溃，而且非常饥饿，证明体力消耗非常大。他认定这对他已经是个极限的挑战，颇有成就感，日后继续上游泳班提高技术，有空就挑战 2000 米。结果发现自己不仅游得更快，而且日渐轻松。他觉得这是自己体能提高的标志，很是得意。但是，他没有想到，他体能并没有怎么提高。游第一个 2000 米时，他初学的动作不规范，非常消耗体力。日后技术日益改进，身体得以保持流线型，划水效率也大幅度提高，游 2000 米的体能消耗大概是过去的 2/3。如果真想继续提高体能，他就必须加长距离。可惜他没有意识到这一点，固定的 2000 米使他消耗的体能越来越少，最终出现了卡路

[1] McCormick et al., 275~276.

里摄入过多、体重增长的现象。体重一长，他反而慢下来，又要去挣扎了。这是“自动化”利弊的生动展示。我的长跑成绩停止增长，属于自满的结果。想想大多数50岁的人，让他们走个马拉松都很难，我足可以自鸣得意一番了。况且平时工作和生活压力很大，无暇专心于此道，知道新的方法也不会去用。[1]那位朋友，则是没有意识到随着游泳技艺的提高自己的训练量和身体起了什么变化，没有设计突破常规的方法。天才则永远是突破极限的动物。他们会把高难度的技艺纳入“自动处理过程”，但马上又要打破常规、去尝试新的东西。平常人也可以效仿他们，但都没有像他们那样持之以恒，或者没有他们那样的天赋和条件不断试验新的方法。我也许可以发奋努力，在50岁左右时用不到3小时跑完马拉松，但是，真正的天才会在74岁时创造2:54:44的马拉松高龄纪录！[2]

上面讲的，多是从简单的实验中获得的洞察。一个追踪游戏，和学习贝多芬一首复杂的奏鸣曲对大脑的影响不可同日而语。也许，在后一学习过程中大脑（特别是前后脑）的活跃时间要长得多，“控制中心”不会轻易关闭、退出。但是，平庸的钢琴手，弹会了就是会了，一切变得轻松，前脑后脑的关键功能照样会关闭，陷入机械重复的过程，当然不会提高。天才的钢琴家，不仅很快就学会同样的奏鸣曲，而且学会后不断能从中体会出新的东西，尝试新的表现，大脑又从“自动处理过程”进入“控制处理过程”。

髓磷脂和髓鞘决定了你的聪明程度

我们接下来试图回答另一个问题：这种极限突破式的“深练”，在长期内会给脑神经的构造带来什么影响？最近十年左右的时间，髓磷脂（myelin）的研究

---

[1] 在1970年，美国的航天工程师詹纳斯·加德纳和心脏病专家格里·珀迪合写了《计算训练法》一书问世，不停地再版，并被译成许多种文字（包括中文）。该书用系统工程学的理论和计算机处理的数据来组织运动员的训练，对任何水平、任何项目的运动员，都可以提出一张含有多种多样的间歇跑训练课时计划的“速度表”。按照这些计划进行训练，运动量和运动强度适宜，产生最大的训练效果，也使运动员在下堂课前得到恢复。我十几年前购得此书，至今还保留，但从来没有按照书中的计划训练过。

[2] Colvin, 82~83;179~186.

大盛，为我们理解这方面的问题提供了宝贵的线索。根据传统的神经学理论，智能的生理基础主要存在于大脑的神经细胞（neurons，或称神经元）以及连接神经细胞的突触（synapses），即轴突（axon）和树突（dendrites）。研究大脑的学科被称为“神经学”，似乎除了神经以外其他都不重要。髓磷脂研究的崛起，则在这一领域引起了一场哥白尼式的革命。[1]

为理解这一问题，我们不妨温习一下最简单的脑神经结构。人脑大致可以分为灰质与白质。灰质是大脑的“运算”和记忆储蓄系统，由大量的神经细胞组成，是大脑的决策中心。根据保守的估计，成人大脑中的神经细胞至少有1000亿个。一般而言，大脑的神经细胞，被称为“神经元”。从老鼠到人，这种神经元很像被拔出土壤的植物的根部，中心有一个泡状的体细胞。（如图）这个体细胞的一端，生出许多细细长长的枝杈，因其形状如同枝叶茂盛的小树，进而被称为“树突”。这些树突如同昆虫的触须或电子通信装置的天线，其职责是接受从其他神经元传来的信号。这个体细胞的另一端，还生有相对比较单一的枝杈，叫“轴突”，职责是输送信号。这种轴突，短的还不到百万分之一英寸，但也有若干长达一英尺以上。比如，脊髓中的神经细胞，可以有非常长的轴突，一直伸达脚拇指。一般而言，一个神经元可以有许多树突，但轴突则只有一个，虽然轴突也可以分叉。这些神经元，通过其树突和轴突，彼此之间形成一个异常复杂的信息网络。

这样的神经系统外，我们的脑中还有大约10倍的神经胶质细胞（glial cells）。这些神经胶质细胞则生成了髓磷脂。[2]髓磷脂属于脑中的白质，占大脑机体将近一半。这一比例远比在其他动物大脑中的要高。过去人们对其功能不了解，觉得髓磷脂是类似脂肪一样的东西。现在才发现，髓磷脂对人的智能有着关键性的作用。这些髓磷脂所维护的是人体中庞大的神经网络。这种网络像是几百万条通信“光缆”。每一条“光缆”以神经轴突（axon）为核心。[3]髓磷脂的作用，则是对这些轴突进行包裹，形成髓鞘（myelin sheath）。人的思想、感情、动作，都是通

---

[1] Coyle, 30~32.

[2] Dowling, 10.

[3] Schwartz and Begley, 103~104.

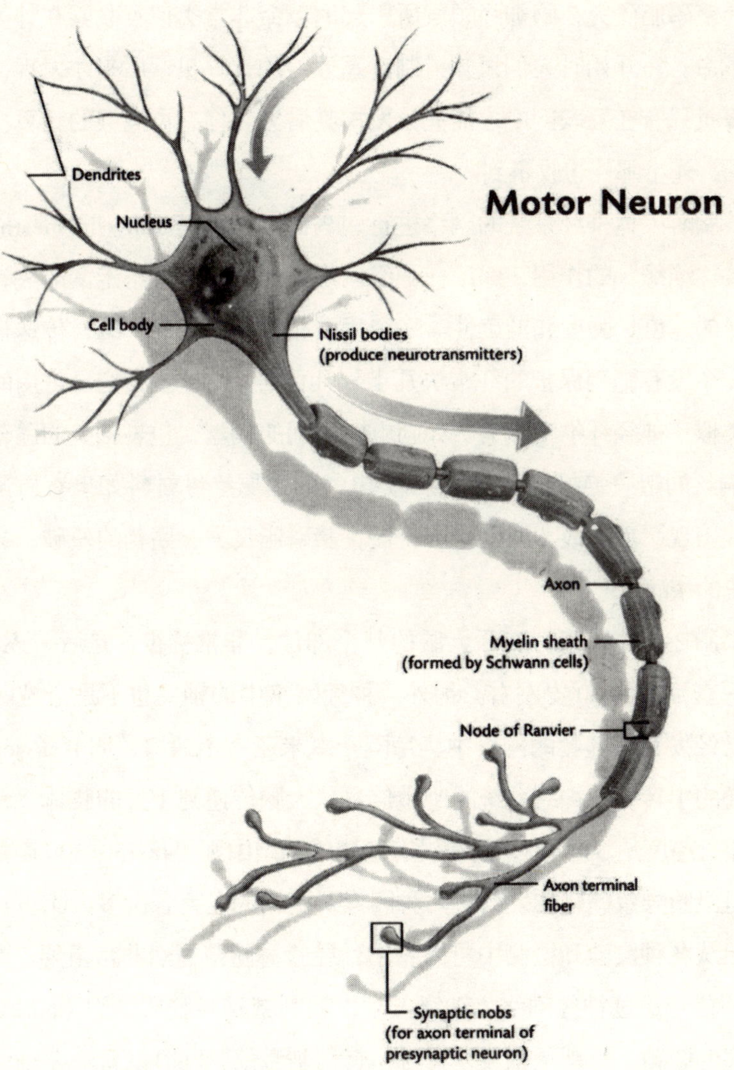

Dendrites
Motor Neuron
Nucleus
Cell body
Nissil bodies
(produce neurotransmitters)
Axon
Myelin sheath
(formed by Schwann cells)
Node of Ranvier
Axon terminal
fiber
Synaptic nobs
(for axon terminal of
presynaptic neuron)

神经元、树突、轴突构造

过连接神经细胞的网络传递信号才有可能。不错，大脑最终需要神经细胞来处理信息、进行决策。但是，信息的收发、决策的传送，都需要网络服务。[1] 在这个意义上，髓磷脂研究在脑神经领域所引起的革命非常类似互联网在计算机领域所引起的革命。一开始时人们只知道制造高效能的计算机；后来才发现，这种高效能的计算机只有在互联网中才能充分发挥其潜力。你有再高级的计算机，如果不上网的话，连个邮件也收不到。

髓磷脂对人体神经系统的网络进行包裹而形成髓鞘（myelin sheath）。这种髓鞘有一种“绝缘”的作用，保证在神经网络中通行的信号不走漏散失，同时加强这种信号的速度、强度和准确性。一个用髓鞘保护的神经纤维，传送信号的速度可以比一个没有髓鞘保护的纤维快几十到几百倍。[2] 这和我们日常用的电线的结构非常类似：神经纤维（轴突）如同电线中间的铜丝，包裹轴突的髓鞘则如同包裹电线铜丝的塑胶绝缘材料。（如图）电线的这层绝缘材料如果有质量问题，就会走电或出现严重事故。所以毫不奇怪，髓磷脂丧失、髓鞘的残破，会导致各种神经系统的疾病。[3]

髓磷脂在出生时仅存在于大脑的几个部位，非常稀少，是后天逐渐发育的，其过程一直延续到 30 岁左右。另外，神经网络中的轴突也不是全被髓磷脂所包裹。在已经发育有髓鞘的网络中，每隔一毫米还有个缺口，叫 Ranvier 结，构成信息传递的中转站。神经系统的刺激信号从大脑传递到相关的肢体，在有髓鞘的孔道的旅行速度是 30 微秒，但在没有髓鞘的网络中则要花 150~300 微秒。究竟是基因还是经验导致髓鞘的发育？两种因素对髓鞘的发育各占多大比重？目前尚无定论。但从各种实验和检测中可以看出，经验对髓鞘显然非常重要。[4] 当神经细胞发送的信号通过神经网络（轴突）时，就刺激神经胶质细胞（glial cells）形成包裹轴突的髓鞘。特别是轴突发育时，特别刺激髓鞘同时发育。在轴突中传送的

[1] Field, 54~55.

[2] Purves et al., 72~74.

[3] Coyle, 32~33.

[4] 髓鞘的发育一般是从后脑到前脑，到 25 至 30 岁期间完成。前脑这一髓鞘最后发育的部分，主掌着推理、判断、决策、计划等重要功能。这些功能恰恰都是非常需要经验来磨炼的。Field, 54~61.

髓磷脂对人体神经系统的网络进行包裹而形成髓鞘（myelin sheath）。这种髓鞘有一种"绝缘"的作用，保证在神经网络中通行的信号不走漏散失，同时加强这种信号的速度、强度和准确性。一个用髓鞘保护的神经纤维，传送信号的速度可以比一个没有髓鞘保护的纤维快几十到几百倍。

信号越多越强、越频繁，就越刺激髓鞘的增长。这反过头来使神经轴突中的信号传送更有效率。最近的研究表明，髓磷脂数量的增加明显减小了信息传递的不稳定性。[1] 另外，髓磷脂不仅使神经纤维中的信号传送快了上百倍，而且使神经系统的"不应期"（refractory time，也就是体细胞膜从接受第一个信号到准备好接受下一个信号的时间）也降低了 30 倍。这两项相加，就使神经系统处理信息的能力增加了 3000 倍。[2] 在光纤通信的时代，我们很容易理解这一神经纤维网络所传送信号的强度、速度、准确率对人体的有效运作是多么重要。看看一个钢琴大师的演奏就明白：他的手指快得如同蜜蜂翅膀的振动，你肉眼看不清楚、数不过来，要衡量其速度，非要借助高速摄像机才行。人的手指怎么会快到超出我们肉眼能观察的范围？其中的一大原因，就是钢琴家经过几十万小时的练习，其神经纤维网络反复向手指传达的信号刺激了髓鞘的发达，使这一神经纤维网络传送信号的

[1] Walhovd and Fjell，2277~2283.

[2] Coyle, 40~41.

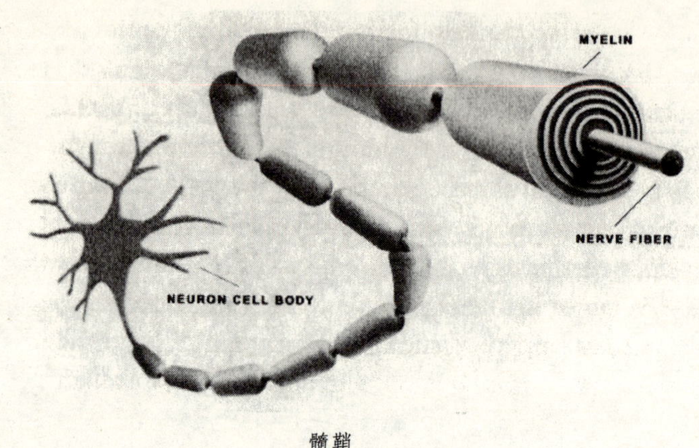

髓鞘

速度和强度远远超出了普通人的神经系统。[1]

除了信息传送的速度和强度外，我们更不能忽视其精确度。髓磷脂或髓鞘可以根据需要提升或降低信号旅行的速度，使一个以上的信号同时到达一个神经突触。美国国家健康研究所发展神经学实验室的 Douglas Fields 博士解释说，这种协调工作非常重要。因为神经细胞只会等到外来刺激到达一定强度后才会发射信号。有时这种强度会通过两个或多个小刺激相加才会达到。所以，为了有效地触动神经细胞的反应，两个或更多的刺激信号必须同时到达一个神经突触，然后触动另一个神经细胞启动。这就像几个小孩子要一起用力才能推开一道沉重的大门一样。这一相互协调的机会窗仅有 4 毫秒（一毫秒为千分之一秒），相当于蜜蜂翅膀振动半次的时间。如果两个信号先后到达的时间差距超过 4 毫秒，“门”就关上了，相应的神经细胞就不会作出反应。[2] 这也让我想起了自己欣赏音乐的经验。刚刚听古典音乐时，我只知道欣赏作曲家，比如莫扎特、贝多芬，等等。但只要是高手演奏，我分不出不同演奏家或交响乐团的不同，几乎谁都一样。显然，不同演奏家之间对一个作品的解释和处理的微妙区别，对我来说是多重小信号。在我没有经过训练的神经网络中，这些小信号无法同时到达一个神经突触，也就

[1] 最近的研究表明，职业钢琴家的髓鞘远较常人发达，孩子练琴所导致的髓鞘加厚则明显超过成人。Hill & Schneider, in Ericsson, et al., 674.

[2] Field, 54~61; Coyle, 41.

无法一起推开阻碍着我的音乐感受的那道沉重的门，引发不出相应神经细胞的反应。这就导致了音乐感觉的麻木。但是，古典音乐听多了，信号在神经网络中反复旅行，刺激了髓鞘的发育，使之能够更好地协调不同信号的旅行。于是，当我听到一个演奏家处理贝多芬的某个奏鸣曲的速度、力度等几个因素都略有变化时，这些不同的小信号就在4毫秒之内到达一个神经突触，引发了相应的神经细胞的启动。我原来欣赏不了的微妙之处，一下子就变得如此明显，乃至我会念念不忘某大师对某个作品的精湛处理。

总之，髓鞘的生长和技能的培养几乎是同步的：为学习新技能而进行的训练，启动了我们的神经。神经的启动刺激了髓磷脂或髓鞘的发育。髓磷脂或髓鞘则控制着神经网络系统中各种信号旅行的速度，使这一速度转化为我们的技能。这不是说神经细胞和突触不重要，它们在信息处理中仍然扮演着关键角色。但是，它们的功能，要仰仗髓磷脂或髓鞘所构造的“基础设施”才能发挥出来。这种髓磷脂或髓鞘的发育是个长期缓慢的过程，一个髓鞘对神经纤维的包卷可以达四五十次，历时几天或几周。对整个神经系统进行这样的髓鞘构筑，就仿佛是铺设穿越太平洋底的光缆一样的浩大工程。[1]

20世纪80年代中期，伊利诺伊大学教授Bill Greenough对一群小鼠进行了实验：一组被单独放在鞋盒子里，另一组是几只一起放在鞋盒子里，还有一组则集体生活在充满了智能玩具的环境中，这后一组甚至能琢磨出如何使用这些玩具。事后的解剖显示了两个结果：第一，这最后一组在丰富的智能刺激中生活的小鼠，其神经细胞和突触比其他小鼠多了25%；第二，它们的髓磷脂也多了25%。遗憾的是，这第一个结果立即引起了广泛的注意，第二个结果则被人们忽视。

但是，到了本世纪，“扩散张量成像”（diffusion tensor imaging）等新技术使神经学家们能够测量和绘制活人大脑中的髓磷脂分布，增加了对与大脑相关的生理和病理的理解。诵读困难、孤独症、注意力缺乏等病症，也和髓磷脂失调联系起来。比如诵读困难这一常见病症，就和大脑中白质不足、信息在神经网络中的

[1] Coyle, 40~43.

传递不规则有重要的关系。从积极的一面看，2000 年和 2006 年的两项研究，证实了阅读水平的提高和髓磷脂增长的关系。2005 年 Fredrik Ullen 对钢琴演奏家的大脑进行扫描，发现了练习时间和髓磷脂增长的直接关系。同年辛辛那提儿童医院对 47 名普通儿童的测试，也显示智商的提高和髓磷脂发育的直接关系。[1] 虽然对髓磷脂的研究还处于起步阶段，还很不成熟，但是初期的成果十分令人兴奋，日后的发现定能更进一步地丰富我们对大脑和天才的知识。

那么，上述这些初步的理论，对于我们培养自己的才能意味着什么呢？第一，我们必须刺激自己的神经启动，导致信号在神经网络中更多地旅行。这会引发髓磷脂或髓鞘的发育。从本章开始的讨论可以看出，尝试新的技艺的“控制处理过程”，是对大脑的总动员，使大面积的大脑神经启动。而简单地重复已经学会的技艺，则使大部分脑神经关闭，使大脑活动减低，这恐怕不利于髓磷脂或髓鞘的构筑。第二，髓磷脂或髓鞘随着学习过程而发育，形成后一般不会轻易消解。这种固定的体系创造了前面所说的“自动处理过程”。当你学习了一种技艺后，有关神经系统打通，并且被新形成的髓鞘保护，有关通信就成了例行公事。这也解释了你学会骑自行车后想回到不会骑车的状态也不可能的原因。不过，你如果安于此，新的髓磷脂或髓鞘就不再发育，你会陷入“经验陷阱”，才能不再提高。更重要的是，从长远的观点看，髓鞘虽然坚固，但并非牢不可破。大脑的白质会随着年龄的增加而流失。研究表明，老化的大脑会丧失 30% 的白质。你年纪大了以后，对信息的接受和反应都大大地变慢，甚至出现障碍。这主要是因为白质的减少使髓鞘的绝缘性能消减，影响了神经网络中的信息传递。[2] 第三，要使髓磷脂或髓鞘不停地增长，在新的技艺、新的练习方法上挣扎是必须的。随着技术和经验的增加，你大脑中“自动处理过程”也不断扩大，使越来越多、越复杂的事务可以被轻松地处理。但是，如果你不断启动新的“控制处理过程”，不断对大脑进行总动员，不停地在新的领域犯错误，让这些错误向你的神经系统发出强烈的信号、导致充分的回应。这样，你的髓磷脂或髓鞘的增长速度才会超过常人，你才可

[1] Field, 55~58; Coyle, 40.
[2] Dowling, 141.

具有特殊心理素质的人，会比一般的人更经常地启动大脑中的警报系统，大脑的“指挥中心”也更频繁地根据新的情况进行决策。失败所产生的强烈刺激，转化为神经网络中流通的有力信号，引发了髓磷脂和髓鞘的增长。就是这样，“情商”（emotional intelligence）和“智商”的发展就联系了起来。这也是为什么我们经常看到那些“智商”超高而“情商”不足的人很难成功、“智商”中上但“情商”超常的人则成了天才的原因。

能成为天才。[1]

这些启示，帮助我们突破先天决定论。斯坦福大学心理学家 Carol S. Dweck 在回忆她事业起步时称，和几个孩子的一次小接触改变了她的一生。当时她的课题是研究人们怎么对付失败，于是她把几个孩子召集到一间屋子让他们玩解谜游戏。第一道题很简单，但接下来的题目就非常难了。她观察着许多挫折、沮丧的小面孔。但两个孩子一下子引起了她的注意。一个 10 岁的孩子面对解不出来的题搓着手、兴奋地叫起来："我就是喜欢挑战！"另一个抬起头来非常愉快地摆出副小权威的架势说："哈哈，我希望这将让我很长见识！"她一下子糊涂了：这两个孩子完全套不进她的研究假设。她只假设两种人：一种会面对失败，一种会逃避失败。但这两个孩子则是喜欢失败！作为研究者，她一直有一种成见：人要么聪明，要么不聪明。但这两个孩子则知道：人的素质是通过努力磨炼出来的。他们不惧怕失败，甚至不认为自己失败，而是专注于学习本身。发明智商的法国心理学家 Alfred Binet 在《关于孩子的现代观念》一书中指出："有几个现代哲学家…… 声称个人的智力是一定的，在质量和数量上都不能增加的。我们必须对这种悲观主义进行抗议和回应……经过练习、训练，和（正确的）方法，我们能够提高我们的注意力、记忆力、判断力，能够变得比我们以前更聪明。"[2] Carol S. Dweck 最终要讲的，是一种"精神状态"（mindset），一种不喜欢舒舒服服、按部就班的成功，而要打破成规、体验新的经验、喜欢在失败和挫折中学习的心理素质。按照我们前述的分析，有这种心理素质的人，会比一般的人更经常地启动大脑中的警报系统，大脑的"指挥中心"也更频繁地根据新的情况进行决策。失败所产生的强烈刺激，转化为神经网络中流通的有力信号，引发了髓磷脂和髓鞘的增长。就是这样，"情商"（emotional intelligence）和"智商"的发展就联系了起来。这也是为什么我们经常看到那些"智商"超高而"情商"不足的人很难成功、"智商"中上但"情商"超常的人则成了天才的原因。

[1] Coyle, 43~46.

[2] Dweck, 3~5.

第四章 天才的年龄：从童子功到大器晚成

如果你到网上查一下世界马拉松的年龄组纪录的话，你很难不注意 Ed Whitlock。从 68 到 76 岁的世界纪录，除了 71 岁那一档为一个德国人所保持外，其他都在他手里。他 68 岁跑出了 2:51:02 的成绩，69 岁跑出了 2:52:47，成为跑进 3 小时大关最老的人。以后几年，他的成绩跌到了 3 小时以上，但 72 岁时成绩再度提高到 2:59:09，73 岁再接再厉，回升到 2:54:48。这些成绩所反映的水平，都可以在首届奥林匹克运动会上拿到金牌。

再看 2008 年奥运会，菲尔普斯大闹水立方，以一人 8 金的战绩超越了美国泳将施皮茨在 1972 年慕尼黑奥运会上创下的一人 7 金的纪录。但是，更有意义的也许是在同一泳池刚刚被重写的另一个历史：美国 41 岁的女将 Dara Torres 在半小时之内连夺两枚银牌，在此届比赛中共夺了 3 银，成为奥运会夺得奖牌年纪最高的游泳运动员。41 岁也许不如 73 岁听起来那么惊人。但她不是在自己的“年龄组”比赛，而是和天下所有最强的对手竞争。当 17 岁的 Dara Torres 在 1984 年洛杉矶奥运会上夺得她的第一枚金牌时，菲尔普斯还没有出生，今天和她竞争的绝大多数女运动员也都没有出生。她在 24 年间，已经征战了五届奥运会，获得了 12 枚奖牌，没有任何运动员能比得上这样长跨度的奥运经验。她没有参加 2004 年的雅典奥运会，于 2006 年生下了一女，还在哺乳期间就决定重返奥运会，在预选赛中击败了一系列足以当她女儿的小将。她在 2008 年奥运会上获得的 50 米自由泳的银牌成绩，比金牌得主仅慢 0.01 秒，用肉眼无法分辨。她在 4×100 米自由泳和 4×100 米混合泳中，都担任美国队的最后一棒，虽然获得了银牌，但她在这一棒中比冠军队的最后一棒游得快，只因队友落后太多无法成全她的金牌梦。看热闹的人都在欢呼菲尔普斯是超人。可是，药检官员主要盯着的是 Dara Torres。尽管她通过了最严格频繁的药检，游泳界内部仍然议论纷纷：41 岁的人游出这种成绩，不吃药怎么可能？其实，在当今的奥林匹克运动中，她并非孤军一人。就在她创造奇迹之前，38 岁的罗马尼亚老将托梅斯库也以遥遥领先的优势夺得女子马拉松金牌。这种老将的惊人表现，将来恐怕将越来越多。

运动是最极端的“年轻饭”。老将在运动中能够如此，在其他领域就更不用说了。2009 年 6 月，纽约爱乐乐团的的首席单簧管演奏家 Stanley Drucker 宣布退休。19 岁入团的他，此时已经 80 岁，供职 61 年中当了 49 年首席。他能在这一世界级的交响乐团中把首席地位占据到 80 岁，说明他一直保持着世界一流的技艺。[1]《纽约时报》报道说，就在他退休的头一个月，乐团演出出了个事故。当时全团都到了台上，观众入席，肖斯塔科维奇的《第一小提琴协奏曲》马上要上演，但突然发现单簧管首席没有到位。Stanley Drucker 那天并没有安排演出，而这个作品他在五十年左右的时间内从来没有演过。但是，当他知道这一紧急情况后，立即从演员休息室走上台坐在那里，迅速翻看乐谱，竟把这一高难度曲目处理得完美无缺。你相信这是 80 岁的人的能力吗？[2]

我们在本卷第一章里曾讨论过，天才的成长，很少有能超越“十年定律”者。任何复杂的技艺，都需要 10 年以上的刻苦磨炼才能达到世界一流，连莫扎特也不例外。所以，除了篮球、体操、跳水等需要特殊的（有时是未成年人的）身体条件的运动项目外，很少有人用不到 10 年的时间或在 16 岁以前能在自己的领域达到世界一流的水平。如果说这是天才的年龄下限的话，那么是否还有个年龄上限呢？人到了多老就难以成为世界一流呢？

我在网上想搜几个大器晚成的例子，结果找到这么一段：“黄忠 60 跟刘备，德川家康 70 打天下，姜子牙 80 为丞相，佘太君百岁挂帅，孙悟空五百多岁西天取经，白素贞一千多岁下山谈恋爱！”这些例子惹得网友们爆笑，大呼“崩溃！”这些人物，不是出于文学就是来自神话，最靠谱儿的历史人物德川家康，统一日本时其实也不到 60。

这一笑料至少告诉我们，天才总是在一定的年龄框架中成长、形成的，虽然我们并不知道这个框架具体的上限和下限是什么。说某某一千岁谈恋爱、百岁挂帅，就像说某某 3 个月当了历史学家、2 岁领导国家实验室一样荒诞不经。把年

[1] Colvin, 179~186.

[2] Wakin.

龄框架定死了不对，完全否认年龄框架也不对。两者之间，我们是否能够建立一个比较理性的估计呢？这并不是一个无聊的游戏，而可能关系到你一生的许多重大的决策。比如，当你35岁时突然对古典音乐入迷时，你是否应该投身于钢琴训练、以成为世界一流的钢琴家呢？如果你在同样的年龄突然需要学习一门外语，而别人告诉你这完全不可能时，你是否应该听信呢？你如果光看身边普通人的经验，你可能忽视了自己的潜力，耽误了大好前程。因为这些人大多已经在我们所讨论过的"经验陷阱"中停滞不前。但是，你如果相信"佘太君百岁挂帅、白素贞一千多岁下山谈恋爱"等故事，你就可能会把自己变成一个堂吉诃德。

还是让我们先看看脑研究领域的结论，再以经验事实对照一下。

大脑的发育，大致是个从后到前的过程。脑后部的脊髓和脑干在人出生时大致就成了规模，并且这一区域的神经轴突也在此时基本被髓鞘包裹好。这部分主掌的是人体的一些关键功能，如呼吸、心跳和胃肠系统。很显然，因为这一区域在人出生时就已经完好发育，这些功能任何一个新生儿都可以无师自通。我们没有见过一个健康的新生儿不会喝奶、不会排泄。在出生后不久，小脑和中脑中的神经轴突的髓鞘开始形成。小脑控制着动作协调。这也确实是孩子在生命头几个月学习的东西。中脑控制视听系统，同样是孩子在头几个月迅速发育的功能。[1]等到了1岁左右的时候，前脑的各个部分（包括大脑皮层）开始发育。其中大脑皮层是最后发育成熟的。这也是脑结构中最高功能之所在，主掌着感知、记忆、判断、推理，等等。即使是在大脑皮层内部，各部分成熟的时间也不一致。主掌感官的部分最先成熟，接着是主掌动作的部分。而那些主掌最复杂功能（如意图、计划，以及性格中其他重要因素）的部分，到了18岁左右时也未必完成了髓鞘发育，神经突触还在不停地重新分布。另外，最近医学家运用"正电子发射断层"（positron emission tomography）技术对5天的新生儿到15岁的孩子的大脑进行扫描，以测

[1] 现代心理学试验证明，婴儿在2个月时对色彩的感觉已经很敏锐，到三四个月时就能够像成人一样分辨红、绿、蓝、黄。新生儿也能通过视觉来捕捉物体的运动。只是婴儿的视力不能看得很远，其"感觉"丰富却依然有限。同时，新生儿听觉也很好。他们会顺着声音寻找声源，对人的声音有特别敏锐的反应。Shaffer, 193~194.

定大脑中葡萄糖的活动。其成果也大大深化了我们对大脑发育的理解。葡萄糖是神经细胞活动的主要“燃料”。神经细胞越活跃，所需要的葡萄糖就越多。这种扫描显示：新生儿脑中的葡萄糖活动主要集中于脑干和小脑的部分区域，以及脑皮层下部的结构。大脑皮层本身很少有葡萄糖的活动。这表明那里的神经细胞活动很微弱。到两三个月时，脑皮层中主控视觉和感知的部分葡萄糖活动明显增多。到了6到8个月时，有思维功能的前脑额叶等部才有显著的葡萄糖活动。葡萄糖的活动在童年期不断增多，到4至7岁之间达到顶峰，比成人大脑的水平高出一倍。在此之后慢慢衰减，最后降到成人的水平。[1]4岁到7岁这一葡萄糖顶峰期对智力发展意味着什么，至今人们只能猜测。但是，葡萄糖的活动规律，大致和脑结构乃至髓鞘的发育程序相合。

大脑的这种生长发育的程序和时间，给学习不同的技艺带来了不同的“机会窗”。比如，孩子学习外语不会有口音，而青春期以后学习外语则很难不会有口音。这是因为在儿童期脑神经如果不接触那种外语的语音，有关探测那种语音的神经就不会形成，日后定型的神经系统中就缺乏类似的功能。80年代在中央人民广播电台主持星期日英语的前国际关系学院教授申葆青曾对我说，她50年代进入大学英语专业时，全国几大顶尖的外语院校特别注意挑选江浙一带的学生，理由是那里的人口音更适合英语发音。此说的科学依据显然有待于证明。不过江浙人学习外语伶牙俐齿似乎很合乎我们日常的印象。后来，耶鲁大学社会学系研究中国的戴碧微教授曾经向我转述过一个在美国的一些学者中颇为流行的观点：中国留学生对英语环境适应得比日本留学生快，一个重要原因就是大部分中国学生从小必须在学校讲普通话，回家又和父母说方言。他们自幼就在两种口语中来来往往，有接受不同语音的本能，学习新的语言口齿特别伶俐。日本学生则从小到大只说一种语言，二十几岁出来读研究生才开始大量说英语，自然很难适应。此说的科学依据，同样需要许多量化的经验研究来证实。不过，我们的生活经验处处能支持这种理论。比如，我见到不少小时候在美国生活过的日本留学生，其英语口音

[1] Dowling, 13~14.

都非常纯正，基本不受日语发音的影响。但一般日本人说英语则明显不如中国人口齿伶俐。我个人又是中国人中的例外，笨得出奇，属于英语一直说不好的，在这方面很像日本人。自省其原因，一来是开始学习英语太晚（此点到后面的章节中再细论），二来我是北京人，并且在大学毕业前从来没有出过北京，从小到大只讲普通话，从来没有接触过任何不同的口语。我妻子则日语英语都几乎能讲到乱真的地步。我们共同生活二十多年，经常遇到这样的场景：她听到一个英文单词，一遍就能轻松准确地模仿出来，我则十遍也找不到门路。她是绍兴人，从小在绍兴话和普通话之间周旋，偶尔还接触过如杭州话等周边地区的方言；等 17 岁进入复旦外文系，除了日语英语外，马上就学会了上海话。这样复杂的语言经历，当然是我这种只说普通话的人无法比拟的。

当然，我所讨论的这些，目前最多只是些不成熟的假设。之所以在这里大胆地提出来，一来是有多年的经验观察，二来是这些观察颇为符合近年来脑神经学中关于髓鞘研究的种种结论，很希望有关的专业人士循着这些假设进行系统的心理学调查，进一步深化我们对这些问题的理解。如前所述，保护神经网络的髓鞘，绝大部分是在 18 岁以前形成的。这一形成过程需要反复的相关练习来刺激。语言恰恰是个特别需要反复练习才能掌握的技能。长年的重复练习使髓鞘能够逐渐完成对有关的神经网络的包裹过程，强化其效率。另外像器乐演奏等技能，小时候学习就有巨大的优势，否则你就错过了“机会窗”，建立不起那么坚实发达的髓鞘，神经系统的信息传送效率达不到一流水平。我们找不到 18 岁后开始学音乐而最终成为一流演奏大师的例子。在音乐领域恐怕只有不依赖肢体运动的作曲是例外。最近，医学家们甚至还在髓鞘中找到一种叫 Nogo 的蛋白质。这种蛋白质的功能是阻止神经轴突分叉、形成新的连接。当动物体内的 Nogo 被中和后，这些动物在脊髓受伤后仍能恢复其感觉和运动能力。这一研究非常有启发性。一般地说，动物在大脑的形成期所学会的技艺因神经系统的损害而丧失后几乎不可能复原。它们已经错过了学习这些技艺的“机会窗”。但是，Nogo 发出的信号如果能够被阻挡住，这个学习过程在超龄后仍然可以重新开始。[1] 这样的发现被用到人身上后将有什么结果？我们是否到了中年仍然有恢复儿童时代的学习能力的可能？这也是大脑研究最令人兴奋的地方之一。

写未来的科学幻想当然不是本书的使命。还是让我们回到现实来，看看脑研究为造就天才提供了什么年龄框架。

应该说，明确的年龄框架是没有的。有的只是几个大致的原则。即使是这些原则,也有突破的可能。这个原则的核心,就是白素贞不可能一千多岁下山谈恋爱。Stanley Drucker 吹单簧管维持了 61 年辉煌的职业生涯，是棵常青树，但他毕竟还是要退休的。Ed Whitlock 七十多岁时的马拉松运动不管成绩多么惊天动地，还是比世界最快的速度慢了 50 分钟左右。不过，真要讨论具体的年龄框架，我们连佘太君百岁挂帅的“理论可能”也不可以轻易排除（这一点我们在后面涉及领导力的问题时再仔细讨论）。这显示了我们所谓的“大致原则”能“大”到什么地步。

看看大脑的形成过程就明白，大脑有非常复杂的等级秩序。越高级的功能成熟越晚。主管吃喝拉撒睡等生活本能的神经系统，出生时就基本形成，人在这方面基本不用训练。接下来成熟的，是主管感官和运动的区域。所以，和感官与运动关系密切的技能必须早学，否则就错过了大脑发育给这些技能提供的“机会窗”。比如，一流的运动员几乎都是从小训练，大多数在二十岁前后成熟（有的项目更早），过了 30 岁就开始走下坡路。器乐演奏也要从小训练，因为控制手指运动的神经区域的髓鞘是在早年成熟的，需要长期反复的练习来刺激；错过了这个“机会窗”，手指运动的速度和灵活性就达不到基本的要求。但是，控制更高级的功能的区域，如判断、推理、计划等，则是在二十岁前后才最后成熟的。主要依靠这些技能的专业，如学术、管理、政治等，则可以在很高的年龄产生天才，乃至有所谓“姜还是老的辣”、“大器晚成”之说。

这里还有几个非常不确定的因素，造成了年龄框架的模糊。

第一，天才的“硬件”，如大脑的质量等，究竟是天生的还是培养的？这一

[1] Fields, 58~61

点在西方至少热烈辩论了一百多年。双方都不断从科学的发展中为自己找到了不少证据，但至今没有结论。我们如果信奉天生说，那么比尔·盖茨年轻时不用功，也不能排除他取得日后成就的机会。因为他的大脑，是按照基因的指令自动地进行构造，并不受外界环境和他个人经验的影响。主管我们吃喝拉撒睡的那些神经系统，不就是天生的吗？如果我们信奉培养说，则可能走到另一个极端，觉得自己没有练过童子功就一辈子没有成功的希望了。更理性的结论，也许是先天素质和后天培养都很重要。但是，这两部分在促使天才大脑"硬件"形成的过程中各自发挥了多大比例的作用？我们至今无法确定。

第二，天才大脑"硬件"的成熟时期，并不意味着天才的顶峰期。大量研究表明，天才的表现大多在身体和大脑成熟后多年还在不停地提高，达到顶峰时往往晚于身体和大脑运转最佳的时期。比如，身体和大脑最有效率的时期在二十岁前后。但大多数运动员的顶峰在25到30岁之间，艺术家、科学家的顶峰期则在三四十岁。[1] 另外，"硬件"造就完成以后，也并不意味着天才对这一"硬件"立即使用。Ed Whitlock 就是个很好的例子。他青少年时期从事过长跑训练，成绩相当突出。但日后追求工程师的生涯，在21岁时训练中断，到了41岁才开始回归长跑，很快就有了惊人的成绩。可是五十多岁因为工作压力几乎停止了训练。日后再度恢复，到七十岁上下在马拉松上成为自己年龄组的世界第一。[2] 可见，即使我们认为天才的"硬件"是训练而成的，他21岁（也是神经系统成熟期，不过在这一项目上也包括心肺、肌肉等其他器官的机能）时已经练就了这样的硬件，只是没有及时使用而已。几十年后一旦重新"开动机器"，就震惊了世界。要知道，体育是个最单纯的体力活动，依赖的几乎全是早期成熟的神经系统和身体器官，是众所周知的"年轻饭"。至于判断、推理，以及"情商"中的许多素质，则是我们大部分人事业之基础。20岁时造就了这方面的"硬件"，日后也许要经过几十年的经验才能达到顶峰状态。我们一般人的事业顶峰大致多在五十岁上下。而领袖人物的成功年龄往往比较高。人类历史上固然不乏亚历山大这种二十几岁

[1] Ericsson, in Ericsson et al., 688~689.

[2] Tymn.

征服世界的天才，也有如威尼斯年近 90 岁的瞎眼领袖 Enrico Dandolo 领导第四次十字军东征攻克君士坦丁堡、成为地中海和近东霸主的例子。[1] 这也是我为什么说佘太君百岁挂帅的“理论可能”不可轻易排除的原因。

第三，大脑的神经系统特别是髓鞘在 20 岁左右成熟之说，和最新的心理学和脑科学研究所揭示的高龄大脑所具有的出奇可塑性有很大的矛盾。目前对高龄动物大脑中的髓鞘变化的研究还很缺乏。另有研究证明，髓鞘在五十多岁的人的大脑中仍然在发育，只是速度慢得多。[2] 如果你持续高水平的训练，你的髓鞘总量还是会持续增长到五十几岁。有研究表明，那些被逼着不断适应新环境、迎接新挑战的人们，那些通过不断地犯错误来提高其注意力、从而进行“深练”的人们，其“认知储蓄”要高得多。那些从事多种业余活动的老年人，患老年痴呆症的危险要小 38%。[3]

当然，我们讨论的是怎样成为天才，而不是怎样不患老年痴呆症。这完全是两个层级的问题。不过，天才之所以是天才，也经常在于他们在面对年龄挑战时，能够显示出与常人不同的回应。一系列心理学研究表明，在一般人中，记忆的准确度和速度，以及其他种种和认知、运动相关的能力，都会随着年龄的增长而降低。一个七十多岁的人和一个二十多岁的人相比，干一件事情所需要的时间通常要多 1.6 到 2 倍。有些方面的智商下降，在 30 岁时就开始了。[4] 神经学专家 George Bartzokis 用一个非常形象的方法展示了老龄化对我们能力的影响。他把一张餐巾纸卷在铅笔上：铅笔就是神经纤维，餐巾纸就是髓鞘。你不停地用这只笔，直到裹在上面的餐巾纸出现破裂。这就是大脑老化。在那些年事已高的人中，髓磷脂的减少和髓鞘的破漏使他们在各方面的能力都普遍衰退。这就是我们碰到的每一位老人都比年轻的时候要动作缓慢的原因。[5]

但是，天才则经常有一种特殊的能力来抵御这种老龄化的打击。许多人都记

[1] Norwich, 122~143.
[2] Fields, 58~61.
[3] Coyle, 215~216.
[4] Krampe & Charness, in Ericsson, 726.
[5] Coyle, 215.

有研究证明，髓鞘在五十多岁的人的大脑中仍然在发育，只是速度慢得多。如果你持续高水平的训练，你的髓鞘总量还是会持续增长到五十几岁。有研究表明，那些被逼着不断适应新环境、迎接新挑战的人们，那些通过不断地犯错误来提高其注意力、从而进行“深练”的人们，其“认知储蓄”要高得多。那些从事多种业余活动的老年人，患老年痴呆症的危险要小 38%。

着杜甫的“庾信文章老更成”之名句，也亲眼见过七八十岁的艺术大师的那些为年轻人所不可企及的杰作。我们也知道，日常语言中“老到”、“老辣”等词汇常有赞誉之意，并非全无道理。 比如我们前面提到的纽约爱乐乐团的首席单簧管演奏家 Stanley Drucker，在 80 岁时几乎不需要任何准备就把一部半个世纪没有碰过的作品演奏得完美无缺。这也说明他坐在这个显赫的位置上，是因为没有一个年轻人能够把他比下去。

近年来学者们展开了对老龄天才的研究，其中有两点发现特别值得一提。首先，许多天才自觉地意识到老龄的挑战，他们通过“深练”、通过改变训练常规，可以在自己的一般能力老化的同时维持专业能力上的超常水平。比如，许多世界级钢琴家，在高龄后如同其他人一样出现动作和反应迟缓的现象，但手指上了琴键则依然速度不减。[1] 著名钢琴家霍洛维茨（Vladimir Horowitz）能在八十多岁创造自己的艺术顶峰，他的练习也一直维持到八十多岁。他有句著名的话：“一天

[1] Krampe & Charness, in Ericsson, 730.

不练，自己知道；两天不练，我妻子知道；三天不练，全世界都知道。”[1] 创造了一系列马拉松老龄纪录的 Ed Whitlock，在 41 岁恢复长跑训练后就采取了独特的训练方法。最初他集中于中长距离，几乎赢得了 1500、5000 和 10000 米的所有本年龄组冠军。这给他打下了良好的训练基础。到了老年后，他改变训练成规，每天训练 3 小时，23 英里，每周跑 100 英里以上。而大多数奥林匹克马拉松选手的训练里程要少于此。这种重耐力的方法（他完全靠比赛本身进行速度训练），和强调速度的现代潮流反其道而行之。但这恰恰把他的潜力从不同的侧面挖掘出来。德州大学的心血管专家 Benjamin D. Levine 指出，老龄所带来的后果是心脏的缩小和心血管的硬化。但是，在 Ed Whitlock 这样的精英老龄运动员身上，他们的心脏比普通人更大，心肌更有弹性。Ed Whitlock 的速度所需要的耗氧度，是一个 40 岁左右的优秀选手所具有的水平。事实上，他 73 岁的成绩在纽约马拉松的参与者中也能达到前 1%。[2] 著名钢琴家 Wilhelm Backhaus 是另一例证。他从五十几岁后，就开始增加练习曲的训练量，以维持其技术水平。[3]

另外，天才在老龄后，经常从自己丰富的经验中提取一些东西来弥补某些技艺的下降。比如，著名钢琴家鲁宾斯坦（Arthur Rubinstein）就承认，他年纪大了后速度下降，于是在演奏速度快的高难度乐段时，总把这一段之前的部分速度降低，然后通过对比创造突然加速的感觉。[4] 当然，这样的处理，必须要对音乐有着年轻人没有的“老到”把握才可能。毕竟，钢琴演奏并不是手指头速度的比赛，而涉及对作品和人类情感的领悟。贝多芬最后的钢琴奏鸣曲，很少有二十几岁风华正茂的钢琴家能够把握得好的。总之，老年天才在对付同样的挑战时，和年轻的天才所具有的内在资源不同，进而也会产生不同的创造，其结果并不比年轻人差。

讲到此，有些读者可能会指责我离题了。他们期待的话题是成为天才的年龄

[1] Coyle, 88.

[2] Bloom, Marc.

[3] Colvin, 182.

[4] Krampe & Charness, in Ericsson, 731.

框架，我讲的则是已经成为天才的人维持自己的水平的年龄极限。他们问的是人到多少岁就没有成为一流钢琴家的机会，我讲的是鲁宾斯坦等如何延长自己的艺术生命。这样的指责，当然是非常有道理的。对这些读者所关注的问题，我也会马上讨论。不过，我必须指出，这些讨论对我们普通人发展自己的才能（甚至成为天才）有重大意义。我到目前为止引用的许多案例，多是出现在非常专门的领域，比如体育、音乐，等等。这些领域之所以反复被研究、列举，主要是因为其专业界定单一、具体，所包含的因素测量起来比较“可控”，为研究者提供了许多方便。世界上绝大多数职业，都并不仅仅包含这么单纯的因素。比如，当总统的素质是什么？小布什在耶鲁大学四年没有得过一个A。他2000年大选的竞争对手、前副总统戈尔的成绩更差，在哈佛二年级时得了一个B，两个C，一个D，属于劣等生。戈尔在“美国的高考”SAT（属于一种智能测试）中的语文成绩为625，布什仅为566，比500分的平均水平略高一点（满分为800）。在当今的时代两人都几乎进不去任何一所名校。这种能力也几乎不可能从事学术工作。[1]另有一说则把布什的智商定为120左右，和克里相当。这种智商上大学自然是够了，成为顶尖人物则很勉强。[2]但他们却都差不多爬到了权力的顶峰。与此相对，20世纪早期的总统威尔逊则是从普林斯顿大学的教授、校长而一直当到总统，是智商甚高的学者。奥巴马1966年在夏威夷进行的智商测试成绩则高达166~172。这些不同的例证表明，人成功的因素太复杂了。他们需要在漫长的生涯中，在不同阶段拾起不同的技艺。他们不一定在这一技艺上成为天才，但必须精熟到相当的水平，使之成为自己整体事业的重要助推器。你不妨问问自己：如果在你的领域，意大利给你提供了最好的机会，此时你已经年过30，完全不懂意大利语，你是否应该去学呢？要回答这个问题，上述关于天才的年龄框架的讨论就都变得很有意义了。

我这么说，有着强烈的个人体会。这方面的个人故事我已经讲了不少，在后面的章节中还要讲，希望读者耐心再听一遍。我28岁决定为留学而学英语时，英语是《新概念》第一册的水平，至少要从第二册的第一课学起。那时亲友都说：

---

[1] Sternberg, 2003, 3.

[2] Stanovich, 1~2.

“语言这东西必须从小学。现在起步已经不可能了。”我的一位同学则干脆说：“过了25，你再让我从头学习任何东西，我都觉得拿不起来了。”这种说法对我并非没有影响，现在看来也挺符合大脑在二十岁左右成熟的科学道理。要知道，我英语之所以沦落到这种程度，就是因为自己在这方面既无才能又无兴趣，年轻10岁有条件时都没有学好，快到了“而立”之年却要拿出几年的生命投入进去，如果收获不到果实怎么办？

我的第一个反应是重新开始练长跑。运动是第一号“年轻饭”。我10年前刚进大学时3000米跑的成绩是11'01"，大学毕业后完全中断了跑步。现在拾起来看看如何。结果，在两个多月的时间，我的成绩就达到了10年前的水平。这证明我可以把自己当成一个18岁的孩子。6年后我得到命运之助进入耶鲁大学读书，并且在36岁时开始从头学日文。这些半路出家的努力，大大促进了我事业的发展。当然，我不是天才，而是个“中人”，迄今为止也并无什么成就。不过，就我个人的素质来说，如果我当年决定不学英语，那就更无所成，几乎可以肯定要比现在还差得远。事实上，我之所以能在这里写这本书，所根据的基本都是中文里没有的材料，靠的就是半路出家的英语。我相信，我的读者不仅仅是那些正在进行胎教的或有着两三岁的孩子的家长，更多的恐怕都是二三十岁的年轻人。他们已经失去了大脑和身体成长时期的生活机会。他们现在抱怨或者后悔自己没有某某那样的童子功已经没有意义。他们需要的是利用自己已经成形的大脑，进行半路出家的探索，并争取成为一流人才。我希望上述所讨论的内容对这样的读者有参照意义，希望我的读者成为生活的参与者而非旁观者。

讲完这些，我们再来看一些经验事实，有些是非常冷酷的。《华尔街日报》2010年2月的一个周末版发表文章，提出年轻科学家的危机和科学家成才曲线问题。在1980年，美国国家健康研究所颁发的研究基金中，快40岁的科学家获得的份额最大。但到了2006年，快50岁的科学家获得的份额最大。在1980年，31~33岁的科学家获得了该基金的将近10%。但到2006年时，这个比例大约为1%。到了2007年，70岁的科学家获得的基金比30岁以下的科学家更多。许多人惊呼：科学家的老化，意味着创造力的减退。19世纪法国数学家和社会学家

Adolphe Quetelet 早就发现了创造年龄有着一个倒 U 曲线（或者说是另一种“钟曲线”）：创造力在一定年龄急剧到达顶峰，然后急剧下降。这个顶峰，一般出现在 25 到 50 岁之间。年轻人不受知识成见和传统的束缚，敢于冒险，敢于想人之不敢想，结果科学的重大发现经常出于年轻人之手。牛顿 23 岁时开始了发明微积分的工作。伽利略 22 岁发表了他的第一篇论文，开始研究自由落体时还不足 30 岁。居里夫人 30 岁时开始研究放射性物质，45 岁已经两获诺贝尔奖。爱因斯坦 26 岁时发表了几篇他最有贡献的论文。奥本海默的第一个重大发现是 23 岁时做出的。James Watson 发现 DNA 时，年仅 25 岁。物理学界有句笑话：“如果一个物理学家在结婚前还没有做出诺奖级别的工作，那最好还是改行。”爱因斯坦曾经说过：“一个人在 30 岁时如果还没有对科学作出巨大的贡献，以后也不可能有什么贡献。”31 岁就获得诺贝尔物理奖的 Paul Dirac 甚至还写过一首诗：“年龄，一个发烧式的冷酷，让每个物理学家都恐惧。过了 30 岁，他就生不如死。”

创造力真会如此地急剧上升和急剧下降吗？现代科学史的研究所揭示的事实要复杂得多：天才的创造力在早期迅速增长，达到顶峰后开始缓慢地下降。一般而言，他们在二十多岁崭露头角，到 40 岁左右达到顶峰。而在具体的学科之中，顶峰期又各有不同。比如，化学家的顶峰一般在快三十岁的时期，数学和物理学家则在三十岁出头，天文学和地质学家在快四十岁的时期。在生物科学内，疾病学和植物学家的顶峰在三十出头，细菌学、病理学、生理学家们的顶峰期则接近 40 岁。更重要的是，在所有学科中（甚至包括科学之外的文学、美术、古典音乐、人文学科），天才的创造力都展示了三大特点：第一，越早熟的人一生的成就越大。比如，牛顿在 24 岁前就开始研究和发现万有引力定律、颜色理论、微积分，等等。著名科学家一般在 25 岁前后就拿到了博士学位。那些成就显赫、最终成为美国心理学会主席的心理学家，获得博士的平均年龄为 26 岁，在 28 岁时就作出了突出贡献，而一般心理学家则在 31 岁才获得博士学位。可见，起步时间是一生成就最重要的预兆之一。第二，贡献大的科学家不仅起步早，创造力维持的时间也长。达尔文、弗洛伊德、爱因斯坦的创造力都维持了半个世纪左右。天才不是一锤子买卖。研究表明，天才的创造力衰退得非常缓慢。一个有 60 年职业生涯的天才，

天才的创造力在早期迅速增长，达到顶峰后开始缓慢地下降。一般而言，他们在二十多岁崭露头角，到四十岁左右达到顶峰。而在具体的学科之中，顶峰期又各有不同。比如，化学家的顶峰一般在快三十岁的时期，数学和物理学家则在三十岁出头，天文学和地质学家在快四十岁的时期。在生物科学内，疾病学和植物学家的顶峰在三十出头，细菌学、病理学、生理学家们的顶峰期则接近40岁。

其最后10年的创造力几乎和他头10年差不多。甚至在他们事业的终点，有四分之一的创造力尚未发挥出来。第三，成就高的人每年的“产量”也大。获得诺奖的科学家每年发表3.24篇论文，而一般优秀科学家为1.48篇。在对芝加哥大学博士的追踪中，优异学者一年4篇论文，普通学者则1篇也不到。[1]

上述研究所揭示的事实，即天才多早慧，只要长命和健康，创造力就持续得特别长，而且创造效率高等，和我们在上一章所讨论的生理现象也可以相互印照证明。大脑神经在二十岁左右发育成熟。其发育过程本身又受训练的刺激。特别是髓鞘发育的旺盛期是在20岁以前。早年的训练，有助于髓鞘的发达，使神经系统处理信息更有效率。同时，髓鞘越是坚固发达，越不容易随着年龄的增长而破漏。

[1] Simonton,66~80

早慧者充分利用了构造髓鞘的黄金“机会窗”，自然造出来的髓鞘更加经久耐用，为之奠定了一生成功的基础。这一点，从我们反复提到的单簧管演奏家 Stanley Drucker 身上就可以看出。不要忘记，他在纽约爱乐乐团的生涯，是 19 到 80 岁！

不过，大部分职业在科学领域之外，也不像科学那么单纯，需要更复杂的解释。美国的一位联邦法官和经济学家 Richard A. Posner，就试图对各类人才的顶峰期有一个更加复杂的分类，也很有参考意义。他在早熟和晚熟的概念之外，又引入了顶峰期的持续性的概念，得出了四类顶峰期：早期顶峰，早期持续顶峰，晚期顶峰，和晚期持续顶峰。所谓早期顶峰，是指成才早、但能力衰退得也早的天才的事业高峰。大多数职业运动员、芭蕾舞演员都属于这一类型。另外，理论物理学家、数学家、棋手、干粗活的劳工，乃至罪犯，大致也属于这类。[1] 早期持续顶峰，指的则是那些能够早成才，但成才后能够长期维持自己最高水平的行业的高峰表现。音乐（包括演奏和作曲）、经济学、文学、绘画与雕塑等，都属于此列。晚期顶峰型，是指那些达到峰巅晚，并且达到后很难持续维持的领域的高峰表现。最明显的例子是大公司的高管，一般在五十多岁爬到顶峰，六十几岁退休。第四类则是顶峰出现得晚、保持得也长的领域的高峰表现。法官是这一领域的典型。当然，还有一些领域，如历史、文学批评、哲学等学术行业，在第二和第四领域之间，属于持续顶峰期，但顶峰来得可早可晚，也可以在中年。

实际上，试图建立一个复杂的模式的 Posner，最终建立的还是个过度简单的模式。他归纳的领域太狭隘、太少，所列举的学术、体育、音乐等，并不是大多数人的职业生涯。而且大多数人职业的顶峰也都在中年达到，用“早期”、“晚期”来概括正好绕开了最重要的内容。不过，我们的题目是天才。所谓天才，恰恰是与众不同的人，从事的是与众不同的事情。从这个意义上看，他的分类至少帮助我们归纳了不少经验事实，对我们了解天才和年龄的关系有相当的帮助。

通过检视这四类高峰期我们大致可以看出，那些最依靠大脑和身体某些单一

[1] 这一类，特别是数学家、理论物理学家、棋手等的创造顶峰，显然与前述的天才早熟且能长期维持其创造力的说法有所矛盾，恐怕双方对创造顶峰的界定有所不同。但这一矛盾如何调解，我目前仍然没有答案。在此只备一说。比如，已经有许多相关研究证明，早熟的棋手职业生命可以非常长。

的功能，特别是成熟比较早的部分的功能，同时较少依赖经验的行业，顶峰期出现得比较早。第一类中的行业内容都比较单一、比较专门。比如运动员，其成就中主要的因素是体能。数学家和理论物理学家的成就，则主要靠脑力，基本不需要本领域之外的生活实践，一切准备性知识都可以从书本中有效地学习。而实验科学家的成熟，则比他们晚一些。实验科学家虽然也依靠脑力，但经验的因素也非常重要，而且多需要在一个研究团队中和同事配合、具有某种领袖才能，等等。所以，第一类中的这些人到达顶峰后，很难继续创造奇迹，往往面临的是水平的下降。第二类和第一类有许多类似之处，领域都比较单纯、专业，容易早熟。但是，第二类的行业往往在成功后能受经验之惠。比如音乐，不仅涉及技术，还有对人类感情世界的理解。这后一点，需要经验和阅历来充实。人们也许会觉得，当一个钢琴家上了年纪后手指的灵活性逐渐丧失，很容易被年轻一代所取代。事实上正相反。大师级钢琴家往往十几、二十几岁获得世界声誉，在中年以后达到顶峰。比如海菲茨、安妮·费舍尔（Annie Fischer）等等。特别突出的例子是霍洛维茨（Vladimir Horowitz）。他从小受到钢琴家的母亲的调教，不到 20 岁就成名，一直享誉世界。但快 80 岁时，因为服用抗抑郁药品和酗酒等原因，演奏水平急剧下降，甚至出现记忆力丧失的症状，似乎职业生涯到此为止了。但是，他八十多岁后停止服用抗抑郁药品和酗酒，演奏水平不仅恢复，而且达到了一生的顶峰。他 86 岁的最后录音，竟是在死前四天完成的。可见，音乐上的成功也许不需要太多人生经验，但是，人生经验无疑会刺激音乐技艺的进一步成长。而在第三类和第四类的晚期顶峰，和早期顶峰有一个非常本质的不同。这些领域所依赖的大多不是某项单一的能力，而是多项能力之综合。这不仅包括计划、推理等，还有不少人际沟通、社会经验的因素。在这些领域成功的人，更需要的是多重技能的组合，而非片面发展单项技能。同时，一个人也经常根据年龄的变化重新分配和运用自己的能力、调整职业生涯。从运动员到教练是最典型的例子。在学术界，年轻学者集中攻克前沿领域，年纪稍长后从事基础课教学，年纪大了以后则投入于学术行政和领导工作。在每一个阶段，都有不同的年龄优势。事实上，一个学者到最后从事行政和领导工作后，其在学术机构所扮演的角色往往更重要。[1]

我尝试着用另外的方法把人才分为两类：一是特专人才，一是社会人才。所谓特专人才，依靠的是某种单一的能力，与社会生活相对脱离，从生活实践中积累的"社会智慧"对他们并没有太大意义。比如运动员、数学家、理论物理学家等都是如此。年轻的音乐演奏家也可以归为此类。社会人才则很难脱离社会而成长，也很难离开基本的社会智慧而成功。比如政治、企业人才，都属于社会人才。甚至在学术界，那些从事社会科学和人文学科研究的也多属于社会人才。他们需要的训练非常广博，而且经常没有一定之规。比如，《财富》500强企业的总裁中，20%在本科学的是工程专业，学企业管理的则只有15%。可见半路出家比专业训练也许更有效。这在特专人才中几乎是不可能的。爱因斯坦喜欢拉小提琴是很出名的，但他是个糟糕的小提琴手。他如果20岁放弃物理学而改练小提琴，则根本没有成功的机会。社会人才则可以通过转换专业而成功。这些人才成功的因素是如此复杂，因而也最不好进行量化分析。而我们大多数人，则多属于这种社会人才。

特专人才和社会人才的培养也非常不同。特专人才往往需要从小的专门培养。比如，许多音乐家是成长于音乐世家，从小由父母手把手地教育出来，有了别人没有的童子功。在某种意义上，他们的生活是别人设计的，而非自己的选择。当然，科学家情况特殊，不该归于此列，不过他们也经常是在青少年期就钻进自己的世界而"两耳不闻窗外事"了。社会人才的培养，则难以有如此清晰的针对性。这些人才经常随着自己的兴趣和机会突然转向而获得成功。他们更多地是自己选择了自己的生活。当然，特专人才可以转型为社会人才。比如李宁作为在与世隔绝的体校系统成长起来的运动明星，最后成为了企业家。朱棣文从一个拿了诺奖的科学家成为政府部长，都是非常有力的例证。不过，反向的转型则基本不可能。奥巴马总统如果辞职练钢琴，肯定是毫无希望。

以上讨论，对我们的启示非常丰富复杂。就家长而言，早期教育之重要不言自明。在许多特专领域，早期教育几乎决定了一切。甚至在你本人不是音乐家的

[1] Posner, 158~190.

情况下，要把孩子培养成音乐家也会遇到非常大的障碍。因为这种训练需要即时的、高度职业化的反馈。我看女儿学钢琴就深有体会。她虽然练同样的曲目，上课时在老师的指导下练比在我们这种不懂音乐的家长的督促下练的效率要高出许多倍。同样是莫扎特，在我们这种不懂音乐的家长手里也可能会被耽误掉。所以，在特专人才这个领域，如果家长自己不是专家，在有关的才能评价和训练上缺乏知识，最好不要把孩子往这条道路上推，除非有非常可靠的老师或教练的支持。不过，孩子的基本能力，是一般家长可以督促训练的。比如科学家，虽然属于特专人才，却未必需要莫扎特那样的全天候特专训练，但良好的教育环境则是其成长之必需。比尔・盖茨之所以日后能统治计算机世界，除了他个人的天分外，一大因素就是他的中学在 1968 年就成立了计算机俱乐部，并有了计算机终端。而在那个年月，大部分大学都没有相应的计算机设施和计算机俱乐部。这为他在这个领域的早熟创造了必要的条件。[1] 要知道，早出头的人才，不仅是抢先一步而已。他们创造力延续的时间也长，每年的“产值”都要大得多。

我们大多数人都属于社会人才。我们没有像莫扎特一样在三四岁时就由一个专家式的家长帮助我们选择生活，我们是不断挣扎着在试探自己的未来。比如，当我们上大二时，也许能非常理性地认识到自己并非当爱因斯坦的材料。但是，这并不是把自己排除在成功的可能之外。首先，如前所述，社会型人才的素质非常复杂，使研究者很难测量。大量的心理学实验，多集中在特专人才身上。因而我们对社会人才的成功依然理解不足。你可能觉得你不是当爱因斯坦的料，但你可以去学工程。甚至你学工程后也成绩平平，但是，你也许能够成为一个企业总裁。要知道，有“世纪经理”之称的前通用电气总裁韦尔奇（Jack Welch），就是工程师出身。他在 25 岁以前，还没有显示出什么特别的经营才能。他拿到化学工程博士学位时，还到两所大学面试、准备当教授，但终于决定到通用去当工程师。洛克菲勒从小就不出众，乃至成名后小时候的邻居和同学都记不起来他是什么样。一位教过他的老师甚至说：“我记不起来他在任何方面有任何优异的表现。

[1] Gladwell, 50~55.

我只记得他干什么都很用功，非常勤奋。"奥美广告公司的总裁大卫·奥格威（David Ogilvy）在纽约《广告时代》评选出来的20世纪最伟大100位广告人中排名第四。但他曾经被牛津除名，在巴黎的厨房打工，在苏格兰贩卖锅灶，在宾西法尼亚种地。如此混了17年，谁能想到他会统治世界广告业？[1] 再看小布什，四十多岁还是个一无所成的酒鬼。也许他是个最糟糕的总统，但至少他当美国第二大州的州长还是颇有所成的。

在社会人才这个领域，很少有人知道自己真正的才能。那些锲而不舍的人，尽管不停地转化行当、落魄很久，却往往能够成功。为什么？一大理由还是“深练”。他们的每一次挫折、每一个错误，都创造了“深练”的机会。他们在这一过程中所塑造的能力，以及相应的髓鞘的发育，经常是自己并没有意识到。但是，这些东西天长日久积累多了，就成了造就天才的材料。

[1] Colvin, 31~33.

第五章 毅力，成为天才的最后一步

2006年意大利冬季奥运会女子花样滑冰比赛的戏剧，颇能展示我们的天才理论。当时，夺冠的大热门是美国选手关颖珊、萨莎·科恩（Sasha Cohen）和俄罗斯选手伊琳娜·斯鲁茨卡娅（Irina Slutskaya）。日本选手荒川静香最多不过是匹"黑马"。但是，赛前关颖珊受伤被迫退出。短节目比赛过后，斯鲁茨卡娅和科恩占据了领先地位。可惜，两人求胜心切，过度紧张，在最后的长节目中都摔倒，紧随其后的荒川静香一马杀出，为日本赢得了历史上第一枚奥运会花样滑冰金牌。当时她已经24岁，在这个被十几岁的孩子统治的运动中已经算是老迈了。她是80年来获得奥运会女子花样滑冰金牌年纪最大的运动员。

这枚意外的奥运金牌为我们提出了一个深刻的问题：什么是天才的决定性素质？如果要论花样滑冰的天赋，关颖珊无疑是世界第一。科恩和斯鲁茨卡娅论经验和素质，也有明显优势。这些人如果能够正常参赛、正常发挥，荒川静香怕是没有机会，说她是个偶然的冠军并不离奇。不过，这个"偶然"只会发生在极少数人身上，偶然中自有其必然的因素。这恰恰展示了我们反复强调的天才成长的"十年定律"对一个人意味着什么样的挑战。

荒川静香从5岁练滑冰，到冬奥会夺金时已经练了19年。根据保守的计算，她在这19年间至少承受了两万多次臀部着地的重摔。有研究表明，二流的花样滑冰运动员喜欢重复训练他们已经掌握的动作。其实这就是我们一直讨论的在"自动期"中躲在自己的"舒适域"中的本能。而一流运动员则更倾向于挑战他们没有掌握的动作，即突破"自动期"，自讨苦吃地寻求新的挑战。结果就是惩罚性的重摔。这样摔十几年，在绝大多数情况下是毫无结果。荒川静香算是碰上千载难逢的运气，才在奥运会上拿到金牌。更有天赋、水平确实也更高的关颖珊，竟没有摸到过这枚金牌。如果你从那些在冰场上奋斗的人的角度看，就不得不问这样的问题：这些人十几年反复地把自己的身体重重地砸在冰面上，最终的奖赏经常是遥遥无期，甚至在大多数情况下是不会有结果的。他们怎么还会干下去？是

应该说，在顶尖的花样滑冰运动员中，荒川的身体条件不过中等。你到世界去找，比她有更好的身体条件从事这项运动的女孩子，无论在哪个城市都能找到一堆。显然，能力虽然很重要，但并没有决定谁最后成功。最关键还要看：有谁能像她这样在昨天重摔过的身体部位还疼着的情况下，又去做一个明明还会导致重摔的三周跳，并且十几年如一日地坚持下去。要成为天才，毅力比智商更重要。

什么力量驱使着他们坚持？[1]

“十年定律”对人最大的挑战是能力还是意志？看看荒川静香就明白。她有着美丽的身材。但是，作为花样滑冰运动员，她1.65米的身高似乎太高了，腿也略嫌粗重。她的对手科恩仅1.57米，体轻如燕；“大个儿”斯鲁茨卡娅也才1.6米；未能参赛的关颖珊也是1.57米，身体轻巧柔软。另外，荒川静香的爆发力也并不突出。斯鲁茨卡娅在这方面明显高出一筹。应该说，在顶尖的花样滑冰运动员中，荒川的身体条件不过中等。你到世界去找，比她有更好的身体条件从事这项运动的女孩子，无论在哪个城市都能找到一堆。显然，能力虽然很重要，但并没有决

[1] Colvin, 187~188.

定谁最后成功。最关键还要看：有谁能像她这样在昨天重摔过的身体部位还疼着的情况下，又去做一个明明还会导致重摔的三周跳，并且十几年如一日地坚持下去。

要成为天才，毅力比智商更重要。

即使是智商决定论者也承认，成功的层次越高，智商所扮演的决定性角色就越小。比如，以智商理论构造的“美国高考”SAT 的成绩，在一般大学生中很能预测其学业的表现，但是，在精英大学中，这种预测力则明显减少。理由是精英大学的学生成绩都很高，彼此之间的差距已经没有太大意义。另外，成功要求一定的智商。但智商达到一定的基准后，你就“够聪明”了，成功就需要更多智商之外的因素。SAT 并不预测你的品性、毅力、学习习惯等因素，而这些因素即使对大学生而言也是成功的关键。[1] 科学是对智商要求最高的领域之一。对牛顿、哥白尼、伽利略、达尔文等一流科学家的研究也证明，这些人智商都非常高，在 160~190 之间。按现在的统计，智商到 145 就属于千里挑一了。就算这些巨人的智商是万里挑一吧。以万里挑一的标准，在中国的 13 亿人口中也能挑出 13 万人！可是，别说牛顿、伽利略、达尔文，我们连个诺奖得主也没有。可见，高智商为这些巨人提供了成功的必要条件而非充分条件。智商不过是个基准线。过了这个基准线后，比如 160，智商的高低和成就的大小的相关系数几乎微不足道。[2] 当然我们还不要忘记，达尔文、托尔斯泰等天才，小时候一直被视为是普普通通的孩子。[3]

为什么会如此？想想荒川静香就明白了。她无疑有滑冰的天才。这种天才，如果用智商来比喻的话，大概也就在 130~140 之间。这很出色，接近千里挑一。但是，即使按千里挑人的标准，在 100 万个女孩子里就能挑出上千个。她完全可能被教练视为寻常之辈。她的对手萨莎·科恩和伊琳娜·斯鲁茨卡娅显然高于她，大概在 140~150 之间，关颖珊可能过了 170。为什么荒川能成功？除了运气外，在成千上万有她那样的天才和训练条件的女孩子中，肯像她那样十几年如一

[1] Jensen, 43~46; 147~148.

[2] Simonton, 42.

[3] Dweck, 7.

日反复在冰面上近乎残酷地摔打自己身体的人，就那么几个。能力淘汰了大多数人，条件和环境又淘汰了剩下的人中的大多数，在经过这两道门槛后剩下的人中，大多数人则被毅力给刷掉。最后剩下来的，就看努力加运气了。

牛顿的智商据说高达 190 分。我们都知道牛顿看苹果落地的神话：1666 年他为了逃瘟疫而避居乡间，一天出去散步偶然看见苹果落地，一下子顿悟出万有引力定律。现在人们几乎可以肯定，这样的故事是伏尔泰杜撰出来的。牛顿的智商，也许确实达到百万分之一的程度。但是，以他这样的聪明，要想明白这样的问题，即那些他所谓的“上帝的法则”，也必须有二十多年不懈的奋斗才行。他观察钟摆运动就花了至少几个星期，笔记满满的几大本。他甚至记录了钟摆平均每小时摆动 1512 次的数据。我们现在都知道，在物理学上，钟摆的摆动次数在忽略空气阻力的情况下主要由摆长决定。这里说的“平均”，并无什么物理学的意义，显然揭示了牛顿的工作过程：在还不知道这一道理时，他为了发现重力原则，对不同钟摆进行了大量观察记录。这要求花不知道多少小时在那里数钟摆的滴答点数。这是天才的工作，还是个连现在的大学生也无耐心完成的“简单低级”工作呢？人们总注意牛顿发现苹果落地的传奇，因为那说明他聪明得出奇，但很少注意记录钟摆摆动次数这种烦琐、耗时的工作。要知道，牛顿讨论包括万有引力在内的力学问题的《自然哲学的数学原理》，到 1687 年才出版。这距离他避居乡间思索万有引力定律已经有二十多年！看来，问题并不仅仅在于他的悟性，更在于是什么力量支持着他这样不停地想下去。[1] 他不这么奋斗，我们今天就不会知道他的名字。人类已经有了几千年的文明。任何领域，几乎都被人类所造就的最聪明的人以锲而不舍的精神开拓过。智商再高，不用功也无所成。智商 190 的人在我们的生活中非常罕见，在人类史上则有的是。许多这种高智商的人最终默默无闻。所以，你即使智商 190，也无法回避激烈的竞争。要想取胜，就必须有牛顿那种超人的毅力。

如前所述，天才研究的开山之作是高尔顿（Francis Galton）的《遗传的天才》。

[1] Lehrer, 2009.8.2.

天才是那种“能把激情和能力结合而进行艰苦的工作的人。”高尔顿特别强调，天才在选定自己的事业前，可以非常多变无常。但是，他一旦选定自己的事业，就义无反顾、全身心地投入，乃至对其他事情都不闻不问，注意力超人地集中。这种气质，当然是智商之外的素质。

顾名思义，此书的中心就是强调先天因素对成功的决定性意义。高尔顿因此也成为智商学派的鼻祖。但是，正像最近有学者所指出的，他所谓的先天素质，主要有三个方面：内在能力或自然能力，激情和刻苦精神。天才是那种“能把激情和能力结合而进行艰苦的工作的人。”高尔顿特别强调，天才在选定自己的事业前，可以非常多变无常。但是，他一旦选定自己的事业，就义无反顾、全身心地投入，乃至对其他事情都不闻不问，注意力超人地集中。[1]这种气质，当然是智商之外的素质。可惜，高尔顿所讲的这三点，只有第一点（能力）被后人发挥，后两点则被忽视。[2]智商的发明人比奈也曾强调，人的意志力、持久力等，可以补偿智商上的不足。美国心理学的先驱威廉·詹姆士（Williams James）更是一语中的：“和我们应该成为的人相比，我们只是半醒着的。我们内心的火焰被泼上了一盆冷水，我们的努力被抑制。我们只利用了我们心智中很小的一部分潜力……只有非常优异

[1] Galton, 28.

[2] Krampe & Charness, in Ericsson, et al. 2006, 724; Lehrer, 2009.8.2.

的人才会把自己所拥有的资源利用到极限。”[1] 总之,人所拥有的“自然能力”或“内在能力”是一种才能。充分地开发、利用这些能力,发疯忘我地工作,则又是一种才能。在有第一种才能的前提下，第二种才能就成为成功的关键。

努力来自气质：固态气质与进取气质

那么，这第二种才能是从哪里来的呢？从“气质”（mindset）中来。这是斯坦福大学心理学教授 Carol S. Dweck 的一个颇为经典的总结。她大致把人的气质分为两种，一种属于“进取型”，一种属于“固态型”。有人曾经对 143 名从事创造力研究的学者进行了调查，问这些人什么是成功的最关键因素。结果大家的共识是锲而不舍的精神和适应力。在 Carol S. Dweck 看来，这种素质恰恰是由“进取气质”所塑造的。另一方面,一些研究表明人对自身能力的估价经常错得离谱儿。而大部分错估自己的，是那些具有“固态气质”的人。

这一多年研究的结果，首先是被她自己的经验所激发。她的故事我在前面已经讲了，这里不妨再重复一遍。她刚开始研究心理学时，曾把一群孩子带到一间教室中玩解谜游戏。第一组游戏很简单,大家很快做完。第二组游戏难度突然加大,孩子们立即陷入困顿之中。她原来的目的是想观察孩子们克服困难的过程。但她看到了自己意想不到的情景：一个 10 岁的男孩儿抓耳挠腮地思索，一时找不到答案。但他突然呼喊起来：“我就是喜欢挑战！”Carol S. Dweck 暗暗吃惊：这孩子怎么了？明明面对着自己的失败，不是沮丧而是惊喜！这激发了她对“气质”的研究。她认为，一个人怎么看自己对这个人的一生有关键性影响。这种影响恐怕比智商、能力更重要。“固态气质”的人，倾向于把一切都看做先天造就、不可改变的。遇到不幸后的反应就是“我就是倒霉”。遇到失败的反应是“我干这个不行”。对生活的态度是“只要不冒险就不会输”。总之,他们要消除一切可能的失败机会。“进取气质”的人则相反。他们认为环境是可以改变的,自己的潜力是深不可测的。

[1] 转引自 Duckworth, Peterson, Matthews, and Kelly, 1087.

一个人怎么看自己对这个人的一生有关键性影响。这种影响恐怕比智商、能力更重要。"固态气质"的人，倾向于把一切都看做是先天造就、不可改变的。遇到不幸后的反应就是"我就是倒霉"。遇到失败的反应是"我干这个不行"。对生活的态度是"只要不冒险就不会输"。总之，他们要消除一切可能的失败机会。"进取气质"的人则相反。他们认为环境是可以改变的，自己的潜力是深不可测的。

遇到不幸后，他们的反应是：下次怎么能够避免？遇到失败的反应是：我做错了什么？从哪里可以改进？他们对生活的态度是："不冒险就没有赢的机会"。因而他们总是把失败看成成功之母。[1]

Dweck 的这套理论，在心理学上属于"自我效验"（Self—Efficacy）学派。所谓"自我效验"的学说，是她在斯坦福大学的老一代同事 Albert Bandura 在 20 世纪 80 年代最先提出的（Albert Bandura 的女儿后来成为 Dweck 学生和合作伙伴）。这一理论的核心是：一个人对自己能力的看法，塑造着其能力本身。举例而言。一个小伙子觉得自己很擅长社交，特别能讨女孩子欢心。这也许并非事实。他对自己有如此良好的感觉，可能仅仅因为偶然的经验，比如初次和异性接触时正好碰到一个喜欢自己的女孩儿，有着很令人满足的经历。但是，这种看法一旦形成，

[1] Dweck, 3~12.

他就特别有信心和女孩子打交道。他自然也因此获得了更多练习的机会。最后，他确实变得非常能讨女孩子的欢心。另外一个小伙子，也许从客观条件上看更能讨女孩子欢心，比如更聪明、更帅、心眼更好，等等。但是，他第一次和异性接触不太走运，碰了个冷钉子，甚至可能是彼此因为缺乏经验而产生误会，闹得很不愉快。于是他开始觉得自己对付不了女孩子。日后见了女孩子不仅非常没有信心，而且本能地躲避，乃至到了有些自闭的状态。这种性格，自然排除了他和女孩子的社交机会。他也无法在不断的练习中发展这方面的技艺。最终，他确实变成了个古怪孤独的人，和女孩子合不来。这两位小伙子的社交成长过程，都是所谓“自我效验”。[1]

宾夕法尼亚大学的心理学家 Martin E. P. Seligman 对“自我效验”理论进一步发展，提出了“习成无助”（learned helpless）的概念：一个动物或人被置身于特定的环境中，致使他无论如何努力，都丝毫无法改变自己的状况。于是，他就发展出一种“干什么都没用”的态度。当这种态度生成后，他又进入另外一种环境，面临着新的挑战。这次的挑战很容易，只要稍加努力就可以应付。但是，因为他已经有了“习成无助”的心态，在任何小困难面前都退缩、放弃，觉得一切都是无法改变的，进而一无所成。Martin E. P. Seligman 为改变这种心理状态，提倡一种“习成乐观”的“积极心理学”。[2]

我在《一岁就上常青藤》中，对这些问题也进行了讨论：每个人都有一种在现实生活中为自己的某些看法寻找证据甚至创造证据的本能。比如，当一个学生得出“我没有数学细胞”的结论时，他就本能地从自己的经验中挖掘“事实”来支持这一结论。他可能是因为复习不用心而在数学考试中拿了低分。但他马上会下结论：看看，我就是没有数学细胞嘛！这个“事实”，进一步强化了他原有的结论。然后他接着为这个被强化了的结论寻找新的、更多的“事实”，最终导致他数学越来越差。我称这一过程为“负向心理循环”。另外一个学生，可能数学

[1] 讨论“自我效验”理论，已经超出本书的范围，有待另著专论。希望深入了解的读者，可参见 Bandura，1997.

[2] Seligman，2002.

的天分比前面那位还低，但他刚接触数学时，在几次很容易的考试中取得了不错的成绩。家长老师立即鼓励："天才呀！"他小小年纪，听大人这么一说，就有些"不知道自己是老几"了。后来碰到一次考试，许多题做不出来，成绩很差。但他的反应却像前面 Carol S. Dweck 所观察的那位男孩，兴奋地大呼："我就喜欢这种挑战！"他认定自己是天才，有征服一切的气概。这次碰到硬钉子，就发誓竭尽全力，看看自己究竟有多大本事。于是他回家后废寝忘食地钻研，时间全花在数学上。下一次参加数学竞赛，题目更难，但他居然出人头地。面对自己的好成绩，他感觉更好："我就是有数学天分嘛，谁要和我在这方面较劲儿，谁就自找倒霉！"这一被"事实"强化了的结论，又引导他在自己未来的经验中寻找新的"事实"来印证，于是数学越来越好。这叫"正向心理循环"。不管是在"正向心理循环"还是"负向心理循环"中，能力是被对自己的信念创造出来的。当你在自己的经验中"寻找"支持自己的结论的"事实"时，你其实不是在"寻找事实"，而是在"创造事实"，是你本人选择了你成为什么样的人。[1]

马尔科姆·格拉德威尔的《异类》，2009 年统治了《纽约时报》畅销书排行榜，被翻译成中文后也颇为流行。我看书中最精彩的是如下的事实：英超联赛大部分球员都在 9 月至 11 月出生。与此相对，2007 年进入青年世界杯足球决赛的捷克队，21 名队员中 15 名是在 1 到 3 月份出生，只有一名 9 月出生，10 月以后出生的则根本找不到。加拿大职业冰球选手多是 1 到 4 月出生，10 月以后出生的寥寥无几。这是因为，英超球员注册是从 9 月起记年龄。在同龄组的球员中，9 月份出生的人实际上比 8 月份出生的人几乎大了一岁。捷克和加拿大的体制，则是从 1 月 1 日算年龄。同年 1 月出生的，比起 12 月出生的也几乎大一岁。[2] 为什么这一岁的差距对他们的职业生涯有如此决定性的影响？两个 20 岁的小伙子，如果生日相差快一年，彼此的体能不会因此有什么不同。但是，在孩子五六岁开始从事运动时，这一岁左右的年龄差距就使快速发育中的孩子在体能上形成两个等级。假设双方都具有一流的运动天分，那么小一岁的孩子不管怎么努力，也斗不

[1] 参见薛涌，2009，27~34.
[2] Gladwell，15~34.

过大一岁的，甚至可能因为长期比不过人家而退出运动场。大的孩子，则被视为是运动天才，从小进运动队当主力，上场磨炼的机会比谁都多，日后自然脱颖而出。[1] 格拉德威尔在这里强调的，是机会如何塑造了人。但这里的问题远远不止是机会。那些小一岁的孩子，每天面对着壮得多的孩子进行着不可能的竞争，很容易滋长“习成无助”的心态，最终放弃努力。乃至到十八九岁、年龄所造成的体能差距已经不具有决定性作用时，他们还是比不过人家。那些大一岁的孩子，则一直感觉良好，不断自我激励，训练比赛都特别卖劲儿，超人的努力最终塑造了超人的能力。现在西方的家长对这一问题越来越有认识，乃至许多人想方设法让孩子晚上一年学，希望给孩子寻找一个良好的“自我效验”的心理出发点。

缺乏心理分析，是格拉德威尔这本大红大紫的书的一大弱点。格拉德威尔秉承着美国自由派的意识形态。这派人总喜欢把人完全看成是社会条件的产物，把成功归结为机会。言下之意，大政府在自由派知识精英的指导下，可以创造一个伟大社会，于是就人人皆可为尧舜了。他们忽视的，是个人内在的力量。这种内在力量当然是可以在和环境产生良性的互动中培养的。格拉德威尔作为一位通俗作家，承认他所依赖最多的一位学者，就是上面提到的 Carol S. Dweck。可惜，他并没有把 Carol S. Dweck 的理论充分应用在自己的书中。

美国的另一位作家 David Shenk 在 2010 年出版了《天才在我们所有人身上》，则相当忠实地追随 Carol S. Dweck 的学说。他举出美国篮球巨星迈克尔·乔丹作为最有力的例证。乔丹在球场上弹跳的滞空时间是如此之长，乃至许多人怀疑是否地球吸引力还对他起作用。他正是利用这种超长的滞空时间演示出 NBA 历史上许多令人叹为观止的高难度动作。人们习惯于把乔丹看成是“无可争议的天才”，其能力绝非后天努力可以企及。但是，乔丹小时候运动才能平平，在家中他哥哥 Larry 才是个小明星。他在五个兄弟姐妹中，也属于最懒的，甚至高中时被校篮球队刷下来。要知道，篮球是碗年轻饭，二十几岁就到了顶峰。科比 17 岁就从高中直接进了 NBA。如果一个人连自己高中的篮球队都进不去，想成为职业选手是

[1] Shenk，69~79.

异想天开，成为 NBA 历史上最伟大的超级巨星更是痴人说梦了。但是，乔丹也正是从那时起开始发愤。一些观察家指出，在他日后的整个篮球生涯中，没有一位同类练得像他那么苦。甚至在一般的娱乐性练习中，没有教练监督，没有输赢压力，大家都乘机要“露几手”，频频演练自己最拿手的“绝活儿”。只有乔丹例外。他利用这样的机会，频频演练自己最不行的动作。[1] 这种自觉突破自己的“舒适域”、挑战极限的精神，和我们开篇提到的主动挨摔的一流花样滑冰运动员如出一辙。这也是为什么一流人才总能超越“自动期”而投入“深练”的秘诀所在。天才不是天生的，而是具有先天素质的人突破自我极限后的产物。大多数具有这样素质的人，并没有足够的努力进行这种自我突破。

这大概也是为什么英超著名的俱乐部布莱克本（Blackburn Rovers）派人专程拜访 Carol S. Dweck 的原因。布莱克本的足球学院，在英格兰排在前三位。其部门总监 Tony Faulkner 长期以来就有一个观察：许多大有希望的队员未能出头。他大致知道其中的原因。在英格兰的足球传统中，大家相信天才是天生的，靠练没有用。一天到晚苦练，无非是告诉人家你不是天才，不过是个“还可以”的苦力而已。这使许多希望之星半途而废。Tony Faulkner 面对这种强大的足球文化无能为力，只好跑到 Carol S. Dweck 这里求助。

上面已经论及，Carol S. Dweck 把人的气质分为“固态型”和“进取型”两类。她的目标是克服“习成无助”的痼疾，打造积极人格。在这方面，她把 Albert Bandura 的“自我效验”理论向前推进了一大步。Albert Bandura 的自我肯定，即我所谓的“正向心理循环”，固然能使孩子信心十足，使他们喜欢逞能、努力。但 Carol S. Dweck 发现，仅仅让人意识到自己的能力并不够。如果人把自己的超常能力看成固态的，就可能抑制自己发展的潜力。中国有所谓“聪明反被聪明误”的古训，讲的就是那些“自以为聪明”的人如何害了自己。Carol S. Dweck 在 20 世纪 50 年代读小学时，老师是个迷信智商的人，全部学生按智商排座位、分派工作。Carol S. Dweck 因为智商高，一直坐在第一排，自然从小就认为自己非常

[1] Shenk，69~79.

聪明出色。不过，她发现，许多和她一起坐在第一排的同学，最终都无所成就。而她自己虽然为坐在第一排而得意，但已经意识到自己的智力其实是可变的。这些经历滋养着她日后的思考：只有相信自己的能力是可以变的人，才可能开发自己的潜力。[1]

20 世纪 90 年代，还在哥伦比亚大学教书的 Carol S. Dweck 进行了一个著名的实验。她把 400 名七年级的孩子随机分为两组完成很容易的解谜游戏。事后对第一组的孩子不停地夸奖："你真是聪明！"对第二组孩子则称赞："你一定是非常努力！"接下来，这两组孩子在如下两种解谜游戏中进行选择：一种是容易的游戏，一种则难得多，不过老师告诉他们这组难的游戏可以让他们学到更多的东西。结果，被夸奖聪明的那组孩子，有一半以上选择了容易的游戏；被称赞用功的孩子，则有 90% 选择了难的游戏。[2]

Carol S. Dweck 和她的同事用同样的方法对纽约市 12 所学校数 100 名五年级的学生进行了另一次研究。这些孩子同样被随机分为两组来做适龄的智商测试题。测试完后,第一组得到的赞誉是"你真聪明！"第二组得到的赞誉是"你真努力！"接下来，这两组学生要对付难得多的智商测试，即八年级程度的测试题。结果，第一组孩子意气消沉，第二组孩子则竭尽全力。最后一轮测试，难度回到第一次测试的水平。第一组被夸奖"聪明"的孩子，成绩居然下降了将近 20%；第二组被夸奖"努力"的孩子，成绩则提高的 30%。[3]

Carol S. Dweck 接下来的问题是：是什么使这些学生们选择了不同的目标、有了不同的工作态度？她的结论是：前一组学生希望"显示"自己的才能，后一组学生希望"发展"自己的才能。在这里,"才能"对两组学生意味着不同的东西。对于第一组学生来说，才能是先天的、固定的，他们愿意把这种才能一遍又一遍地展示。对于第二组学生来说，才能是一个过程，是在不停的发展之中。这种发展的引擎是自己的努力。所以，他们不愿意重复已经掌握的东西，而急不可耐地

[1] Krakovsky，2007.

[2] Shenk, 79~80.

[3] Lehrer.

我们甚至可以在婚姻恋爱中看到这两种气质的对比。比如，你去问一些正在求偶的青年男女什么是他们理想中的配偶。"固态气质"的人回答是："对方要让我自我感觉良好；要尊重我，崇拜我。"甚至他们会说："我至少能在一个人的宗教中当一当上帝！"对他们来说，最重要的是"自我"。"进取气质"的人则回答："对方能够发现我的弱点，帮助我成长；挑战我成为一个更好的人；鼓励我进行新的尝试。"总之，他们从不觉得也不想觉得自己完美无缺。他们所专注的是学习和发展。

要闯入新的领域。对这两组学生，失败的意义也不同。第一组学生遇到失败，本能的反应就是“天呀，我不行！”第二组学生遇到失败，则采取了面对现实的态度：“我这套做法看来不行，要换个方法试试。”[1]

Carol S. Dweck 甚至利用哥伦比亚大学的脑电图室，让具有这两种精神气质的人回答各种问题，然后给他们回馈，同时监测他们的脑电波活动情况。结果显示，“固态气质”的人特别关心自己所显示出来的能力是什么，特别注意自己答案是否正确。当你提供一些能帮助他们学习的信息时，他们的脑电波中没有信号显示出任何兴趣。甚至当他们答错了问题时，他们也没有兴趣追究什么是正确的答案。“进取气质”的人则对各种问题中所包含的能够增长他们知识的信息感兴趣，似乎并不在乎对这些问题的回答究竟把自己排到什么智力水平上。这里的道理很简单：“固态气质”的人，心思全花在琢磨“自己是老几”的问题上。既然他们相信人的素质是固态的，自己究竟是老大还是老二、老三就变得至关重要。所以他们所做的一切就是证明自己，生怕自己不够聪明，乃至于通过躲避挑战来躲避失败。“进取气质”的人则是个学习者。他们为了发现自己的问题，宁愿去尝试失败，因而总愿意迎接新的挑战。

我们甚至可以在婚姻恋爱中看到这两种气质的对比。比如，你去问一些正在求偶的青年男女什么是他们理想中的配偶。“固态气质”的人回答是：“对方要让我自我感觉良好；要尊重我，崇拜我。”甚至他们会说：“我至少能在一个人的宗教中当一当上帝！”对他们来说，最重要的是“自我”。“进取气质”的人则回答：“对方能够发现我的弱点，帮助我成长；挑战我成为一个更好的人；鼓励我进行新的尝试。”总之，他们从不觉得也不想觉得自己完美无缺。他们所专注的是学习和发展。

精神气质对于企业的成功也非常重要。所谓“CEO 病症”就是一例。这种病症，指的是一些企业领袖总追求“证明自己”，要求部下崇拜自己，最后故步自封。这种病症的根源，就是他们人格中的“固态气质”。美国的经营奇才雅科卡就是

[1] Krakovsky, 2007.

一例。他 20 世纪 80 年代临危受命，出任病入膏肓的克莱斯勒汽车公司的 CEO，大刀阔斧地改革，奇迹般地让这一汽车巨头起死回生。但是，当他“证明了自己”以后，马上陷入“固态气质”中而不能自拔。他被一群崇拜者所围绕，把批评者踢开，不断生产同一型号的车，所做的仅仅是些肤浅的改进，最终和现实脱节，生产的车不被消费者接受，最终被日本车打得大败。

更糟糕的例子是震惊世界的安然丑闻。安然是位于美国的得克萨斯州休斯敦市的能源类公司。在 2001 年宣告破产之前，拥有约 21,000 名雇员，2000 年披露的营业额达 1,010 亿美元之巨，是世界上最大的电力、天然气以及电讯公司之一，并连续 6 年被《财富》杂志评选为“美国最具创新精神公司”。然而，这个拥有上千亿资产的公司多年来精心策划财务造假，最终在几周内破产。这一巨无霸的倒闭，不仅是一场华尔街的大地震，也把美国经济带入衰退。由此“安然”成为公司欺诈以及堕落的象征。安然的一个重大问题，就是对才能的崇拜。安然的信条，是把企业天才都招揽到自己的旗下，支付他们巨额薪酬，靠这些天才不断“证明自己”而把企业推上顶峰。于是，安然创造了一种独特的企业文化，员工不仅崇拜天才，而且自己也要表现得像个天才，甚至不是天才也要装成天才。Carol S. Dweck 的研究早就发现，那些不断被夸奖“聪明”的孩子，不仅害怕失败、厌烦挑战，而且在“证明自己”的压力下经常为自己的成绩说谎。这些正是发生在安然的事情。这个由经营奇才们组成的“梦之队”，最终成为一个谎言公司。[1]

Carol S. Dweck 的理论，也颇能用来解释为什么许多神童最终一无所成。在这方面，最为系统的例证大概就是美国智商理论奠基人 Lewis Terman 的神童工程。Terman 在 20 世纪 20 年代初用自己的智商测试在加州选拔了将近 1500 名神童，预期这些孩子日后将有非凡的表现。这群孩子中最顶尖的 5%，智商高达 180，已经接近伽利略，超过达尔文和哥白尼。可惜，一直延续到 90 年代的追踪研究显示，这些孩子长大后，虽然比一般美国人更健康、更成功，但很少有人成为天才。比如，他们之中没有一个获得诺贝尔奖，反而是两名当时没有被选上的孩子得了诺

---

[1] Dweck，15~21；108~109.

安然创造了一种独特的企业文化，员工不仅崇拜天才，而且自己也要表现得像个天才，甚至不是天才也要装成天才。Carol S. Dweck 的研究早就发现，那些不断被夸奖“聪明”的孩子，不仅害怕失败、厌烦挑战，而且在“证明自己”的压力下经常为自己的成绩说谎。

奖。没有人成为一流的音乐家，而两个没有被选中的孩子伊萨克·斯特恩（Isaac Stern）和耶胡迪·梅纽因（Yehudi Menuhin）则成了世界级的大师。为什么会如此？最常规的解释是，对神童的要求和对天才的要求是不同的。神童只要能够快速心算三位数的乘法，在大人眼中就已经很“神”了。他们能够完美无缺地展示高难度的钢琴技艺，就可以惊世骇俗了。但是，一个数学天才遇到的不是乘法的快速演算，而是发现和解决原创性的数学问题。一个世界级音乐大师，不仅仅要展示手指的速度和精度，还要挖掘人类的灵魂。神童的素质并不一定会简单地转化为天才的素质。不过，Dweck 的理论也许更有说服力：这些孩子一旦被大人标明为“神童”，就发展出一种固态的精神气质，觉得自己的天资是给定的，不是靠不断自我突破而塑造的。同时，他们不停地面对“证明自己”的外在压力，精力全放在如何赢得他人的赞许上，而不是专注于自我发展。他们要的是考试 100 分，而不是通过考试检验自己对哪些问题还理解得不透彻。可以说，Lewis Terman 的神童工程未必否定了他选拔孩子时所用的智商测试的准确性，而是恰恰证明了这种测试的结果，以及对这种结果的迷信，抑制了孩子们身上“进取气质”的成长。而这种气质对于天才来说，比智商更重要。事实上，三位康奈尔大学的心理学家在 1995 年对被 Lewis Terman 选拔出来的“神童”进行了广泛的研究。这些“神童”在 70 年后已经接近了他们人生的终点。回顾自己的一生，他们遗憾是，他们没有接受更多的教育，没有更努力，没有持之以恒。[1] 他们以自己一生的经验证明：先天的能力并不够用。天才是那些能够不断超越这些能力极限的人。

Carol S. Dweck 也正是沿着这一思路，对找上门的英超俱乐部布莱克本进行了如下分析：那些队员有的是自信，有的是“正向心理循环”。问题是他们把才能看成是一种固定的东西。他们可以不停地显示自己已经有的，却不愿意发展自己所没有的。这就造成了他们发展的停滞。改变这种心态非常困难，不像一个外科手术，把病体切除就完了。在她的建议下，布莱克本开始对新队员建立心理档案，并进行针对性的心理训练，塑造他们对才能与训练的积极态度。用其总监 Tony Faulkner 的话说：那些已经挣到百万的老队员，自然不会听你讲什么刻苦训练的重要。但是，我们瞄准每一个新队员，保持他们心理的可塑性，让他们意识到才能是可以不断通过努力被塑造的。[2]

Tony Faulkner 敏锐地注意到：这种心理的可塑性、这种进取的精神气质，从小培养比成人后再培养要容易得多。在这方面，其实早就有著名的案例。在 20 世纪 60 年代，一个研究小组开始对 123 名贫困的黑人孩子进行长期的系统跟踪研究。这些孩子在 3 岁时被随机分为两组：第一组给予高质量的学前教育，第二组则没有学前教育。等他们 40 岁时，再将他们拿来比较。结果发现，第一组比起第二组来，高中毕业率高了 20%，犯罪率低了 19%。这个结果本身并不怎么令人吃惊。令人吃惊的是这两组孩子日后不同命运的原因。从表面上看，第一组孩子因为享受了良好的学前教育，智商提高了。但是，这种提高仅是短期的。到 10 岁时，这些智商优势已经消失，两组孩子在智商上没有区别。但是，在自我控制和毅力上，第一组孩子则高得多。诺贝尔经济学奖得主、芝加哥大学教授 James J. Heckman 就

[1] Shenk，74~76，98.
[2] Krakovsky，2007.

此分析说，这种个人品性比起智力因素来，更能决定人的成功。可惜，整个一代科学家都专注于提高智能和成绩，误导了我们的教育。[1]

宾夕法尼亚大学的心理学教授 Angela Duckworth 对精英阶层的研究说明了同样的问题。她的研究对象是西点军校，并得到了美军的大力支持。西点军校不仅是美军培养领袖的大本营，也是美国一流名校，被录取的比例非常低。但是，尽管竞争进来已经非常困难，但到了第一个夏天训练结束时，就有 5% 的学生辍学。美军一直在研究是什么样的因素导致学生坚持下来。他们锁定了 SAT 成绩、体能等因素，但发现都难以说明问题。Angela Duckworth 则对 2008 年毕业班的学生发放问卷调查，其中包含着诸如“失败会不会挫伤我的意志”之类的问题。凡是在问卷中显示出坚韧不拔的毅力的学生，一般都比较成功。她接着测试了下面几班的学生，结果都是一样：毅力决定成败。事实上，1985 年的一项对 9 所大学的 3500 名学生的研究，分析了学生被录取前的 100 多种条件与他们在大学的表现之间的关系。这些条件包括社区活动、运动成绩、创造才能、个人自述（也就是自荐信）的质量、音乐才能、领袖才能、学术能力测验（SAT）成绩，等等。其中有一项历来不太被重视的，就是所谓“贯彻落实能力”（follow—through）。在这一项上得 5 分的学生，一般都在至少两项活动中投入了多年的时间，并且取得了明显的成绩。得 1 分的学生，则在任何活动都没有多年的投入。结果发现：“贯彻落实能力”比包括 SAT 成绩在内的任何指标都更能预测学生是否在学校扮演领袖的角色，是否在科学、艺术、体育、交流、组织等方面取得显著成绩；同时也是居于 SAT 和高中成绩排名之后第三项最能预测该学生是否会以优等生毕业的指标。[2] 根据这些研究和自己的调查，Angela Duckworth 的初步结论是，尽管美国的教育强调全面发展，鼓励孩子广泛地发展自己的兴趣，但是，那些能在有限的领域长时间地保持兴趣、激情和努力的学生，一般比较成功。她甚至分析了自己在哈佛读书时的同班同学。那些在选定的领域内能持之以恒的，一般都事业成功。最终她的结论是，天才的成功需要毅力。但毅力不等于简单的自我约束。能够长

---

[1] Lehrer.

[2] Duckworth, al.;

不管干哪一行，要想达到一流水平，除了天分外，还必须经过长期的、艰苦卓绝的努力。才能是最初的门槛，下一道门槛则是个人奋斗。大多数人是过不了这道门槛的。能够迈过这道门槛的人，大多有着“进取气质”，即相信自己的能力是可以通过长期进行艰苦卓绝的努力而提高的。

久保持毅力的人，一般都能确定自己的远期目标，理解任重道远的含义，持续保持自己的兴趣和激情。他们未必一定是苦行僧，未必在节食等方面持之以恒，也许偶尔会放纵一下，比如突然吃了过量的巧克力蛋糕，但从来不会一年换一个职业。[1]

如果我们把上述的讨论总结一下的话，那就是不管干哪一行，要想达到一流水平，除了天分外，还必须经过长期的、艰苦卓绝的努力。才能是最初的门槛，下一道门槛则是个人奋斗。大多数人是过不了这道门槛的。能够迈过这道门槛的人，大多有着“进取气质”，即相信自己的能力是可以通过长期进行艰苦卓绝的

[1] Lehrer.

努力而提高的。不相信自己的人固然难以成功，太相信自己的能力，比如认为自己有天生的素质的人，虽然会获得相当的成功，但很难达到一流。因为他们认为自己的素质是上天给的、一定的，进而不再十几年如一日地突破自己的极限。前面讲的英超里的许多非常有前途的球星，他们能在英超立足本身就说明相当的成就。但是，他们永远也不会充分开发自己的潜力，难以成为世界级球星。换句话说，所谓“相信自己”，并不是相信自己现有的才能，而是相信自己的潜力，即自我塑造的能力。

我们最后需要强调的一点，则是内在动机。只有很少人能够十几年如一日地投身于某一事业，所以成功者总是少数。维持这十几年的努力，除了相信自己的潜力外，还必须寻找到自我驱动的力量。心理学家 Eward L. Deci 的研究证明，外在的奖惩在许多情况下都可以刺激人们努力工作。俗话说，“人为财死，鸟为食亡”。许多人为了钱会发疯地工作。但是，他的一系列心理学实验揭示出，做同样的事情，人在外在奖惩的刺激下工作，远不如为了自己的爱好而工作有效率。对于一些简单、机械的工作，外在的奖惩可以轻易地提高效率。这就像我们在动物园看到的海豚表演一样。那些海豚在一点食物的奖励下，可以表演各种动作，工作非常努力。现代社会其实也是按照这种原则组织起来的。工薪阶层每天辛辛苦苦地上班，大多不是喜欢工作本身，而且要领工资。但是，这种制度有一个问题：一旦取消了奖励，努力也就消失了。海豚在饲养员不在时不会为观众的掌声而表演，工薪阶层在没有工资的情况下也不会上班。但是，天才创造的业绩，需要持续不断的努力。这些努力有时不仅没有奖励，甚至没有人理解。只有那些有内在驱动力的人，才能持之以恒地干下去。[1]

现在让我们再看看日本的奥运会花样滑冰金牌得主荒川静香：她为什么十几年如一日地在冰场上不停地摔？为什么所有一流运动员都喜欢尝试新的突破、并为此不停地失败，而二流选手则喜欢重复自己已经掌握的东西？答案在于：她和那些一流运动员一样，精神气质是进取的；二流运动员的精神气质则是固态的。

[1] Deci, 17~56.

“固态气质”的人希望呆在自己的“舒适域”内，慢慢一切都成了例行公事，难度越来越低。“进取气质”的人则不断突破自己的“舒适域”，调动所有的聪明才智探索新领域，引发的是我们前面反复讲到的“深练”。长此以往，这两种人的成就当然是天上地下。也许更为重要的是，她和许多创造出一流业绩的人一样，有着“知其不可而为之”的自我驱动力，乃至在看不到奖赏的情况下也能持之以恒。先天素质也许是天才的第一步。但是，只有走完最后一步的人，才能成为天才。天才的才能中，恰恰包含着这走完最后一步的能力。我们还是应该回到爱迪生的那句名言：“天才是 1% 的灵感，99% 的汗水。也就是说，天才经常仅仅是指一个有才能的人完成了他或她的所有家庭作业。”[1]

[1] 此话有多种版本，此处引用的原文为：Genius is one percent inspiration and ninety~nine percent perspiration. Accordingly, a 'genius' is often merely a talented person who has done all of his or her homework.

下　卷

行动示例

第一章 我们的教育为什么培养不出天才

从钱文忠解读《三字经》讲起

我在导论中曾经引用比尔·盖茨的话说："你如果把20位最聪明的职工从微软挖走，微软就成了个无足轻重的公司。"区区20个人，就能决定这一世界级企业的命运，可见人才是多么重要。我们可以顺着他的话进行同样的推理：如果你把世界最发达国家的头三十几万人才拿走（这大致相当于美国人口的千分之一），这个国家很快就会成为二流。中国的崛起，必须建立在人才或者天才的崛起的基础之上。遗憾的是，中国的教育体制在总体上已经失败。中国拥有的大学生人数居世界第一，达到三千万上下。但看看现实：大学每年都在出产大量没有足够技能、找不到工作的庸才。这对于中国长期的竞争力是个巨大威胁。不过，这也造成了"山中无老虎，猴子称霸王"、"矮子里面拔将军"的局面，使你稍一优异就可以出头。所以，我希望现在的年青一代不要找太多借口，要尽最大努力把自己训练成难得的人才。

怎么训练自己？通过前面几章的分析，答案是"深练"。如今大学生之平庸也正在于我们的整个教育制度强调的是"浅练"而非"深练"。你要成功，就必须反省这种教育方式，并对之进行突破。

我们传统教育的核心就是死记硬背，至今还有读经派，还强调让孩子在不懂的情况下背诵古书。不走这种极端的人，其实也好不到哪里去。从家庭到学校，背诵贯穿于我们的整个教育体制之中。你看看那些受过良好教育的孩子，哪个不能出口成章、一下子给你背出许多古诗？哪个家长不以此为自豪？然而，这正是典型的垃圾教育。孩子从小受此熏陶、养成了这样的学习习惯，对其一生为害甚大。我并不是说那些背古诗的孩子没有出息。相反，他们中许多人会非常成功。但是，他们的成功，在于他们所拥有的整体教育优势和他们的那些没有被死记硬背所扼杀的聪明才智。用更直接的话说，他们“尽管”死记硬背但仍然获得成功，而不是“因为”死记硬背而成功。如果没有死记硬背，他们会更成功。我们13亿的人口中，总会出现许多压抑不住的人才。但是，这些人才比起3亿美国人口中所产生的人才来，则又太寒酸了。所以，我们必须搞清楚的是，这些人才的成功因素是什么，又是什么妨碍了他们进一步发挥自己的潜力。

下面，我就从“深练”的角度，分析一下死记硬背的教育危害。

我们不妨以《三字经》为例。因为《钱文忠解读三字经》一书，关于《三字经》的知识大获普及。我个人虽然仅仅看了他“今天我们为什么还要读《三字经》”[1]一文，也收益甚多。根据他的描述，“《三字经》是儒家思想占据主流地位的传统中国社会众多的儿童蒙学读物里最著名、最典型的一种，且居于简称为‘三百千’的《三字经》、《百家姓》、《千字文》之首。宋朝之后的读书人基本上由此启蒙，从而踏上了或得意、或失意的科举之路。读书人对于它，当然是萦怀难忘的。在这样的大背景下，就连传统中那些通常认字无几，甚或目不识丁的底层百姓，起码也对“三字经”这个名称耳熟能详，时常拈出几句，挂在嘴边。”“古人蒙学特别看重背诵的功夫，所谓‘读书百遍，其义自见’，蒙学师基本不负讲解的责任。《三字经》等童蒙读物主要的功能就是供蒙童记诵。更何况，古时的蒙学师，绝大多数所学有限，不能保证能够注意到《三字经》本文中的问题，更未必能够提供清晰有效的解说。”如果你像我一样同意钱先生的描述的话，对死记硬背是中国传统教育的核心这一论断，应该是没有什么好怀疑的了。

把《三字经》简单地背下来，除了证明自己知书达理、认识几个字外，还有什么价值呢？我看价值非常有限。因为这里没有“深练”的卷入。如同我们前几章所分析的，学习经过三个过程：认知期，即学习陌生的技艺和知识的探索阶段；贯通期，即把所学知识和技能融会贯通到熟能生巧阶段；自动期，即已经纯熟地掌握了所学的技能和知识，到了“从心随欲不逾矩”、想错也错不了的阶段。[2]“深练”不仅要求学生走完这三个过程、达到自动期，而且还要不断挑战“自动化”

[1]《解放日报》2009年2月6日，此后相关引文均出自此文。

[2] Proctor & Vu, in Ericsson, et al., 266~267.

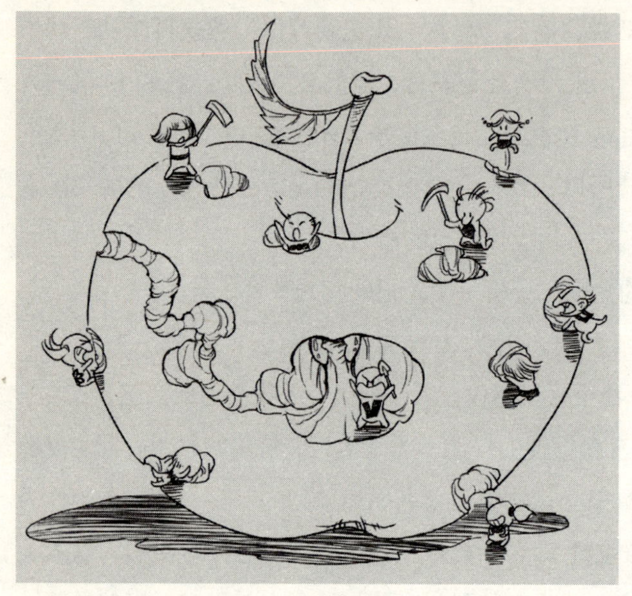

怎么训练自己？通过前面的分析，答案是“深练”。如今大学生之平庸也正在于我们的整个教育制度强调的是“浅练”而非“深练”。你要成功，就必须反省这种教育的方式，并对之进行突破。

的知识和技艺，把你不断地从轻松的“从心所欲”阶段拉回跌跌撞撞的探索阶段，不断地逼你走出“舒适区”而进入“学习区”。《三字经》则正好相反，目标是尽可能缩短甚至取消认知期和贯通期，一下子跳入自动期。《三字经》的文本编得琅琅上口，大大减少了背诵的困难，就是鼓励不太花心思的“自动”学习。但是，从我们前几章介绍的“深练”原则来看，这种“自动化”恰恰是最坏的一种学习方式。“深练”的一大核心是自己给自己找麻烦，自己给自己设置障碍，然后面对这些障碍来提高注意力，通过克服这些障碍获得更深化的技艺和知识，而不是尽量给你捷径、减少你的磕磕碰碰。

钱先生讲《三字经》，其最精彩之处就在于他至少部分地遵循了“深练”的法则。请大家读一下他对开篇几句的解读：

我在这里，就拿《三字经》的前四句做个例子。“人之初，性本善。性相近，习相远”这四句，许多人都可以朗朗上口，表面上看，没有任何难解的地方，甚至根本不需要任何解释。可是，真的是这样吗？

既然“性本善”,怎么紧接着就会说“性相近”呢？难道不应该是“性相同”吗？这里岂不是明显存在着逻辑问题吗？更何况，“人之初，性本善”又究竟是哪一位儒家大师讲的话呢？对不起，没有任何一位儒家大师说过“人之初，性本善”。那么，我们究竟应该如何来解释和理解呢？

我们一定要注意，儒家对于人性是善是恶的看法并不是统一的。儒家关于人性的理论主要有三派：性善、性恶、性有善有恶。其实，西方的思想家也有类似的分法。这方面的争论从来就没有停歇过，大概也没有哪种说法可以定于一尊。

比如孔子，他是持人性有善有恶的看法的，并没有下过断言。荀子则是认同性恶的。而孟子却是倾向于“性善”的。

孟子性善说的根据是什么呢？《孟子·公孙丑上》讲：“无恻隐之心，非人也；无羞恶之心，非人也；无辞让之心，非人也；无是非之心，非人也。”人之所以为人而不是禽兽，就是因为有这“四心”。然而，凭什么说，人都有这“四心”呢？《孟子·告子上》讲：“口之于味也，有同耆焉；耳之于声也，有同听焉；目之于色也，有同美焉。至于心，独无所同然乎？”《孟子·公孙丑上》里还举了一个例子：“今人乍见孺子将入于井，皆有怵惕恻隐之心。非所以内交于孺子之父母也，非所以要誉于乡党朋友也，非恶其声而然也。”孟子认为，这样善良的心理情感就是人性善的基础。

我们认真地思考一下，就会发现，孟子的逻辑是有欠严密的：其实，没有办法证明人都像孟子所希望的那样有“四心”；也不能保证人之于“味”、“声”、“色”皆有同样的感觉。无论多么不愿意，我们都不能不说，性善论的论证基础是很薄弱的。

尽管如此，我们还是可以看出，《三字经》主要是顺着孟子一脉来讲的。但是，要么是《三字经》的作者没有能够把握孟子的真实思想；要么就是他根据自己对孟子的理解，有意或无意地将“性（向或趋）善说”推到了绝对化的“性本善”

的绝境，那其实已经是谬误了。

正因为《三字经》是最普及的童蒙读物，原本近乎向壁虚造的、在儒家思想里根本不存在的“人之初，性本善”，竟然也就借势喧腾于人口，并由此深入人心。由“向”偷换到“本”，流波所及，关系极大。既然“性本善”了，那么，《三字经》的首要核心概念道德的“教”与“学”也就几乎成了无的之矢，顿时失去了前提和理由，余下的似乎也只能是技能方面的“教”与“学”了。毫无疑问，这肯定是和《三字经》所要传达的理念抵牾的。

这一个“本”字，对中国传统的文化心理带来的影响之大，远非我们所能想象。著名的美籍华裔学者张灏教授在其名著《幽暗意识与民主传统》中，有非常精当的论述，粗略的大意是：西方传统中，只有上帝是无罪的，人则都是有原罪的。换句话说，人性是恶的，或者有着不可忽视的恶的可能。因此，对谁都不可以无条件地信任，不能把权力集中起来交付给任何一个人，必须有法制来加以约束。而在中国，由于大家相信或是以为人性本善，那么，就可以用某种特殊的教育方式使得人人皆可为尧舜、满街都是圣人。于是，只要确信找到了一个“圣王”，就应该将一切都无条件地交托给他，哪里还有法制的必要呢？

尽管这里只能作最简单的介绍，但是，难道不已经足够让我们悚然了吗？说到这里，我们不禁会有点担心，接着“人之初，性本善”，《三字经》还怎么能够讲下去呢？幸好，紧接下来的“性相近，习相远”是确凿无疑地出自《论语·阳货》的，被戴上了莫名其妙的帽子的《三字经》正是接着这六个字铺陈开去。我想，其实《三字经》就以此两句开头或许更好。

我就以《三字经》开头的两句做例子，无非是想说明，我们其实对这部传统的童蒙读物并不熟悉，更谈不上有准确彻底地理解的把握。类似的例子，在《三字经》里所在多有，俯拾便是。不费一番力气，恐怕是读不懂当年的孩童读的《三字经》的。

我之所以这样洋洋洒洒地大段引用，主要是因为钱先生讲得精彩，尽管我并不全同意他对传统、经典，乃至《三字经》本身的看法。他的精彩之处在哪里？在于他反复提醒大家：你们对《三字经》并不“熟悉”。这里的“熟悉”二字用得很妙。“熟悉”是什么？“熟悉”就是我们前面反复讲的学习的“自动化”阶段——你对所学的东西已经是如此精熟，乃至可以“倒背如流”、“从心随欲不逾矩”了。这当然是技艺精湛的表现，可惜却也是学习的敌人。因为如果到此为止，你所精湛地掌握了的技艺本身就未免太肤浅了，不过是记住了一堆意思含糊的字词而已，派不上什么大用场。如钱先生所言，这种“所谓‘读书百遍，其义自见’，蒙学师基本不负讲解的责任”的方式，正是中国传统的读书方式。

钱先生则是从一开始就打破了这种方式，证明《三字经》“貌似熟悉实则陌生”，对《三字经》的头四句提出一系列问题，指出其中的许多矛盾，并就此追踪，一直讲到了《孟子》中的矛盾，对“本”与“向”进行了许多辩证，让大家对过去想当然的东西感到“悚然”。经他这么一棒喝，传统死记硬背中那种顺畅的“自动化”过程马上被打破了，一重一重的“路障”被设置出来了，学生必须提高注意力、反复琢磨着如何超越这些路障，并在这一过程中锤炼技艺、学习知识、发展才能。这样，大家就从我们前几章所讨论的对信息的“自动处理过程”回到了“控制处理过程”中来。这就是“深练”的开始。

想想看，如果钱先生不给我们设置这些“路障”、不对头四句反复质疑，而只是带着大家“朗朗上口”地读一遍，那会有什么效果？肯定许多读者和观众会像古代私塾里的孩子一样睡着了，要让老师叫醒挨板子。即使没有睡着，也学不到什么东西。我和钱先生素不相识，无资格在这里讨论他的学术渊源。但是，从网上能够查到的资料看，他早年调皮捣蛋，被担心考不上大学，大概很说明他挑战成规的天性。后来他就学于季羡林、金克木等先生。季羡林乃德国训练出来的东方学者。金克木我过去因为工作之便打过不少交道，是一位几乎对别人的每一句话都要挑战的老顽童，还口口声声“你们年轻人不如我年轻的时候那么大胆妄为”。后来，钱文忠追随季先生的足迹留德，甚至还有下海做生意的经历，绝非常规学者。他对《三字经》的这套讲法，至少不是单纯的传统学术所训练出来的。

我们都在中国读过大学。有多少老师是通过把经典的破绽和矛盾都提出来而开讲的呢？不管钱先生怎么强调传统，他这一套更像是西方大学里讨论班的方式。

当然，我对钱先生并非全无保留。他的讲解，是从挑战和分析文本开始，非常“西化”。但他讲的方法，则还是中国传统式的，即老师在台上讲、学生在下面听，权威色彩很重。这当然可能是为技术手段所限制而不得已的方式。毕竟在《百家讲坛》上你很难和观众进行有质量的互动。不过，在我看来，如果他讲《三字经》真能以西方大学中那种讨论班的方式进行，就可能精彩得多。比如，作为老师，他提出“既然‘性本善’，怎么紧接着就会说‘性相近’呢？难道不应该是‘性相同’吗？这里岂不是明显存在着逻辑问题吗？”我作为学生，则可以马上置疑：“‘性本善’为什么一定和‘性相近’矛盾呢？怎么‘性本善’就一定是‘性相同’？难道大家不能既非常的‘善’，同时又彼此有些不同吗？难道‘善’、‘本’只能是一个东西、一种品质？”这个话题，其实在全球化的今天非常有现实意义，可以帮助我们理解多元文化价值的和平共处、相互学习的问题，以及普世主义和文化相对主义的冲突。比如，我们在谈论多元文化的价值时，是否应该承认每个文化都有对“善”的追求，但这些文化所追求的“善”彼此又有些差异呢？他把大家“熟悉”的东西破解了。我则试图把他“熟悉”的思路给破解，相信他也会对我的挑战提出非常有洞见的回应。这样才能走出“自动化”的学习模式而深入讨论知识和道德的问题。

我对他最大的保留，还是他没有把自己破解大家所“熟悉”的成规的学术方法进行到底，反而引用顾静先生的话对《三字经》的意义进行了一番不当之褒扬：“《三字经》三字一句的形式及简明赅备的内容——前者语句简洁、抑扬顿挫，故而朗朗上口而易记易诵；后者则以短小的篇幅最大限度地涵盖中国传统社会的各种常识，提挈儒家文化的基本精神。通过《三字经》给予蒙童的教育，传统社会在一定程度上规定了一个人在社会化过程中建立起来的内在价值取向与精神认同。”

如前所述，“朗朗上口”的轻松愉快是“深练”的最大障碍之一。它让你跳过重要的细节（比如“性本善”和“性相近”是否一定冲突等），通过人为的流畅学习过程对你进行精神催眠。这几乎就是洗脑。你如果本着“读书百遍，其义自见”的态度盲目地诵读《三字经》，你达不到钱先生那样复杂的理解。钱先生那种在字里行间寻找文本矛盾，甚至挑战文本的方法，是西方教育的常规，也是一种“深练”的方法。

哈佛大学的心理学家 Ellen J. Langer 对此有颇为深入的分析。那种朗朗上口的童谣，经常利用熟悉的句式结构和节奏来助长思想的懒惰，使人进入一种“无脑”（mindless）的催眠状态。比如，许多人都可以一边看电视一边打毛衣，或者一边开车一边听音乐。因为打毛衣和开车的技能都已经变得如此熟练，乃至不要求什么注意力就能完成。这就是我们在本书中反复讨论的“自动化”阶段。心理学家 Leon Solomons 和 Gertrude Stein 在 1893—1898 年间就进行过实验，揭示了所谓“分割人格”，即一心二用：一个人可以照常写字，同时读一段精彩的故事。经过一段练习，他甚至可以一边阅读一边听写。但事后他完全不知道自己听写下来的字是什么。也就是说，经过重复性练习，人们可以自动地做某些事情，但对之没有给予任何注意。这就是 Ellen J. Langer 所谓的无脑状态。无脑状态让人凭着本能、按照例行的程序行事，如同没有智力的机器一样机械地运转。这种无脑的思想和行为，不仅发生在一般人中，也发生在教育程度非常高的人身上，在现实中会造成巨大的恶果。Ellen J. Langer 的祖母，晚年有病去看医生，告诉医生自己的脑子里似乎有条虫子在爬，搞得她坐立不安。医生马上作出诊断：她患了老年病，因而有各种古怪的幻觉。但是，她去世后脑解剖才发现，她脑子里长了瘤，医生根本没有往这方面想。因为那医生碰到的各种古怪的老人太多了，觉得人一老就糊涂，就会有许多离奇的感觉。这种经验重复多了，医生就在“无脑状态”中进行诊断。结果发生了误诊。[1]

一个少年可以一边“朗朗上口”地背诵《三字经》，甚至《四书》、《五经》，一边满脑子性幻想。因为“朗朗上口”帮助他在无脑状态中完成自己被要求完成的事情，然后利用“分割人格”的机制把精力集中在幻想中的性行为上。这样如

[1] Langer, 1～22.

何能传递传统文化的价值呢？从表面上看，这种机械重复式的学习，和音乐训练非常像。你看那些音乐家，往往一个乐句练上千遍。这难道不是重复吗？因为小女学习钢琴，我留心观察，才知道其中的奥妙。她上课的教室里有条醒目大字："你可能犯的最大罪孽就是机械地弹琴。"在反复练习中，完全防止这种事情发生非常困难。比如，当重复练习到一定程度时，脑子即使空空如也，手也可以凭着肌肉记忆自动把曲子准确地弹完。针对这种现象，老师经常让学生离开琴键、在脑子里把琴弹几遍，或者以"慢动作"的节拍弹奏。诸如此类的种种变化，旨在防止学生掉入"琴弹千遍,其曲自现"的自动化陷阱。稍有音乐鉴赏力的人就知道，心不在焉、凭手指的肌肉记忆弹出来的曲子，没有任何艺术价值。但是，中国的经典教育，竟然崇尚这种无脑式的学习。

西方的经典教育则与此形成了鲜明的对照。最近西方也有小小的经典热，一些夏令营组织 12 到 17 岁的孩子读经典，如荷马、柏拉图、维吉尔、伏尔泰、杰逊，等等。最近《华尔街日报》的一篇文章在介绍这样的经典课程时，开篇的一个场景非常说明问题：

> 一个夏日，在斯坦福大学的教室里，一个 12 岁的金发女孩儿站起来对抗她的老师："你错了！"她哭着冲出了教室。那位教授是位伦理学老师，正在试图证明为了救 5 个人而杀害一个人在道德上是容许的。到了吃晚饭时，那位教授和这个女孩儿又坐在一起，试图用思想家对思想家的方式解决他们之间伦理观念的不同。那女孩儿脸上还露出了笑容。[1]

显然，教授讲的问题，是经典中讨论的，也是现实生活中会碰到的问题。当你受到脑损伤正在昏迷时，医生有没有权力在没有你同意的情况下让你安乐死，然后用你的器官拯救另外 5 个需要不同的器官移植的病人？当一个身怀三胞胎的母亲得知胎儿生命危险、如果打掉一个会保住两个时，她和自己的医生有无道德

[1] Smith, Emily E.

上的理由这么做呢？当飞行员知道飞机已经失去控制，在他跳伞前是否应该把本该坠落在市中心的飞机尽量导向人口相对稀少的郊区呢？你有什么权力决定为保住某些人的性命而去伤害另外一些人？这种痛苦的道德困境，一度让那个女孩子痛苦得无法承受，她一天都会被这个问题折磨。也许，等夏令营结束的时候，她对这个问题也找不到答案。她的学习过程会是缓慢的。但是，这种灵魂的挣扎，会是刻骨铭心的，她一生也不会忘记，甚至可能成为她一生的道德动力。她日后如果成为一个大法官，她在一些重要的法律仲裁上就必须面对同样的挣扎。到那时候，她一个人的意见就可能影响未来多少代人的生活。事实上，看看美国最高法院面临的问题，从堕胎权利到干细胞研究，无不涉及这些深刻的道德和法律问题，这个国家“最好的大脑”，也就是那些领袖和学者们，为这些问题辩论了几十年也还没有结论。而这正是人家 12 岁的孩子开始学的东西。想想看，如果她选择一个容易的方式，朗朗上口地背那易记易诵的《三字经》，等着“读书百遍，其义自见”的话，她这一暑期将会有什么收获？她受这样的教育长大，日后能够胜任法官这种神圣的职责吗？

在斯坦福的经典夏令营中我们看得很清楚，教授把孩子当成一个思想家，和自己是对等的。《三字经》的教育，则是把孩子当“蒙童”，对孩子的心智没有起码的尊重。如果你把孩子当成思想家，孩子就可能成为思想家。如果你把孩子当“蒙童”，孩子到了大学毕业也还是“蒙童”。且不用说当什么法官，哪家公司会雇佣一个“蒙童”来充当白领呢？中国的年轻人在天才的竞争中，首先输在了起跑线上。

如前几章所述，“深练”的方法，是把那种“朗朗上口”般的流畅的东西打破、切碎。然后慢下来，一个细节一个细节地消化。其实钱先生已经给我们做了非常出色的示范：他把《三字经》头四句拿出来，掰开揉碎，分析其中的种种矛盾，“蒙童”们随口而过的东西，在他这里放慢了，让他不停地讲了半天。如果他真能和你用斯坦福夏令营那种方式坐而论道，以思想家对思想家的方式进行论争，那么也许双方都会有一番精神挣扎，会获得教学相长、刻骨铭心的“深练”的效果。我这里遗憾的是，钱先生到最后一刻回归了传统，来了个自我缴械，把

Daniel Coyle 跑遍世界著名的人才培养基地：足球、网球俱乐部、音乐学校……他让那些未来的天才们用一个字来描述他们对最有效的训练的感受，得到的是如下一个词汇表：注意力、连接、建构、整体、警觉、集中精力、错误、重复、疲劳、觉醒。

他听不到的词汇是：自然而然、毫不费力、常规、自动。

自己分析文本的本领全丢了。以为诵读“朗朗上口”的《三字经》就能提供中国的“软实力”。你自己想想就知道，这么读书孩子会读傻的，长大唯唯诺诺，很难发展出独立的思想。真正有“软实力”的，怕还是斯坦福大学夏令营那位内心充满了痛苦和挫折感，乃至会哭着跑出教室的女孩子。

Daniel Coyle 跑遍世界著名的人才培养基地：足球、网球俱乐部、音乐学校……他让那些未来的天才们用一个词来描述他们对最有效的训练的感受，得到的是如下一个词汇表：

注意力、连接、建构、整体、警觉、集中精力、错误、重复、疲劳、觉醒。

他听不到的词汇是：

自然而然、毫不费力、常规、自动。

还有，他很少听到“天才”这个词。这些天才从不认为自己是天才，而觉得一切都是有效的训练的结果。

这些说明什么？说明了“深练”的现实：你永远试图达到目标，但永远是差那么一点而没有达到，于是你又开始估价你的努力和能力与想达到的目标的距离，然后开始下一次的努力。[1] 在上述词汇表中，唯一能够和我们的死记硬背接近的是“重复”这一词。但是，如同前面几章所分析的，这种重复，是失败后反省、重新奋斗的“重复”。其中有强烈的自我挣扎、自我修正，以及老师、教练及时的反馈。这和机械的重复不可同日而语。

从豆腐西施到作坊制

中国那种以死记硬背为核心的课堂教育，目标就是上面提到的“自然而然、毫不费力、常规、自动”等才能训练中最应该避免的东西，对人的发展非常有害。相反，一些反主流的做法，倒是更有希望。

《中国青年报》曾经报道过一位在长春某高校攻读电子信息技术专业的大四学生卜睿放下热门专业，卖豆腐创业的故事。细读全文，实在觉得这是个成材的经典版本，不仅对当今许多野心勃勃却又走投无路的青年有很大启发，也对彻底改造我们的教育哲学、改造我们的大学提供了重要的参照。

不妨先把这篇报道的要点摘录如下：

长发披肩、容貌清秀的卜睿毕业后每天都会准时现身早市卖豆腐，被人送了个“豆腐西施”的雅号。虽然生意兴隆，却是舆论哗然。第一个反对的是她自己那位在下岗后不得不摆豆腐摊儿谋生的父亲：“俗话说，三大苦行业——打铁、撑船、卖豆腐。干这行，头天晚上就要进作坊，磨浆，熬浆，点脑，上包，压包，干完已经凌晨4点，也该奔早市了。活儿累，赚钱不多，还不稳定。要不是家里上有老下有小，我绝不会干这苦差事。”卜睿家从爷爷辈就开始做豆腐。父亲不能理解，辛辛苦苦供女儿读完大学，孩子为啥要回过头来走父辈的老路。

天涯社区一位网友也发帖质疑：“卖豆腐技术含量不高。如果简单的体力劳

[1] Coyle, 91~92.

动也让大学生从事，社会应该反省一下，这种浪费人力资源的制度是不是出了问题？我们究竟要培养什么样的大学生？”

卜睿卖豆腐的事在当地见诸报端后，因为“觉得问题比较严重”，该校就业指导中心主任甚至还专门找卜睿“谈了一次话”。

“电子信息技术专业，录取线在全校各专业中都是比较高的，学生素质不错。摆摊卖豆腐，4 年所学无法发挥作用，未免有些人才浪费吧！”该校分院一位党委书记也皱着眉头说。

卜睿自己则另有看法。她是班级团支书，常拿奖学金，找工作并不该成问题。但受金融危机影响，当前多数公司月工资也就 1200 元起薪。她对待遇不满意。更主要的是，她从父辈眼中“没前途的苦事”中看到了商机：

“家里世代做豆腐，技术是祖传的，口感非常好。以前节假日在家帮忙，看到很多人站在寒风中排大队买，市场空间明摆着，但我们家豆腐作坊太小，产量有限，一天只能做三四十板，自然赚不了多少钱。”

她的理想是开一家豆腐加工厂，把生产扩大 10 倍、100 倍，做出规模效应。“同时，在原来水豆腐和大豆腐的基础上，增加干豆腐、豆浆等各色品种，打造出‘卜家豆腐’品牌，进驻超市。剩下的豆腐渣，用来喂猪，发展养殖业。”

因此，大四上学期，当同学都在忙着找工作时，卜睿开始了“练摊儿”生涯。她要从第一步做起，摸清豆腐生产销售的各个环节，把握顾客对豆腐的口味要求，考察竞争对手的情况，学会与小商贩打交道。

每天清晨 4 点半起床，从寝室奔向市郊的作坊，把豆腐搬上货车，运到早市。清晨 6 点，准时把一板板豆腐切好，开始吆喝……刚摆摊儿时，同寝女生都过去帮忙，但几天“颠倒黑白的生活”下来，大家都觉得“太累”，最后只剩下卜睿还在坚守。

仅仅是卖豆腐，卜睿也比别人卖得好。摊前那个醒目条幅，抓住了公众的两个心理：“卤水豆腐”，打出了纯天然品牌；而“大学生自主创业”，则让很多人生出了“支持一把”的想法。此外，卜睿的热情与她时不时穿插介绍的豆制品养生常识，也让顾客很受用。在早市上，相邻的豆腐摊冷冷清清，而三十多板“卜家豆腐”不到两小时就全卖完了。

上午9时早市收摊后，卜睿又一头扎进长春各大农贸市场，观察各处豆腐销量，记录畅销品种。一旦看见新产品，她务必要买回来尝尝，比比和自家豆腐的口感区别。

面对女儿的执着，卜睿的爸爸让步了，“我卖豆腐确实没有长远目标，觉得小打小闹能过下去就可以。孩子不一样，她有宏伟蓝图，有决心和毅力，得支持。”

校就业指导中心的老师与卜睿“谈完心”后，态度也发生了180度的大转弯，主动建议她延长摆摊时间，提交创业计划书，争取拿到学校设立的创业基金，并表示可以联系有创业经验的专家和老师，为她解读有关创业政策。

“2000平方米的厂房，旁边是工人宿舍，附近还要盖一个养殖场……”卜睿计划中的豆腐厂，投资大概要四五十万元。虽然启动资金已基本筹集到位，但土地审批一直没办下来，许多后续工作由此无法开展。

“我原来把创业想得太简单，以为注册、办些手续，只要自己努力，就OK了。但与现实磨合后，我发现很多事情要等待，很多经营知识还需恶补。”卜睿说，“没有人天生会创业，就让我从最基础的学起吧！”[1]

不到一年，就有新的追踪报道出来：卜睿的豆腐摊每天的营业额达3000多元钱。据她自己说，“我们从原材料、加工步骤方面投入比较大，利润只有20%，所以每天的纯利润只有600多元钱，一年的纯利润20多万。”她和家人花了42万元在二道区英俊镇胡家村购买了一处场地，并计划建设厂房，预计投入40~50万元，并打算利用加工豆腐剩下的豆腐渣等余料来养猪，建一个正规的养殖场，带动周围的农户搞养殖。在玉树发生地震之后，卜睿捐出自己一天的营业额。[2]

卜睿最终是否能够成功，我并不能预料。毕竟，生意场上风云莫测，或许还要面对黑社会横行、官僚腐败，中小个体经济的生存环境非常险恶，无权无势的大学生直接创业的成功率并不高。不过，这不是我们讨论的要点。我们分析的是成功的内在素质。至少从报道上来看，卜睿具有种种成功的素质：知道自己在干

[1]《中国青年报》2009年5月23日。

[2]《城市晚报》2010年4月10日。

什么、优势在哪里，有着超常的动机、毅力和信心。事实上，她也初战告捷，发展前景非常乐观。一个不知名的大学出身的毕业生，如今最有可能的命运是当“蚁族”。但她居然在创业的第一年就能创造 20 多万的利润，并且已经投资 42 万买了地，再准备贷款投资 40~50 万盖厂房，魄力非凡。有几个北大清华的毕业生刚刚出校门就能做到如此规模？

关于大学毕业生创业的问题，目前尚有许多争论。新东方的总裁俞敏洪先生曾警告大学生创业要慎重，因为风险太大，失败率很高。几年前我曾写了篇有关大学教育的文章，批评现在的大学生读书和选择专业喜欢追时髦，缺乏自己的思想和对未来的设计。结果，一位在波士顿读经济学的中国研究生误认为我盲目鼓励大学生创业，写信来指责我不顾有关数据。确实，铁铮铮的统计数据证明大学毕业生创业大部分都以失败而告终。根据 2009 年的报道，“广东大学生创业成功率只有 1%，全国大学生创业成功率最高的是浙江，但也只有 4%，而全世界学生的平均创业成功率是 20%。”[1]

中国大学生创业成功率为什么如此之低？这个问题需要特别的研究才能回答。凭我们的常识判断，外在环境显然是个问题。试想，你刚开的店铺，黑社会就找上门来索要保护费，小本买卖还怎么做？但是，从教育的角度讲，习惯于死记硬背的课堂教学的学生，面对真实的生活手足无措，导致事业失败，也并不那么令人奇怪。上面那位中国研究生对我的指责本身就很能反映应试教育的心态。在他看来，是否应该创业，应该看看过去的统计数据，看看有多少成功率。这并非没有道理。但是，那些统计数据不过是说明了别人的表现。别人失败，怎么一定就意味着你也会失败呢？在被应试教育所塑造的人眼中，生活就是一道选择题。你选错了答案，那就是错了。你看见前面那么多人选择了创业，并且都失败了，那就说明那是个错误的答案，不该选。如果照这个逻辑，比尔·盖茨当年就不应该从哈佛辍学创业，今天的微软也无从存在。毕竟，即使在美国，这种大学生创办的高技术产业大部分都以破产告终。统计数字告诉你的是失败。

[1]《广州日报》2009 年 2 月 20 日。

我个人的经历，也塑造了我不用别人业绩的统计数据规划自己的道路的信心。当年上大学决定读中文系、希望未来有个文字生涯，家长极力反对的理由就是这种“统计数据”的理论：你看看周围，谁能靠写东西过个像样的日子？当我 28 岁几乎从零开始学外语时，大家更觉得我疯了：这把年纪从 ABC 念到常青藤，岂不是痴人说梦？你见过哪个人能走通这条路？但我的回答是：别人是别人，我是我。我要试试自己的路，我要有自己的奋斗方式。这涉及我们前面几章讨论的核心：一流的人才和一般的庸才有非常不同的习惯和本能。庸才之所以是庸才，就在于他们希望躲在自己的舒适区中，怕冒险，怕失败。一流的人才则希望冒险，不回避失败，甚至在明明知道自己更可能失败的情况下去尝试。根据我们的“深练”理论，失败是“深练”的必要程序。失败使我们突破自己的“舒适区”，进入“学习区”。失败提高了我们的警觉和注意力，集中分析每一个细节，有针对性地进行即时的自我调整，在修正的前提下进行重复，最终发展出新的技艺。

所以，你要成功，未必一定要上名校、遵循中国大学指引的道路，卜睿的路可以是很好的选择。这并不是因为她创业一年的好生意足以见证一切。而是她的模式在世界史上被屡屡证实，甚至成为西方崛起的秘诀。反而是中国那套死记硬背的教育传统，把她的道路贬低为旁门左道，压抑了我们这个民族的创造性上千年之久。

卜睿的模式，实际上就是中世纪的作坊制。一提起中世纪，许多人的脑子里想到的就是愚昧落后。其实，欧美学者早已认识到，中世纪是现代性的起源。许多人类最有生命力的制度创新，比如大学，就是起源于中世纪。作坊制是中世纪留给人类的另一个宝贵财富。作坊制创造了一种以解决问题为中心的学习过程，和以学科制为核心的学校教育迥然不同，并符合我们强调的“深练”理论。比如，卜睿家里世代卖豆腐，并习惯于把这看成没有前途的苦行当。习惯于在学科制中死记硬背的人也会说，卖豆腐技术含量不高，一个学电子信息技术的热门专业，并且拿着奖学金的优等生从事这种低级行业，实在是辜负自己的所学。这些习惯的看法，其实就是我们所谓的“自动期”或“程序期”中形成的思维定式。卜睿的第一个成就，就是突破这一自动期的既定程序，认定卖豆腐可以是个有前途的行当。或可以说，她父辈卖豆腐不过是机械地继承家业，是“自动期”的延续，

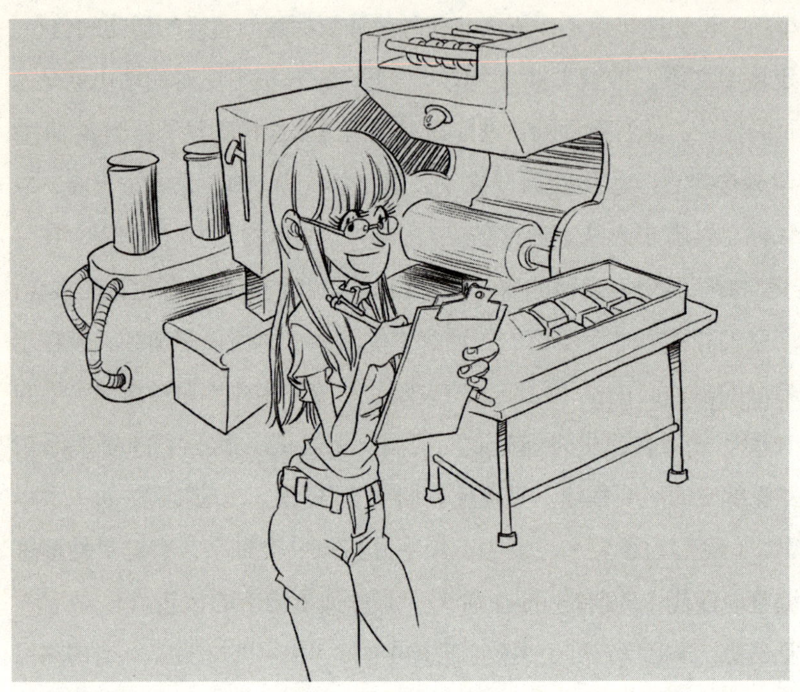

卜睿家里世代卖豆腐，并习惯于把这看成没有前途的苦行当。习惯于在学科制中死记硬背的人也会说：卖豆腐技术含量不高，一个学电子信息技术的热门专业，并且拿着奖学金的优等生从事这种低级行业，实在是辜负自己的所学。这些习惯的看法，其实就是我们所谓的“自动期”或“程序期”中形成的思维定式。卜睿的第一个成就，就是突破这一自动期的既定程序，认定卖豆腐可以是个有前途的行当。

一切按既定的程序走，从来不会觉得这个行业应该有什么新的前途和目标。卜睿卖豆腐，则一下子进入了“认知期”或“宣明期”，要给这一祖业重新确定目标，在更高的层次上开始新的学习过程。在卖豆腐时，她又发现自己家的作坊太小，需要扩张，于是有了投资发展的设想，显示出她不断突破自己的“舒适区”的倾向。这种从销售到生产的扩张，实际上就是企业的“纵向整合”（vertical integration）。所谓“纵向整合”，是微观经济学和管理学中重要的概念。所指的经常是销售业进行回归性的扩张，把支持销售的诸环节，如运输、生产、原料供应等，逐渐整合到自己的企业体系中。当卜睿设计这样的战略时，就已经涉及经济学或管理学院教科书中一些非常有深度的经典问题。她甚至懂得游说政府，并成功地从市长那里赢得支持。这大概属于哈佛肯尼迪政府学院中讲的内容了。所不同的是她从作坊学徒开始，通过实际动手学会，而不是从教科书的选择题中找到的正确答案。作坊制的优点，就是引导卜睿这样有强烈动机、“自我驱动”的人在解决具体问题的过程中有针对性地学习技艺，并把各学科整合在一起。

正是因为这些特点，作坊制对人类文明作出了重大的贡献。有学者称15世纪的佛罗伦萨构成了人类历史上人才最密集的时空之一。几万人口在几代内产生了达·芬奇、米开朗琪罗、马基雅维利等一系列人类文化巨星。其窍门在于其教育系统以作坊制为核心。男孩7岁进作坊，针对具体的活计而学习手艺，随时要解决制造过程中出现的新问题。比起死板的学习课程来，在作坊中不断解决问题更刺激“深练”。也难怪，米开朗琪罗小时候先进作坊再进学校，但马上无法忍受学校的课程，又回到了作坊，最后成为文艺复兴的顶尖艺术大师。[1] 对英国工业革命的研究也揭示出，作坊对工业革命核心技术发明的贡献，不亚于大学。绝大部分发明家是工匠之子，没有上过任何大学。当时英国一般老百姓所受的教育，多是从最初级的乡村学校开始，然后上语法学校，大体相当于现在的中学，然后再到作坊当学徒。大学基本还属于上流阶层。所以，作坊大致就是普通人的高等教育了。送孩子到作坊当学徒，要求父母缴纳一大笔准入金。更富裕的工商阶层，也会花大笔钱把孩子送到商行里当学徒。当时之所以那么多人愿意花这笔钱，说明作坊作为一种教育体系非常有效率，打开了孩子的成功之门。发明早期蒸汽机的纽科曼（Necomen）、发明水利纺纱机并创建了第一所纺织厂的阿克莱特Arkwright、发明珍妮纺纱机的哈格里夫斯（Hargreaves）、发明走锭纺纱机的克朗普顿（Crompton）、通过把煤转化成焦炭而掀起冶炼业革命的达比（Darby）、发明用于钢铁工业的钢辊的科特（Henry Cort），都具有非常少的学校教育，但在作坊中经受了严格的工匠训练。创立了进化论的达尔文，是来自著名的富裕家族。但是，他的外祖父韦吉伍德（Josiah Wedgwood）不过是个陶匠之子，在陶工的作坊里当了5年学徒，最后创建了第一家陶瓷厂。[2]

许多智商专家经过测试展示，中国人的智商可能比白人略高，至少不会低。

[1] Coyle, 61~66.

[2] Allen, 242~267.

但是，最近几百年，中国人口最多，但对人类文明的贡献则远不如英国这种“弹丸小国”。为什么？其中一大原因，就是中国人把大学里的鸿儒名硕敬为“大师”，宁愿跟着他们照本宣科；同时把那些在作坊中改变世界的人不屑地视为“匠人”，看不起他们的“奇技淫巧”。这种弃“深练”而崇拜“浅学”的传统，不知道浪费了多少中国人的智慧。

第二章 百日内能读《时代》周刊：“深练”例证

中国陷入英语热至少有30年。上千上万的人投入大量精力学英语，但是往往毫无结果：他们照样不能在实际生活中用英语推进自己的事业。甚至有位英语专业出身的编辑私下对我抱怨：大学所学的语言技能工作时用不上，几年就荒废了。早知如此，当初还不如不投入那么多时间学英语。

本章则要以我的亲身经历告诉你：假如你的英语程度是高中毕业生的水平，大致有3000个词汇量，按照我的方法“深练”一百日，不借助字典就大致能够阅读《时代》周刊。《时代》周刊是一本在英语国家也属于高词汇量的时事杂志，属于有教养的阶层的读物。英语到达这样的水平，就可以不太费力地在工作中运用。

英语学不会吗——一个失败者的经验

本章讲的是我个人的经历，并希望从这种个人经历中给读者一些建议，对中国传统的外语学习方法进行若干反省。首先我要针对的是本书的核心：“深练”。学英语和学习其他任何技艺一样，只有“深练”才能进步，“浅练”则最终无功而返。其次，遵循“深练”的原则，我要讨论一下你是否应该学英语，如何根据实际情况发展你的专项技能，学习英语要有什么样的心理准备。

我之所以把个人的经验和体会写进这本讨论天才的书中，绝不是因为我认为自己是天才。相反，我在学习外语方面相当低能。这也不是故作谦虚。根据我从小的观察和经验，我无论学什么课，只要用功，基本都能在同伴中比较出类拔萃。看看，我其实还是自视甚高的人。但是，一学英语，我最多就是中等。一个习惯于学什么都比别人快的人，突然落入中游水平，心理的挫折感自然很大，难免夸大自己的无能。长期以来，我就一直认为自己在英语方面能力非常弱，甚至怀疑有什么先天障碍。这种自我认识，对学习过程又有重大的反馈，形成了“英语永远也学不会”的自我定见，结果不仅是更笨，而且浅尝辄止。应该说，从1979年上大学到1989年发誓开始学英语为止，我在“英语热”中是个典型的失败者。我走走停停，最后勉强掌握的最多不过是《新概念》第一册，需要从《新概念》第二册第一课学起。[1]

不过，1989年夏天我决定出国留学，发誓用几年攻克英语。此时已经28岁，身边的亲友都认为这是不可能的，甚至从小打着我学英语的父亲也觉得我有点发疯了。但是，日后我却突然开始在这方面成功。比如，在1989年秋我还在《新概念》第二册上挣扎，1995年秋则进入耶鲁大学学习。1997年36岁时，在经历短暂的挫折和放弃后，又开始学习日文。如今，这两种语言文字都成了我事业中非常有用的工具。我的主要工作，就是用英语教书、做研究、写论文，甚至还在《纽约时报》评论版的头条发表过文章，接受过美国公共广播电台的采访。这样历数自己的“优胜记略”，未免有自我吹嘘之嫌。我在这里希望证明的是：像我这么一个能力中下的人，经过“深练”能够走多远。要知道，我开始学习英语时已经快30了。大部分学习过程是30岁以后完成的。如果说我在十几、二十岁出头时的语言学习能力是中等的话，过了30肯定就是中下了。这在我学习日文时表现得特别突出，有精确的分数作为证据。比如，我第一次开始学日文时，其实还是35岁在耶鲁攻读硕士课程的第二年。我几乎投入了所有的精力，甚至不惜忽视其他课程，但学到一半就觉得根本跟不上，只好半途而废。第二年进了博士班重新来，觉得自己怎么也算挣扎了半个学期，有所准备，比那些从来没有碰过日文的同学有优势。果然，刚开始几次测验，我在班上都是头几名，显然属于“有底子”的。但是，自此之后每周的测验名次都持续下跌，到了期中几乎跌到最后几名。期末时只好放弃其他课程全力恶补，终于在期末考试中回升到中上游水平。第二年（1998年）夏天去明德大学（Middlebury College）参加9周集中营式的强化班。明德大学大概是美国最有名的外语训练基地。当时有个入学摸底考试，还有个毕业成就考试。其实两个考试一模一样，目的是看你在9周中究竟进步了多少。我在那个班里最要好的朋友是来自布朗大学的一个19岁的黑人女孩儿，她也被全班

[1]关于我耽误了英语学习的经历，可参见拙作《北大批判》。

视为天才。她在两个考试之间提高了 40 分的成绩，我的成绩则仅提高了 2 分！一般而言，如果你是我这么个笨得出奇的“蜗牛”的话，你会彻底放弃对自己的信心。其实我早在上大学前就暗暗下定决心：世界上可干的事多着呢，绝不沾和外语有关的事情，我实在不是个学外语的材料。1979 年高考，我文科总分在北京大概是前 10 名。但英语卷子一个大字不识，只凭瞎蒙在选择题中撞对了 10 分。好在那年属于文革后非正常时期，英语只算 10% 的成绩。我的 10 分换算成了 1 分。可见我是早就放弃了英语的人。但是，阴差阳错，在 28 岁时不得不捡起这个不愿意学的语言，经过“深练”，英语竟成了我的饭碗！

立志为什么重要

俗话说，“有志者立长志，无志者常立志”。孔子自述一生之成就，起点是“余十有五而有志于学。”立志是成功的起点。美国音乐心理学和教育学的权威 Gary McPherson 曾对 157 名随意选择的孩子的音乐发展进行了追踪研究，起点是这些孩子开始学习乐器之前（大多为七八岁），终点是高中毕业，用访谈、测试、录像等方式监视其进步的全过程。结果发现，孩子们最后的成就，都和他们的立志有非常紧密的关系。这些孩子在学习乐器前就被访谈过，按照他们的志向分为三类：一为短志型，即一周准备练习 20 分钟；二为中志型，一周准备练习 45 分钟；长志型，一周准备练习 90 分钟。按说，我们对七八岁孩子在学琴以前的这种许诺不可认真，因为他们甚至没有准确的时间观念，未必知道 45 分钟是多长时间。但是，这一追踪调查的结果却十分令人惊异：当大家的实际练习时间是一样时，第三组长志型的孩子比第一组短志型的孩子进步快 400%。长志型孩子每周仅练习 20 分钟就胜过短志型孩子练习 1.5 小时。而当长志型孩子保持高水平、高强度的练习时，和其他组孩子就更是不可同日而语了。[1]

为什么会如此？因为立志带来了动机，动机决定你将调动多少心智资源投入

---

[1] Coyle, 102~104.

当大家的实际练习时间是一样时，第三组长志型的孩子比第一组短志型的孩子进步快400%。长志型孩子每周仅练习20分钟就胜过短志型孩子练习1.5小时。而当长志型孩子保持高水平、高强度的练习时，和其他组孩子就更是不可同日而语了。

为什么会如此？因为立志带来了动机，动机决定你将调动多少心智资源投入你的事业。

你的事业。你不能对自己的大脑进行强迫劳动。“我要练”和“要我练”的态度比练习的时间更重要。你在立志时，实际上就是在决定你要成为一个什么样的人。你日后的行为，也会被立志时所进行的自我界定所规范。用哲学的语言说：你选择了自己。

所以，在转入学习英语单词、攻克《时代》周刊这个细节时，我不妨讲一些更大的背景。“深练”如同前几章所讲的，表面看起来似乎是天才成功的秘诀，其实不过是个笨功夫。“深练”所涉及的是目标确定、为达到目标所进行的努力、努力的失败以及由此而来的挫折感、重整旗鼓再次冲击目标，乃至把达到目标的过程和所需要的技艺分成几段、几块，然后用近乎“慢动作”的方式完善每一个细节，等等。你必须对所有这些都有充足的心理准备，经过得起各种挫折，下定决心走完每一个过程，这样才有成功的可能。这些在很大程度上是被立志所决定的。

首先谈目标确定

学英语必须有长远的大目标，知道你面临的困难是什么，应该有什么样的预期。作为“过来人”，我经常对后辈说：学英语对于如今生活在快节奏的大众传媒时代的年轻人而言，最大的难处在于其“慢”。你学习其他技能，读了几本书，或者上了几门课，一年之内就有脱胎换骨之感，觉得自己在这方面即使不是个专家，也算懂了很多了。悟性好的人，通过一次交谈，就有“听君一席话，胜读十年书”的感受，似乎我们所谓天才成功的十年定律也可以被轻易超越。有些简单的技艺，比如开车，则 10 小时就让你觉得自己换了个人，在很短的时期就能获得很大的成就感。学外语则不同。你也许把所有时间都投入进去，但是，5 年下来你似乎还是什么也没有掌握。苦读 10 年后，跑到讲英语的大学者那里准备“听君一席话”，却可能什么也没有听懂，10 年书白读了。比如，我 1989 年夏天开始学习英语，四年多以后，即 1994 年 3 月 11 日，我在纽约的肯尼迪机场下飞机，想买张车票去纽黑文，居然半天没有人听懂我讲的是什么！那时我不禁沮丧地想：“我这四年多没日没夜地努力都算干什么了？”这样的沮丧，会导致许多人放弃。

但是，如此慢的进步不应该遮蔽一个显而易见的事实：外语不可能学不会。每当我面对这样的挫折想放弃时，都想起一位朋友安慰我的话：“你看看那些轻度智障者。他们没有正常人的智力，无法胜任正常的工作，也不可能完成学校的学业。但是，他们的症状只要不是太厉害，则都能讲话。他们能行，你难道就不行？这是个时间的问题、耐心的问题。”所以，你要相信，只要有持续的努力，总有一天会开花结果。我下了很大的决心，拿出生命中的五、六年时间，什么也不干，专门学习英语。当时几乎周围所有的人听了我的计划都摇头。这反而坚定了我的信心。我想得很清楚：那么多人想进美国的名校读书，他们中有许多人不仅比我的训练好，人也更聪明。凭什么那么有限的机会能轮到我？回答是：我要得到这样的机会，就必须做别的人都不做的事情。现在既然所有人都说我的计划不现实、没有人会做这么蠢的事情，那就正好证明我正在从事一件别人都没有做的事情。我离成功就近了一步。也许你可以说这是人生一大赌博。那么我就要赌到底！正是这种自我界定，决定了日后的收获。

不过，仅仅下了决心是不够的，还必须现实地、精确地界定自己的目标。让我们回归到前几章所讨论的学习过程："认知期"、"贯通期"、"自动期"。[1]学外语时，掌握基本的语法和发音规则的时期都可以归于初学的"认知期"，此时进步是很快的。只可惜在这个阶段所掌握的那点语言，很难派上什么用场。第二阶段"贯通期"，则是通过天长日久的积累把所掌握的基本规则和词汇不断丰富深化，融会贯通。遗憾的是，这个过程，特别是对我这种快 30 才起步的人来说，几乎长得永远也走不完。我写作此书是在 2010 年，距离我开始认真学英语已经有整整 21 年了。其间我在美国生活了近 16 年，工作生活全用英语。但我相信自己仍然处于第二阶段之中，还远没有达到第三阶段的"自动期"。也就是说，我的运用英语还没有达到"从心所欲不逾矩"的境界。而且我相信这个境界我此生永远也达不到。毕竟，我是从 28 岁而不是 8 岁开始学英语的。

面对这样的现实（虽然这是事后的现实，但也是我事前想到的），我在确立目标时就必须有所选择。比如，现在学英语大家都讲究所谓"听说领先，读写跟上"，我则正好反其道而行之，以读为主要目标。我知道，我离讲一口纯正的英语相距太远，即使有那个可能，也不值得我花那么多时间，毕竟生活和事业中还有很多其他的目标，我不是为学英语而学英语，而是利用英语吸收我渴望得到的信息。我的事业是学术。所以，口语方面我只要能达到最低限度的沟通能力就可以了。对我来说，读写是学习和创造的最基本的手段。而这方面的技艺训练，年龄又相对不是那么大的障碍。还有，我头几年的学习主要是关在屋里自己学，听说的机会也少，没有语言环境的优势。在读写之间，写作没有读者、没有老师指导，也不妨暂时放一放。但读则不同：你读同一本书，在美国读和在中国读并没有什

[1] Proctor & Vu, in Ericsson et al., 2006, 266~267.

么区别。所以我作了一个决定：不要追求听说，不要过分暴露自己缺乏语言环境的劣势，以读领先。这样，我在国内的起步阶段就最大限度地回避了语言环境的劣势。在听说方面要等人到了美国、有了环境后再“跟上”。这大概也是我学了四年多后、人到了肯尼迪机场居然什么也说不清楚的原因之一吧。

目标被界定得如此具体以后，则要把追求这个目标的过程分成几段，一步一步地完成。如上所说，我那时学习英语的具体目标是出国留学，是留学这一大目标的第一步。为此，我绝对不在没有走完第一步时走第二步。20世纪90年代初的“出国热”已经到了疯狂的程度：人们只要有机会就出去，而很少考虑在什么条件下出去。许多人英语不行就出去了。没有奖学金和经济来源，找个人担保也出去了。我则我行我素：在学习的头几年不考虑托福、GRE等考试，也不去找门路出去。我认的只是一点：在英语环境中求学必须完成一定的阅读量。如果我的英语阅读达不到一定的速度、完成不了最低的阅读量，出去有什么用？我绝不会这样盲目地出去。我从来不相信所谓“一出去就自然适应了”的神话。结果，许多条件比我好、出去比我早的人，出去后并没有我这么顺利。我想，这是因为我遵循着“深练”的原则，慢慢来，处理好每一个必要的细节。我宁愿一开始作慢动作，把基础打好再说。

“深练”：“挫折学习法”

既然我的战略首先要攻克阅读，就必须面对阅读最大的难关：单词。读书就得识字。不认字怎么读书？

也正是在这一点上，中国的教育方式和“深练”的方法反其道而行之。至少我们这代人用的英语教科书都是如此的格式：课文、单词表、语法要点和注释。无论是老师的课堂讲解还是学生的课前准备，大家都习惯于先温习一下单词表，知道课文中都出现了什么生词，再学习一下语法要点。在完成了这些准备工作、扫清了障碍后，大家就可以尽可能通畅地读课文了。现在的教学方法也许活一些，但基本的精神没有变。老师在学生开始阅读前，要尽可能帮助其扫清阅读的障碍，减低其阅读中的困难。这叫“循序渐进”。这就是我们的常规。

但是，“深练”的方法正好相反。“深练”是一种“挫折学习法”，要打破常规、制造障碍、给学生提供自己克服困难的机会。学生在阅读中突然碰到一个自己不认识的词、一个不理解的语法结构，一下子就会警觉起来，就会提高注意力，会挣扎着解决这个问题。这是最宝贵的学习机会。我们的教材，则好心好意地把这样的学习机会给剥夺了。所以，许多学生学了很久就是学不会。

为什么会如此？我不妨再把前面介绍的词汇表拿来展示一下：

A	B
叶子 / 树木	皮鞋 / ___子
甜 / 酸	音乐 / ___律
演员 / 电影	软件 / ___ ___机
高中 / 大学	铅笔 / ___张
沙发 / 椅子	葡萄酒 / ___乐
水果 / 蔬菜	啤酒 / ___啡
大海 / 港口	铁路 / ___车站
强壮 / 弱小	杰出 / ___庸
老师 / 学生	家长 / ___子
城市 / 住宅	国家 / ___府

心理学的研究显示，一般人在读完两栏单词后，对B栏的记忆，会比A栏多3倍。[1] 理由很简单：A栏没有障碍，你阅读时没有磕碰，没有警觉，注意力不集中。B栏设置了障碍，逼着你填空补缺，你的脑子也就兴奋起来。克服困难学到的东西总能记住，顺顺当当学到的东西转眼就忘。我们英文书课文后的词汇表，就非常类似A栏：词汇，中文意思，词性等，一目了然。当你毫不费力地阅读这些词汇表时，就像阅读A栏一样没精打采。但是，如果你在课文的具体语境中碰到一个生词，经过挣扎终于学会，那就像阅读B栏一样，因为努力而注意力集中，你就更有可能记住。

[1] Coyle, 16~17. 需要注意的是，Coyle 给出的全是英文词汇。我为了让中国读者能够进行这一试验，模仿他的方式给出了中文词汇。因为语言之不同，试验结果可能略有出入，但基本精神是一致的。

这一点，我是从美国的教育方法那里学到的。我刚决定学英语，就有非常幸运的机会到中国社会科学院英语中心培训（是背着我所在的中国社会科学院政治学所偷偷去的）进行强化学习。当时那个中心的课程，由加州大学洛杉矶分校和中国社会科学院合办。其实社科院不过是个接收单位，主要教师都是洛杉矶分校的英语作为第二外语系的研究生，课程也是那个系所设计提供的。这实际上是一所美国的英语学校（其中有若干中国老师当助教或合作教师）。我从第一堂课就晕了头。美国的老师拿来一篇《时代》周刊上的长文让我们读。我傻了眼：我上这个班之前可是刚刚开始学习《新概念》第二册呀！《时代》周刊我也能读？词汇表在哪里？语法要点和注释在哪里？我所习惯的那种循序渐进的原则在哪里？我孤立无援地阅读《时代》周刊，第一行就出现五个单词，要自己一个一个地查，而且经常查出来也不明白讲的是什么意思，不懂的语法和习惯用法太多！要知道，我们都习惯了系统的教材。比如，第一课出现的若干单词，这些单词又会在第二课、第三课，乃至以后的课文中按照既定设计重复出现，以加深和巩固学生的记忆。而且每课的课文都根据学生的程度一点点推进，绝不出现过难、过为冷僻的单词，没有特别难的语法结构。这些精心设计的教育方法，美国人一下子都给破除了。当时我的感觉是他们简直不讲理，觉得自己快被淹死了，一度想放弃。

然而，久而久之，我就发现了其中的道理。第一，你读的不是别人为了照顾你的程度而编写的简化版课文，而是真实的美国杂志上真实的英语。你不是在游泳池的浅水区练习，而是在大海里游泳。你对自己差多远一目了然。第二，你碰到不认识的单词自己查，不懂的语法结构自己想办法解决，反复挣扎，这样学来的东西不容易忘记。第三，你会直接地感到自己在读这些“真英语”时速度越来越快，对回报看得清清楚楚，使你更有学习的动力。

为什么百日能读《时代》周刊：用“深练”记单词的基本程序

当我理解了这套方法并尝到甜头后，这套方法就成了新的常规。我于是又开始对这套方法寻求突破。要知道，美国老师特别强调速读，强调碰到不认识的字时根据上下文猜一下，只要不严重地影响阅读理解就跳过去，为了速度而牺牲一些精确性。我则觉得这对我们攻克单词关并不好。于是自己发展出一套通过阅读记忆单词的办法。最近我因为当了新东方的顾问，看到新东方的一位学生报告说，老师叫他们“一天新背 320 个单词，复习 1800 个，每天到了晚上我看见英文字母就有呕吐的愿望。”我的方法绝对不是这种让你呕吐的方法。相反，我的方法会给你带来许多快乐。用这样的办法，我一天能够记忆 150 个左右新单词。以下不妨先把方法简介一下，并进行简单的示范。

第一，你要找一篇英语媒体上的文章。这篇文章最好图文并茂，讲的是你最感兴趣的内容。你对内容越是有兴趣，在阅读过程中查关键单词就越有动力，查出来的单词记住的机会也就越大。相反，如果对内容不感兴趣，读起文章来昏昏欲睡，你就无法记住里面的单词。

第二，在阅读过程中，每遇到一个不认识的单词，都要在那个单词下画一道醒目的线，然后查字典。查出来后，把单词抄写在笔记本上，并尽可能努力记住词义。要注意：这里说的努力记住，指的是一瞬间的努力，不能反复背那个单词。这只是一次性地看一眼、记一下。另外，你也不要写下单词的中文意思。一来是写下中文意思让你心理有依赖感，在那一瞬间就不会以绝望式的努力去记住那个单词了，二来也花费太多时间。你必须保证阅读是你的主要活动，尽可能快地往前走。这种记忆生词的努力，和在上面那个词汇表中阅读B栏词汇时填空补缺所用的努力和时间应该差不多。最后我还必须提醒你：绝不能歧视不同的单词。有些人想当然地认为有些单词重要，有些单词不重要。错矣！千万不要这么自以为是。你在和一个完全不同的文化打交道。不要觉得你知道哪个词在这个文化中常用、重要，哪个不常用、不重要。什么重要，什么不重要，我这一阅读式的单词记忆法自然会告诉你。我后面马上会讨论这一点。

第三，随着你这样不停地阅读，不停地在单词本上一次性地记录所碰到的生词，单词就会自然积累下来。当你看到本子上的单词已经有三四行之多时，就停下来，把每个单词一次性地读一遍，看看是否还记住了其中的意思。如果发现有些词已经忘了，就再查一下字典，再一次性地记一次（不必重新抄写）。这里的原则是，你要在你短期记忆消失前将之巩固一下。以后的阅读还是要重复同样的过程：到有六七行单词时，还要从头阅读一遍，把忘记的词查出来。这时，前三四行已经是“二进宫”了，我一般也是要再度记一遍，不过那时这些词很少有忘记的，费时不会太多。当然，完成这个过程，要根据个人的能力不同而调整。如果你短期记忆力强，可以到四五行时温习。如果你短期记忆力弱，就两行时温习一次。

第四，我一天这样工作 8 小时，一天结束时一般能积攒一百五十甚至二百个单词左右。临睡前把所有单词温习一遍，发现大致一百二十个左右的词还记得。另三十个左右忘记的词要再查出来进行一次性记忆，然后可以安睡。

第五，第二天早晨起来，重新温习所有的单词。以我的经验，此时你还是能记住一百到一百二十几个。你只需把忘记的词再查一遍，进行一次性记忆，然后吃完早饭，开始下一轮的阅读和记忆。在这个时刻，你和头一天的那个词汇表不是要说再见，而是要永别。你再不必回头温习。

你最好利用长假期的机会开始这样的强化，看看用这样的方法，一天 8 小时的练习量能维持多久。能维持两个月就两个月，能维持三个月就三个月。能一天 8 小时就 8 小时，不行 7 小时也不算太差。只要维持了一段时间，许多奇妙的变化就会发生。我前面说过，你绝对不能搞“词汇歧视”，对所有单词都要一视同仁。要知道，你这么阅读，每天接触的生词就 150 个以上，读过的词汇（包括那些认识的词汇）则是成千上万，而且你读的是真实的英文媒体。有些生词即使你在第二天早晨起来检查时仍然能记住，如果不在以后的文章中出现也会被忘记。你维持着如此大的阅读量，总碰不到的词自然属于很少用的词，忘了就忘了，用不着遗憾。常用字忘了怎么办？放心。只要保持这么大的阅读量，真正的常用字隔两天就会再出现，你还是依照这套方法记忆一遍就行了。有些单词，你可能重复记忆十几遍甚至几十遍。有时你阅读中碰到一个不认识的词，心里会惊呼：“天呀，我记得我查了多少次了，怎么还是不认识？！”这时你的大脑会非常警觉、兴奋。当你知道自己碰到了困难但重要的词汇时，你记住这个词的机会就增加了许多。这其实就是“深练”中一个核心内容：重复。但这不是机械重复，而是不断失败、挫折以后的重复。一般的重复，会随着次数增加而降低你大脑的警觉度，能重复

开始时你词汇量少、单词多，是最枯燥、最难的阶段。但是，开始时也是你精力最旺盛的时候。只要你顶过这一段，以后则越读越快，吸收的信息量越来越大，整个过程也就越有兴味。这样训练一段时期，词汇量丰富了，你还可以分主题地阅读，把每个主题所涉及的词汇一个一个地攻破。等冲到100天的终点时，你基本上可以不用词典阅读《时代》周刊。那种成就感、那种兴奋，会让你欲罢不能。

到让你麻木的程度。但在“深练”的重复中，你的大脑的警觉度会随着重复（挫折）次数的增加而提高。当然，你也用不着听有些英语教材告诉你哪些是重点词、哪些不是。生活本身会自然告诉你的。

你做个简单的算术：假设你起步时只有 3000 的词汇量（高考的英语词汇量要求也在此以上），这样工作 100 天，一天 150 个单词，那么就先后记忆了 15000 次新单词。当然，这 15000 次的词汇记忆中，有许多是重复的：你学了忘、忘了学，有的甚至被你重复记忆了十几次。不过，也有不少词你只学了一次，当天就在文章中不断重复，一下子就记住了。让我们打个折扣，就算你这 100 天总共学习并记住了 5000 个新词汇（15000 的 1/3）。那么，加上你原有的 3000 词汇，你就有了 8000 词汇量。美国新闻记者写文章的常用的词汇就 6000。《时代》周刊比较特别，以用词丰富著称。但 8000 词汇，大致能够涵盖其主要的词汇。在这种状态下，你读《时代》周刊还会有许多不认识的字，但至少可以不用词典看个大概了。

看到这样吓人的训练计划，有人也许会说：这是应试教育给学生的又一重折磨。错矣！对于有动力的学生，这是个比看起来轻松得多的过程。你可以挑你最喜欢的内容去读。难道我们不记得小时候废寝忘食地读《三国演义》的情景吗？比如，如果你是迈克尔·杰克逊的粉丝，你就读他的传记。当你碰到 moonwalk 时，一查字典会惊喜地发现：原来这就是“太空步”！你会忘吗？当然，这种方法在开始时要多查些字典而已。开始时你词汇量少、单词多，是最枯燥、最难的阶段。但是，开始时也是你精力最旺盛的时候。只要你顶过这一段，以后则越读越快，吸收的信息量越来越大，整个过程也就越有兴味。这样训练一段时期，词汇量丰富了，你还可以分主题地阅读，把每个主题所涉及的词汇一个一个地攻破。等冲到一百天的终点时，你基本上可以不用词典阅读《时代》周刊。那种成就感、那种兴奋，会让你欲罢不能。

完成这一训练，在我看来就是登上了英语阅读的最重要的一个台阶。试想，当你能不借助字典阅读《时代》周刊这种高词汇量的期刊时，你即使停止学英语，也会好奇地拿起《时代》周刊或其他英文读物看看。当然，你也很容易养成每天阅读英文报刊的习惯。英语成了你日常生活的一部分，你不用有意去学也会持续提高。你的英语这样上了路，也会对你的生活和工作有实际的帮助。俗话说：“一鼓作气，再而衰，三而竭”。这个台阶晚上不如早上。要知道，按我们常规的强度学英语，学的速度比忘的速度仅仅快一点，甚至差不多。你总是不能达到不用词典就可以阅读的程度，也不能把英语转化为日常的语言工具，一读英语仿佛就是要上学、用功、去忍受不得不忍受的枯燥功课。这样时间一久，厌烦、疲倦就都会出来。在 1989 年以前，我学英语就是这个状态，学一个月，放半年；结果学了 10 年，还是《新概念》第一册。后来一强化，几个月就能阅读《时代》周刊，对英语的态度马上有了本质性的转变。

阅读单词记忆法过程演示

下面我用《华尔街日报》的一篇我在本书中引用过的文章展示一下这样的方

法。我在生词下加线，并在文后记下词汇表：

On a summer day, inside a Stanford University classroom, a blonde, 12~year old girl rises to confront her professor. "You' re wrong" she cries and storms out in tears. The professor, an ethics teacher at the school, is trying to make the case that it' s morally permissible to kill one innocent life to save five. Still later that night, over dinner, the professor and the girl sit side by side, working out their ethical differences thinker to thinker. The young girl even smiles.

Welcome to book camp. With the close of this summer, the Great Books Summer Program, as it is formally called, will have had its most successful year according to Peter Temes, its academic director. Each summer, students ages 12 to 17 gather against the idyllic backdrop of either Stanford University or Amherst College. They attend lectures, participate in discussions, eat meals, and live together as a community of precocious thinkers.

Reading the works of Homer, Virgil, Voltaire, Thomas Jefferson and so many others, the students are pushed to grapple with questions that have preoccupied the great thinkers of the past 2, 500 years. What is the good life? How should I face injustice? What do I owe my neighbor?

The program started eight years ago with a group of 30 students, many of whom were underprivileged, meeting on weekends. Today, the camp enrolls around 600 students and its overlapping one—, two— and three—week sessions run from late June to the beginning of August.

Mr. Temes recalls the inspiration he had to start the great books initiative. "There was a brilliant middle schooler in the South Bronx whose teacher one day said to him, 'I bet you' re really excited for high school.' The kid stared back at her blankly and said 'I don' t think I' ll go.'"

Realizing that there were many young students who shared a love of literature and ideas but lacked the "carrot of college dangling in front of them," Mr. Temes and several others began the Great Books Summer Program "to give these kids a precollege college experience."

Unfortunately, a great-books curriculum is in short supply even at many colleges today. But recently a small but vibrant group of important professors have been working to restore the great books' prominence in a liberal arts education. In the past decade, educators at Princeton, Dartmouth and Brown (to name just three schools) have erected centers specifically designed to give students an education in the fundamental texts of the Western canon. Princeton's James Madison Program, Brown's Political Theory Project and Dartmouth's Daniel Webster Project offer or sponsor classes on Medieval and Renaissance political thought, Civil Liberties, Politics and Religion, and so on.

The mere existence of these programs suggests an important trend in student learning habits. The academic radicalism of recent decades is receding, and students are ready to be serious again. Flaky courses—such as Sociology of Heterosexuality (Yale), Philosophy and Star Trek (Georgetown), or Whiteness: The Other Side of Racism (Mount Holyoke) —no longer interest them. Instead, students from book camp and Princeton are interested in "sitting down with Plato, St. Augustine, and James Madison, to think through the perennial issues of politics and citizenship." says Robert George, a professor and director of Princeton's James Madison Program.

Since its birth nine years ago, the James Madison Program has dramatically grown in its offerings and influence on the Princeton campus. That's only been possible because "students are very interested in learning about founding principles. Our class enrollments are very high," says Mr. George. "In the Constitutional Interpretation class, which has the reputation of being the hardest non-science class at Princeton, 100 to 125 students are typically enrolled." To put that in perspective, most classes at Princeton hold fewer than 19 students. The James Madison Program's numbers, along with the Great Books Summer Program's, say it all. Students want to learn this stuff…[1]

---

[1] Smith.

一篇读下来，积累的词汇如下：

Stanford，blonde，confront，storms out，ethics，morally，permissible，innocent，ethical，camp，academic，director，idyllic，backdrop，Amherst，participate，community，precocious，Homer，Virgil，Voltaire，Thomas Jefferson，grapple，preoccupied，injustice，underprivileged，enrolls，overlapping，inspiration，initiative，brilliant，schooler，bet，stared，blankly，carrot，dangling curriculum，vibrant，restore，prominence，liberal arts，Princeton，Dartmouth，Brown，erected，specifically，fundamental，canon，James Madison，Daniel Webster，sponsor，Medieval，Renaissance，radicalism，receding，serious，flaky，Sociology，Heterosexuality，Yale，Trek，Georgetown，Whiteness，Racism，Mount Holyoke，Plato，St. Augustine，perennial，founding，Constitutional Interpretation，reputation，perspective，stuff.

当然，这是一篇非常简单的文章。我标出的许多单词，其实词汇量在两千以下的学生都认识。一天读这么两篇文章，就能积累一百多个词汇。而且你要意识到，这虽然非常简单，毕竟还是《华尔街日报》评论版的文章，是受良好教育的人读的。当然，程度高的大学生或大学毕业生们，则可以从更难的读物开始。

下面让我们看一段《时代》周刊，难度明显提高：

When a baby is born too soon，it's hard to imagine that the infant would do better anywhere else in the world than in America. The most <u>fragile preterm</u> infants are housed in specialized <u>intensive</u>—<u>care</u> units and cared for by world—class experts. <u>Prematurity</u> cost the country some $26 billion in 2005，according to the U.S. Institute of Medicine. And yet for all the technology and expense，roughly 30，000 American babies under age 1 die each year. They die at a rate three times as high as in Singapore，which has the world's best infant survival — long considered a key indicator of a nation's overall level of health. In fact，the U.S. — ranked No. 30 in 2005 — lags behind almost every other industrialized nation，behind Cuba，Hungary and Poland.

What explains such <u>dismal</u> figures? The math is fairly simple. Babies born preterm — before 37 weeks of <u>gestation</u> — account for two–thirds of all infant deaths，and the number of preemies in the U.S. is growing. Today 1 in 8 American births is preterm — a nearly 20% rise since 1990. The babies at highest risk are those born "very preterm" — before 32 weeks of gestation — who account for just 2% of all births but more than half of all infant deaths (by comparison, 99% of late-preterm babies, born just a week or two early, survive) . These very preterm births have driven up the U.S. infant-mortality rate to 6.86 deaths per 1, 000 live births. "If we really want to make progress in infant mortality, we have to figure out how to address the problem of preterm birth," says Eve Lackritz, chief of maternal and infant health at the Centers for Disease Control and Prevention (CDC) .

But if the reason for the infant-mortality crisis seems clear, what to do about it is not, because premature births remain a genuine medical mystery: in nearly half the cases, the cause is unknown. It is well established that preterm births are more common among very young and very old mothers and among women carrying multiples — twins or triplets. But rates have climbed considerably even among singleton births. Preterm births are also more common in women with upper-genital-tract infections like bacterial vaginosis, in very underweight and very overweight women, in women who undergo cesarean-section births and in women with certain bleeding and clotting disorders. But taken together, these factors still leave doctors stumped in more than 40% of preterm cases.

The enduring dilemma of infant mortality is prompting experts to revisit one of biology's longest-standing questions: Why are babies born when they are? Research teams across the country, including obstetricians, statisticians and molecular biologists, are working in concert — and very slowly beginning to piece together the answer.[1]

我假设读者有四五千的词汇量。读完后积累了下面的单词：

fragile, preterm, intensive-care, prematurity, dismal, gestation, preemies,

[1] Blue.

我有位朋友，英语专业毕业，后来当了大学英语教师。她晚上出去代课挣外快，有一次碰到个年纪大的学生。大家熟了后，那人发现这位小老师的年纪居然还赶不上他学习英语的年头。沮丧之下，他干脆就不来上课了。这种症状，流行于我们全社会，可谓司空见惯。

mortality，multiples，twins，triplets，singleton，genital，tract，bacterial，vaginosis，cesarean-section，clotting，stumped，dilemma，prompting，obstetricians，molecular.

当我把读者的英语水平设定得稍微高一些时，生词就少得多。在这一段中，一些生词反复出现，如 preemies 等，而且不断变换词形，在这种语境中很容易学，学得还很系统。我相信，一个有 3000 词汇量的高中生，经过 100 天强化训练，特别是用这 100 天的最后两周集中阅读《时代》周刊这种变化多端的文体，百天后应能大致阅读这本高词汇量的杂志。

本章以个人经验现身说法，不过是希望证明一个本书反复表达的观点：你能够成为天才当然更好；如果成不了，或者错过了成为天才的机会，你还是有相当的潜力可以挖掘。像我这么一位快 30 才开始认真学英语的人，按说已经错过了学习语言的“机会窗”很久。但是，我仍然能够在英语世界语言要求最高的行业之一（大学的文科）中生存。这里的关键就是“深练”。我为了解决阅读问题，长年坚持磕磕绊绊的阅读、积累词汇，而放弃了顺顺当当的方式。我想，如今的后辈，应该有更好的条件做到这一点。

现在总结一下。你是不是学外语的料，并不决定于你是否聪明、是否有语言天分。如果你上了一个外语班，总觉得自己比别人慢，这也不证明你“不是那块料”。相反，如果你天资聪明，经常有“听君一席话，胜读十年书”的顿悟，也不说明你一定能学好外语。学好外语的关键还是看你的动机有多强，是否能持之以恒。不能持之以恒就不是学外语的料。这包括那些相当聪明的人。有些人学不好外语，在我看来就是太聪明，忍受不了努力多年还显得很笨的挫折感。

那么，学好一门外语需要多长时间呢？对一般的大学生来说，我看需要 10 年持之以恒的努力。其中头 3 到 5 年最好是强化训练。等大体能够轻松阅读后，再细水长流。开始时如果投入时间太少，忘的速度就会超过学习的速度，经常会原地踏步。我有位朋友，英语专业毕业，后来当了大学英语教师。她晚上出去代课挣外快，有一次碰到个年纪大的学生。大家熟了后，那人发现这位小老师的年纪居然还赶不上他学习英语的年头。沮丧之下，他干脆就不来上课了。这种症状，流行我们全社会，可谓司空见惯。为什么？我看还是“一鼓作气，再而衰，三而竭”的道理。开始阶段没有运用“深练”原则强化，没有迅速达到使用的水平，英语长期不能成为你生活工作的一部分。日后一忙，今天拿起来，明天又放下，最后还是一无所成。所以，我劝有志的朋友，从生命中拿出 100 天，照着我的方法试一下，看看你的英语会变成什么样子。

结语 人贵无自知之明

天才究竟是什么？是先天造就的，还是后天培养的？这些问题困扰了人类几千年。自现代科学诞生后，天才研究已经成为一门学科，乃至诺贝尔经济学奖得主赫伯特·西蒙（Herbert Simon）、James J. Heckman 等都投入了智能的研究。但是，发达的研究并没有带来定见。“天才论”和“培养论”依然争议不休。我们究竟应该信谁的？

最保险的办法，也许是等这一学科进一步发展，特别是在脑神经学、心理学、教育学等多学科研究获得了更实质性的成果后，再作结论。可惜，这个最后的是非判断也许永远等不到。从历史上看，科学家们总能在更高的层次上保持不同意见。更重要的是，人不仅要思想，还要行动，而行动经常等不及思想的结果。我们大都希望自己成为天才、获得成功，希望把自己的孩子塑造成天才，比自己更成功。在这方面，我们急不可耐，每天都必须作出行动的选择。可是，学者们依然慢条斯理地在那里争论。等他们拿出结论来，我们的儿孙怕是已经白了头。

我没有经过心理学、教育学或脑神经学的科班训练，写这本书当然不是纯学术研究，而是有着实用性的动机，即希望从各种已有的研究成果中找到行动的路径。早在三十多年前读中学时，我就注意到天才的问题。因为那时自己开始思考一生的道路和使命，有了成为天才的欲望。如今，我已经年近半百，显然没有成为天才，但是，我依然觉得自己的职业生涯刚刚开始，事业刚刚起步。我依然能在 40 分钟以内跑完一万米，一口气做三十多个引体向上。在这些方面，和大学时的能力差不太多。另外，我依然和大学时代一样，面临着“人生道路应该如何走”的问题。对于我来说，生活似乎刚刚开始。我需要知道自己的潜力，规划自己的未来。更重要的是，我的女儿已经快 11 岁了。我的生命围绕着她运转，当然也希望知道怎么才能帮助她挖掘人生最大的潜力。

这些，都驱动着我研究天才的问题。在写作此书的过程中，我从专业的学科论文，到普及性的畅销书，广泛涉猎了西方各派的研究成果，今天被这家说服，后天被那家说服，自己的思想不停地在变化。最后发现，几乎谁也没有把我说服。我自己也没有确定的结论。那么，我的这些工作是否白费？读这本书还有什么用？这是我对读者最后必须交代的问题。

我之所以将此书呈现给读者，一大原因是我个人在这种研究和写作过程中受益匪浅。固然，"天才论"和"培养论"在最高哲学原则上的冲突也许永远无法消弭。但是，这两大学派在激烈竞争中，都尽最大努力发挥了自己的精彩，在细节研究中获得重大进展。我们生活和工作中所需要的，恰恰是这些具体的细节，而不是那些大而无当的意识形态。因为这些具体的细节，都足以改变我们的行动。

我在书中对两派的弱点都有所批判："天才论"仿佛是在说，人的才能是先天的，后天的干预没有用。比如，贫困主要是贫困者智商低，常青藤盟校不停地为美国培养各行各业的领袖，是因为聪明的人都到那里读书，并不是那里的教育有多么神奇。这派很容易被保守主义者拥护，一大原因是按这派的逻辑，政府就不需要对弱势阶层进行救助，不必要干预教育。这显然更符合保守主义小政府的立场。"培养论"针锋相对，似乎认为什么都是后天环境塑造的结果，你只要有了天才所享受的教育条件，按照天才那样学习、训练，就能成为天才。这种哲学给自由派的大政府理念提供了支持。政府有理由重新分配社会财富，给穷人创造更好的生存条件，对教育进行更大的投资。这两派都喜欢走极端，对自己的主张坚信不疑。他们忽视了一个古老的智慧："认识自己"是人类的千古难题，我们在这方面的进展还很小。

从这个意义上说，我在这一问题上的无定见，反而成了在"认识自己"上的优势。两派共同的毛病，是太强调自己知道的东西，也太相信自以为知道的东西。举例而言，莫扎特是天才吗？"天才论"马上会跳出来说："当然是。人类历史几百年中，就那么一个莫扎特。如果不是天才，怎么没有第二个？莫扎特的成就是学不出来的。"但是，如我书中所分析的，莫扎特显然有些得天独厚的条件，也出奇地用功。他不那么用功，绝对不会取得这样的成就。说他作曲全不费力、浑然天成，那不过是神话。同时，他即使同样用功，但如果没有他父亲那样的一流音乐教育家全职培养，怕是也成不了我们今天所知道的莫扎特。也许，最近这二百多年在世界各个角落还有许多人有他那样的才能，但没有他那样的机会。这是“天才论”不愿意承认的地方。“培养论”则走了另一个极端。他们固然令人信服地分析了莫扎特得天独厚的条件和他个人的努力，但似乎在说只要有这种条件、进行了这样的努力，你我之辈都会成为莫扎特。不错，正如他们所指出的，当今许多青少年的钢琴技艺已经超过莫扎特的水平，或显示出更大的才华。但是，作为人类文化巨人的莫扎特，主要不是演奏家，而是作为作曲家。当今谁在作曲上能接近莫扎特呢？如果我们在更好的条件下付出超人的努力仍然达不到他的程度，又怎么能不把他当做不可企及的天才呢？

摆脱这些自以为是的谬误，回到我们不知道的地方，寻找自我发展的路径，这才是最为老实、可靠的态度。有了这种态度后，两派的精彩贡献，就可以使我们的生活和事业受益。

从本书所介绍的各派理论中，我个人学到的最重要的一点，就是天才绝非天就，必须经过后天的精心培养和发展才会有结果。恃才自傲者，即使确有才分，并且很容易成功，但也很难在自己的领域达到一流。这一现象，在体育运动中表现得非常清楚。英格兰的足球文化总把足球天才视为天生的。那些有才干的队员一旦相信了自己是天才，往往就不再努力超越自己。他们虽然有成为世界级球星的潜力，但是仅仅凭着天生的才干，成功的顶点不过是加盟英超而已。这固然是不小的成就，但距离达到世界水平还有相当的距离。而美国篮球巨星乔丹之所以成为空前绝后的“超人”，就在于他小时候甚至在自己家里也不被认为是最有天分的，进而不断努力进行自我超越。总之，天才是能超越人的极限的人。那些不肯通过长时间艰苦努力来超越自己的人，不管有多大的天赋，最多是个人才，而不是天才。

第二，自我超越需要严格的训练。“深练”成为这种自我超越的阶梯。你能不能成为天才且另当别论，但天才绝对是可学的。他们的成长，都是有章可循的。

这种章法，已经越来越多、越来越细致地被总结出来。天才的密码正在被破解。本书对“深练”的介绍，就是试图把有关的最新成果呈现给大家，使有志者受益。

第三，天才都进行了自我超越，并有一整套自我超越的章法。但是，他们是否需要某些先天的、别人没有的素质呢？我相信还是有的。并非所有的人有了莫扎特的条件、接受了莫扎特的训练，就可以成为莫扎特。在这方面，我更倾向于“天才论”。但是，这种“天才论”，在现实中并无太大意义。道理很简单：无论你是在进行自我设计，还是在教育自己的孩子，你无法事先知道自己或自己的孩子有无天才。你不能对自己明明不知道的东西进行自以为是的假设，并以这种假设去设计自己的生活。所以，那些自以为知道的人，多是在画地为牢。

这就触及了我经过这本书的写作后希望对读者最后说的话：“人贵无自知之明”。

我们中国人所信奉的，是“人贵有自知之明”。当有人说“你真不知道自己是老几”时，这话里透露的往往是斥责和蔑视。但是，“我知道我是谁”这种态度所带来的安分，往往构成了对人的发展的限制。

“认识自己”，往往比认识外界要困难得多。看看从钻木取火到互联网时代的历史，人类对外界的认识和把握有了多大的进步！亚里士多德著作中那些关于自然的知识，多充满了小儿科的谬误，很少再有科学的价值。但是，古代圣贤对于人性、人类精神的讨论，现在对我们仍然是真知灼见。我们现在还要从苏格拉底、孔子、释迦牟尼、耶稣那里受教。这说明了人类在“认识自己”方面要比前贤有所突破是多么困难。上天赋予了你什么才能，你是不知道的。你只有在不断地超越自己后，才能对自己的潜力有些深于皮毛的了解。可惜的是，人类总有一种自以为是的“认识自己”的本能，动不动就要发展出某种自我认同。心理学家 Dweck 曾敏锐地观察到，一个孩子本来学什么都很快。然而，一旦他发展出自我认同，开始知道“我是谁”，开始评价自己时，一切就都慢下来：他对许多东西开始拒绝尝试，或认为许多事情是在自己的能力之外而不再进行努力。这一倾向，一般随着年龄的增长越来越严重。

我当年28岁立志学英语时，目标是美国几所一流大学的博士课程。这在许多人看来，分明是一场发疯的赌博。事后想想，我幸运地实现了自己的目标，也是阴差阳错，偶然因素很多；如果最后哪所大学都去不了，也是个合理的结果。不过，我并不把自己的努力视为赌博。我计划得很周详：拿出生命中的几年，专心致志地学英语。如果成功的话，就去国外读博士。如果不成功的话，学到的英语还是自己的，我同样会变一个人，会有非常不同的前途。

人在世界中立身处世，需要基本的安全感，需要给自己确立一个社会角色。这个社会角色，也对人提出了建立自我认同的要求。所以，人免不了要不断界定自己。但是，才能的成长，则要不断突破这种自我界定。简单地说，在能力上要获得充分发展，每个人尽管不知道自己是否是天才，但都应该把自己当做天才。这是超越自己的开始。

当然，把自己当成天才，并不意味着你就是天才。我们必须面对现实：世界上只有极少数的人最终能成为天才。如果指望自己或者自己的孩子成为天才的话，那么结果多半是失望。但是，我们应该记住中国古代诗学中所说的话："取乎其上，得乎其中；取乎其中，得乎其下"。你即使不是天才，那么即使是为了不成为下才，也应该以天才为目标去努力。况且，谁也不能排除你成为天才的可能。

按天才的标准去努力，意味着十几年、几十年艰苦卓绝的奋斗。我们这些不知道自己是否具有天才素质的人不禁会问：值得这样为了万分之一甚至百万分之一的机会而赌博吗？人性就是如此。如果你告诉人们有百万分之一的机会中彩时，他们会蜂拥而至地抢购彩票。但是，如果你告诉他们锲而不舍地努力十几年会有万分之一的机会成为天才时，几乎没有人会干。其实，像天才那样奋斗，绝非一场人生赌博，而是人生搏斗。我们在检视天才的业绩时，心里往往惊叹："天哪，我有他一半的成就也不错呀！"可惜的是，对许多人而言，连这也是非分之想。我这里想说的是，你如果像天才那样去奋斗，即使最终证明自己并不是天才，你至少也会成为半个天才。你十几年、几十年奋斗的结果，并不是几张没有中彩的彩票。

我当年 28 岁立志学英语时，目标是美国几所一流大学的博士课程。这在许多人看来，分明是一场发疯的赌博。事后想想，我幸运地实现了自己的目标，也是阴差阳错，偶然因素很多；如果最后哪所大学都去不了，也是个合理的结果。不过，我并不把自己的努力视为赌博。我计划得很周详：拿出生命中的几年，专心致志地学英语。如果成功的话，就去国外读博士。如果不成功的话，学到的英语还是自己的，我同样会变一个人，会有非常不同的前途。事实上，像天才那样奋斗的人，也都大同小异。少数成功者成为天才，大多数"失败者"则是半个天才。你当不上比尔·盖茨固然有些遗憾。但是，如果能当半个比尔·盖茨，不也很好吗？中国人向来看不起"半吊子"的货色。但是，你还要看是"半吊子"的什么。"半吊子"的天才，当然就是相当杰出人才了！

我希望，我们能发展出进取的精神气质，丢弃固态的精神气质。我们应该关心的不是"我是谁"的问题，而是"我应该怎么行动"的问题。你不必要知道自己是老几。人贵无自知之明。关键在于，你要给自己一个机会！

主要参考文献

Allen, Robert C., *The British Industrial Revolution in Global Perspective*, Cambridge University Press, 2009.

Blue, Laura, "Preventing Preemies" , *Time*, 2009, 7, 22.

Bandura, Albert, *Self-Efficacy: The Exercise of Control*, W. H. Freeman and Company, 1997.

Barnes, Brooks, "A Star Idolized and Haunted" , *New York Times*, 2009, 6, 25.

Bloom, Benjamin S., *Human Characteristics and School Learning*, McGraw—Hill Book Company, 1976.

Bloom, Marc, "At 73, Marathoner Runs as If He' s Stopped the Clock" , *New York Times*, 2005,2,12,Sports.

Brooks, David, "The Limits of Policy" , *The New York Times*, May 4, 2010.

Caldwell, Christopher, "The Opposite of Education" , *Financial Times*, 2009, 8, 30.

Castiglione, Baldassare, *The Book of the Courtier*, Dover Publications, 2003.

G. Cochran, J. Hardy, H. Harpending, "Natural History of Ashkenazi

Intelligence”, Journal of Biosocial Science 38 (5), pp. 659~693 (2006).

Colvin, Geoff, *Talent Is Overrated: What Really Separates World—Class Performers from Everybody Else*, Portfolio, 2008.

Coyle, Daniel, *The Talent Code: Greatness Isn't Born. It's Grown. Here's How*, Bantam Books, 2009.

Deci, Edward L., with Richard Flaste, *Why We Do What We Do: Understanding Self–Motivation*, Penguin Book, 1995.

Dowling, John E., *The Great Brain Debate: Nature or Nurture*? Joseph Henry Press, 2004.

Duckworth, Angela L., Christopher Peterson, Michael D. Matthews, and Dennis R. Kelly, “Grit: Perseverance and Passion for Long—Term Goals,” *Journal of Personality and Social Psychology*, 2007, Vol. 92, No. 6, 1087~1101.

Dweck, Carol S., *Mindset: The New Psychology of Success*, Random House, 2006.

Entine, Jon, *Taboo: Why Black Athletes Dominate Sports and Why We're Afraid to Talk about It*, Public Affairs, 2000.

Ericsson, K. Anders, Neil Charness, Paul J. Feltovich, and Robert R. Hoffman, *The Cambridge Handbook of Expertise and Expert Performance*, Cambridge University Press, 2006.

Ericsson, K. Anders; Krampe, Ralf T., and Tesch—Römer, *Clemens Psychological Review*, Vol 100（3）, Jul 1993, 363~406.

Fancher, Raymond E., *The Intelligence Men: Makers of the IQ Controversy*, W. W. Norton & Company, 1985.

Field, Douglas, "White Matter Matters" , *Scientific American*, March 2008.

Flynn, James R., *What Is Intelligence?* Cambridge University Press, 2007.

Ferguson, R. Brian, "How Jews Became Smart: Anti— 'Natural History of Ashkenazi Intelligence'" , unpublished paper, http://andromeda.rutgers.edu/~socant/How%20Jews%20Became%20Smart%20%282008%29.pdf

Galton, Francis, *Hereditary Genius: an Inquiry into Its Laws and Consequences*, Prometheus Books, 2006.

Gates Jr., Henry Louis, "Ending the Slavery Blame—Game" , *The New York Times*, April 23, 2010.

Gladwell, Malcolm, *Outliers*: *The Story of Success*, Little, Brown and Company, 2008.

Golden, Daniel, *The Price of Admission: How America' s Ruling Class Buys Its Way into Elite Colleges–and Who Gets Left Outside the Gates*, Crown Publisher, 2006.

Gottfredson, Linda S., "The General Intelligence Factor," Scientific American,

1998, 9（4）, 24–29.

Herrnstein, Richard J. & Charles Murray, *The Bell Curve: Intelligence and Class Structure in American Life*, Simon & Schuster, 1994.

Hoberman, John, *Darwin' s Athletes: How Sport Has Damaged Black America and Preserved the Myth of Race, Mariner Books*, 1997.

Howe, Michael J., *Genius Explained*, Cambridge University Press, 1999.

Jensen, Arthur R., *Straight Talk about Mental Tests*, The Free Press, 1981.

Krakovsky, Marina，"The Effort Effect", *Stanford Magazine*， March/April, 2007.

Langer, Ellen J., *Mindfulness*, Da Capo Press, 1989.

Lehrer, Jonah, "The Truth about Grit: Modern Science Builds the Case for an Old—Fashioned Virtue—and Uncovers New Secret to Success", *Boston Globe*, August 2, 2009.

Lehrer, Jonah, "Fleeting Youth, Fading Creativity", *The Wall Street Journal*, Saturday/Sunday, February 20–21, 2010.

Lewis, Harry, *Excellence without a Soul: Does Liberal Education Have a Future?* Public Affairs, 2007.

Liptak, Adam, "Lawyer Reveals Secret, Toppling Death Sentence", *New York Times*, 2008, 1, 19.

McCormick, Christine B. and Michael Pressley, *Educational Psychology: Learning, Instruction, Assessment*, Longman, 1997.

Miller, Kara, "Do Colleges Redline Asian—Americans?" *The Boston Globe*, February 8, 2010.

Murdoch, Stephen, *IQ: A Smart History of a Failed Idea,* John Wiley & Sons, Inc. 2007.

Murray, Charles, *Real Education: Four Simple Truths for Bringing America' s Schools Back to Reality*, Crown Forum, 2008.

Nisbett, Richard E., *Intelligence and How to Get It: Why Schools and Culture Count*, W.W. Norton & Company, 2009.

Norwich, John Julius, *A History of Venciem*， *Vintage Books*, 1989.

Posner, Richard A., *Aging and Old Age*, University of Chicago Press, 1997.

Purves, Dale, George J. Augustine, David Fitzpatrick, Lawrence C. Katz, Anthony—Samuel LaMantia, James O. McNamara, S. Mark Williams, ed., *Neuroscience*, second edition, *Sinauer Associates,* Inc., 2001.

Rauscher, Frances H., Gordon L. Shaw, and Katherine N. Ky, "Music and Spatial Task Performance," *Nature*, 1993, 365, October, 1993.

Sack, Kevin, "Georgia' s Governor Seeks Musical Start for Babies" , *New York*

Times, 1998, 1, 15, A—12.

Schwartz, Jeffrey M. and Sharon Begley, *The Mind and the Brain: Neuroplasticity and the Power of Mental Force*, *Harper Perennial*, 2003.

Seligman, Daniel, *A Question of Intelligence: The IQ Debate in America*, Carol Publishing Group, 1992.

Shaffer, David R., *Developmental Psychology: Childhood and Adolescence*, Second Edition, Brooks/Cole Publishing Company, 1989.

Shenk, David, *The Genius in All of Us: Why Everything You' ve Been Told about Talent, and IQ Is Wrong*, Doubleday, 2010.

Simonton, Dean Keith, "Presidential IQ, Openness, Intellectual Brilliance, and Leadership: Estimates and Correlations for 42 U.S. Chief Executives" , *Political Psychology*, vol. 27, no. 4, 2006.

Scientific Genius: A Psychology of Science, Cambridge University Press, 1990.

Skapinker, Michael, "Exams Do Not Have to Be Life' s Final Test" , *Financial Times*, 2009, 9, 1.

Smith, Emily Esfahani, "A Summer with Aristotle," *The Wall Street Journal*, A13, opinion, 2009, 7, 23.

Stanovich, Keith E., *What Intelligence Tests Miss: the Psychology of Rational Thought*,Yale University Press, 2009.

Sternberg, Robert J., *Wisdom, Intelligence, and Creativity Synthesized*, Cambridge University Press, 2003.

Terman, Lewis, *The Measurement of Intelligence*, Houghton Mifflin Company, 1916.

The Intelligence of School Children, Jepson Press, 2007.

Tymn, Mike, "Ed Whitlock" , *Running Times*, 2001, March.

U. S. News and World Report, "Best National Universities" , September 2009.

Wakin, Daniel J., "Ending a 60—Year Gig at the N. Y. Philharmonic" , *New York Times*, 2009, 6, 4, Music.

Walhovd, Kristine B, and Anders M. Fjell, "White Matter Volume Predicts Reaction Time Instability" , *Neuropsychologia*,45, 2007.

陈鼓应:《庄子今注今译》, 中华书局, 1983.

钱文忠:《今天我们为什么还要读<三字经>》《解放日报》2009 年 2 月 6 日

薛 涌:《一岁就上常青藤》, 中国青年出版社, 2009.

《北大批判》, 江苏文艺出版社, 2009.

《培养精英》, 江苏文艺出版社, 2010.

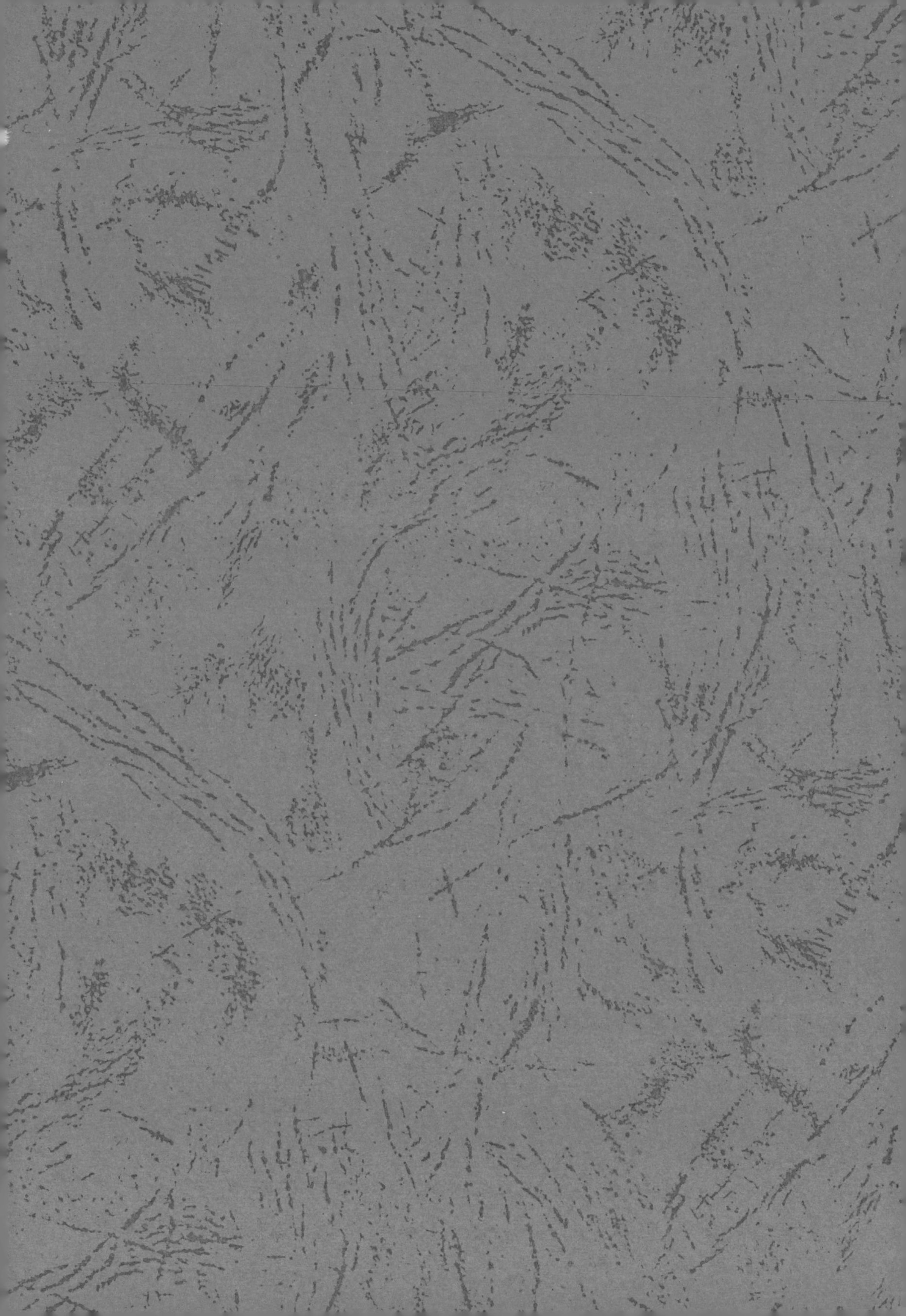

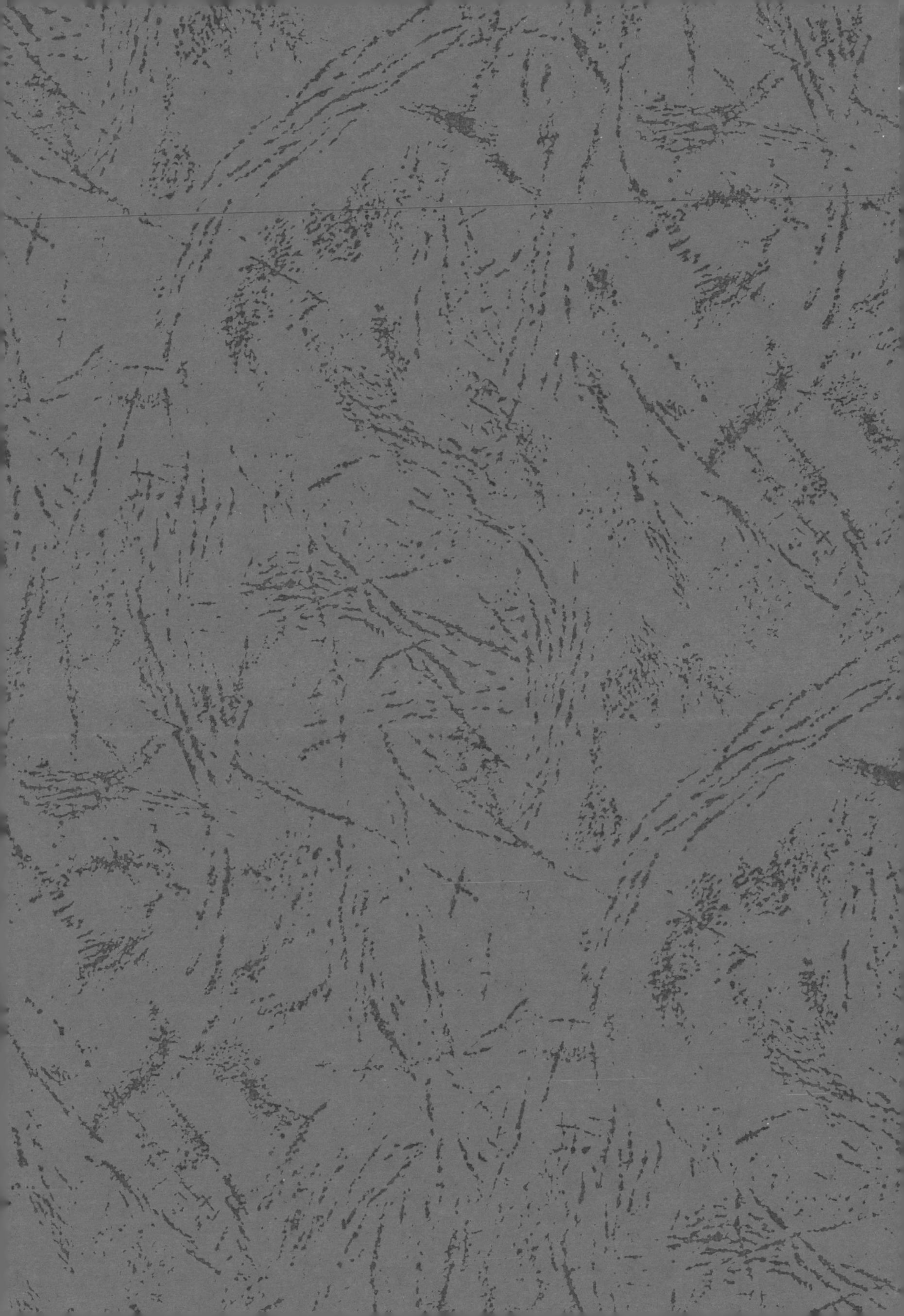